ZECHNER

DER BOCK AUF DER TENNE…

Peter Zechner

Der Bock auf der Tenne...

Jägerplausch und Wildererg'schichten

LEOPOLD STOCKER VERLAG
GRAZ – STUTTGART

Umschlaggestaltung: Atelier Geyer, Judendorf-Straßengel
Umschlagfoto: Manfred Danegger, Owingen
Zeichnungen im Text: Dr. med. Jörg Mangold, München

Die Deutsche Bibliothek - CIP-Einheitsaufnahme

Zechner, Peter:
Der Bock auf der Tenne … : Jägerplausch und
Wildererg'schichten / Peter Zechner. - Graz ; Stuttgart :
Stocker, 1997
   ISBN 3-7020-0778-4

Hinweis:
Dieses Buch wurde auf chlorfrei gebleichtem Papier gedruckt.
Die zum Schutz vor Verschmutzung verwendete Einschweißfolie ist aus Polyethylen
chlor- und schwefelfrei hergestellt. Diese umweltfreundliche Folie verhält sich
grundwasserneutral, verbrennt in Müllverbrennungsanlagen völlig ungiftig und ist voll
recyclingfähig.

ISBN 3-7020-0778-4
Printed in Austria
Gesamtherstellung: Wiener Verlag, Himberg bei Wien

Inhalt

Vorwort 7

Der erste „Elch-Gams" 9

Hochwildriegln 17

Der Grantl 23

Das Aschentier 30

Der Bock auf der Tenne 38

Hasenpanier...? 43

Der Geiz 47

Adlerjagd 55

Der Matador 61

O'kugelt... 68

Der Wildererkönig 77

Silvesterpirsch 85

Der verhinderte Jaga 91

Schüsse, die „daneben"gingen... 96

Der zweite „Elch-Gams" 104

„Ich schieß' den Hirsch im wilden Forst..." 110

Der „verunglückte" Keiler 123

Blattjagd – einst und heute 127

Sternstunden 135

Der „Gamshuaberl" 144

Die „Todesschlucht" 150

Der Versager 159

Der Oberjäger 167

Aberglaube? 175

Der Wilderer 179

Die „g'weihten" Böck' 182

Kein Jägerlatein 186

Mit dem Wild gelebt 193

Lebenshirsch und Jägertod 198

Der Friedens-Hahn 203

Vorwort

Jagd und Wilderei – Jäger und Wilderer: zwei Gegensätze. Und doch ziehen sie einander an. Infolge des gemeinsamen Interesses an Lust und Abenteuer. Der trennende Faden ist dünn. *Hier* vor Jahrhunderten angemaßte Rechte der Herrscher; *dort* Haß und Zorn auf die Obrigkeit, aber auch Verzweiflung und Leidenschaft – Arm gegen Reich.

Diese Tendenz gehört gottlob der Vergangenheit an. Geblieben ist vielleicht der Nervenkitzel des Verbotenen, sicher aber der Urtrieb zu jagen.

Als bekennender Jäger will ich nicht nur von Erlebnissen rund ums Weidwerk erzählen, sondern auch von Zeitgenossen, die sich durch den zitierten „Faden" von mir abgrenzten. Ich will sie weder loben noch verdammen – sie sind ein Spiegel ihrer Zeit.

Dieses Buch soll unterhalten, das Nachdenken kommt von selber...

Peter Zechner

Der erste „Elch-Gams"

Um kein Phantasieprodukt Marke „Wolpertinger" handelt es sich da, auch um kein Hirngespinst meiner manchmal ausflippenden Wachträume. Nein, er ist Realität. Ich nannte ihn so, weil ein Elchabschuß das auslösende Moment war, ohne das ich nie zu diesem extrem gehakelten Gamsbock gekommen wäre. Anläßlich einer Jagdausstellung stiftete ein renommierter Jagdreiseveranstalter einen Elch- und Wolfabschuß, der bei einem Fachvortrag verlost wurde. Ausgerechnet ich, der prinzipiell von solchen Glückswürfen nichts hält, zog das Los. Fortuna versuchte, mich zu bekehren. Doch was soll ich mit Elchschaufeln? In meiner Kleinwohnung wüßte ich nicht wohin damit. Ein Hirschgeweih, das ginge gerade noch. Oder Gamskrucken. Für die wäre reichlich Platz.

Gams! Das Wild, das mir ans Herz wuchs. Vor 50 Jahren schoß ich meinen ersten, dann trat eine lange Pause ein, in der ich mich nicht sonderlich für das Krickelwild erwärmte. Doch später, als ich mehr Einblick in den „Alltag" dieser unglaublich harten Wildart erhielt, kannte meine Bewunderung keine Grenzen. Sie blieb, wenn auch die Bejagungsmöglichkeit fast versiegte. Seit vielen Jahren schon habe ich keinen Gams mehr erlegt, doch nun witterte ich eine Chance. Elch für zwei Gams – das wäre doch ein Angebot!?

Der edle Spender ließ sich von meinem Argument überzeugen und gab seinen Segen. Aber aus meinem Bekanntenkreis fand sich niemand, der auf den Handel eingehen wollte. Ein Inserat erbrachte viele Interessenten, ich aber wählte prompt den falschen. Nach zuerst euphorischen Zusagen meldete sich mein Partner nicht mehr, ließ mich im Stich. Verspätet, ja fast schon zu spät, erfuhr ich von seinem „Absprung". Nun schien guter Rat teuer. Ich griff auf einen Interessenten zurück, dem ich schon abgesagt hatte. Hocherfreut nahm dieser an, obwohl er sich mit den zwei Gams nicht leicht tat. „Der eine, heuer, ist dir sicher; fürs nächste Jahr werd' ich schon einen auftreiben", meinte er. Seine Pachtjagd, noch dazu ein ausgesprochenes Gams- und Mankeirevier, kam für mich nur bedingt in Frage. Ich hatte von diesem extremen Revier, ein einer

Mondlandschaft ähnliches Hochplateau, schon gehört und gelesen. Besonders der Aufstieg hat's dort in sich, sind doch bei einer horizontalen Länge von zwei Kilometern weit über 1000 Höhenmeter im felsigen, ausgesetzten Gelände zu überwinden. Bei plötzlichem Schlechtwettereinbruch kann der Aufenthalt oben auf der orientierungsarmen Steinwüste zur Falle werden. Nein, diese Himmelsleiter ist nichts mehr für mich. „Für dich hab' ich was Kommoderes", versprach Toni, mein neuer Tauschpartner.

Drei Monate später begleitete er mich ins steirische Ennstal, in seine Heimat. Der Hof droben am Berg erweckte in mir Jugenderinnerungen, an die Jagd meiner Anfangszeit. Aber noch auf keinem Bauernhof sah ich so viele Trophäen heimischen Wildes, geschmackvoll angebracht. Ich kam aus dem Staunen nicht heraus und erfuhr bald: Zum Hof gehörte ein großes Almrevier, und Tonis Vater hatte zusätzlich 40 Jahre die Gemeindejagd gepachtet.

Gleich nach dem Essen brachen wir auf. Karlheinz, der Jungbauer, nahm sich meiner an, denn Toni mußte wieder heim. Um 15 Uhr erreichten wir die Hütte, gingen aber gleich weiter. Das Revier zeigte sich echt „steirisch", von „kommod" bis beschwerlich gab es da alles. Karlheinz wählte vorerst eine gemütliche Pirschvariante, man würde ja sehen. Und wir sahen. Über die ganze Ostseite Gams verstreut, oben in den Felsen, dazwischen in den grasigen Rinnen und auf den Schütten, auch ganz tief herunten im Kar. Dort hinzupirschen, wäre eine Leichtigkeit gewesen, doch dort standen nur Scharwild und eine Jungherrengruppe von sieben Böcken, keiner älter als drei Jahre. Droben auf den Matten über den Felsschluchten entdeckten wir später einige anscheinend jagdbare Böcke, konnten sie aber nicht angehen, denn ein steifer Wind blies ständig bergauf.

Das starke Scharwildrudel, bei dem nach Karlheinz' Angaben zwei kapitale Geltgeißen standen und das routinemäßig um den behäbigen Gebirgsstock zog, glänzte durch Abwesenheit. Und vom extrem gehakelten guten Bock, der spätabends mutterseelenallein auf eine verkrautete Blöße auszutreten pflegte, sahen wir kein Haar. Sosehr wir auch mit unseren Gläsern das Latschenfeld rundum zu durchbohren versuchten: alles umsonst. Der Wind frischte zunehmend auf, von Norden her drohte eine schwarze Wolkenbank.

„Ich glaub', das Wetta verreckt", sprach Karlheinz, dann schritten wir im Halbduster gemächlich der Hütte zu. Irgendwann in der Nacht erwachte ich. Mildes Mondlicht erhellte meine Kammer, doch in der Früh zeigte sich der Himmel bedeckt. Der „Zwiesling" trug eine Haube, es roch nach Regen. Gedämpften Gemüts verließen wir die Hütte, im Schlenderschritt ging's zum gestrigen Aussichtspunkt. Es war windstill, aber mein Pirschführer sah viel zuwenig Gams. Der „Jungherrenklub" äste wieder an derselben Stelle. Auch vier Kitzgeißen, doch die Böcke oben in den Lahnern blieben verschwunden. „Gemma", befahl Karlheinz, und zügig pirschten wir linker Hand der Höhe zu.

Oben, auf dem Querriegel zwischen dem vorderen und dem hinteren Kar, „baazten" wir uns hin. Bei grandioser Rundsicht begann es zu nieseln. „Do bleib' ma, so lang ma's aushalten", entschied mein Begleiter ...

Aus dem Nieseln wurde Regen, doch wir sind ja nicht aus Zucker. Als wir später, jeder für sich, mit dem Gedanken spielten „abzuhauen" und tiefer unten bei einer Zirbe Unterstand zu suchen, hellte es auf. Es kam beinahe die Sonne durch, unser Stimmungsbarometer stieg. Und tatsächlich: Auf Schußweite wechselten jetzt über ein linksseitiges Kögerl zwei Böcke herein. Leider zu jung! Nach und nach entdeckten wir auf Kilometerentfernung im Steilgelände Gams und dann, direkt uns gegenüber im Geklüft der „Ulmbretter", zwei im Wildbret starke Böcke. Trotz der großen Entfernung vermeinte Karlheinz, den „G'hakelten" zu erkennen, obwohl der dort normalerweise nicht stand.

Ich sah durchs Spektiv. Sapperlot, beides gute Böcke, der eine, hellere aber um ein Trumm besser! „Der wär's", registrierte Karlheinz, „warten wir's ab!" Die Böcke, nicht hoch im rauhen, aber steilen Fels, bewegten sich kaum vom Fleck. Schließlich wandten sie sich einer kluftartigen Nische zu, in der ein Gestrüpp aus Latschen und Krummerlen wucherte. Jetzt, mitten am Vormittag, würden sie dort vielleicht eine Zeitlang verweilen.

Karlheinz sah eine Chance. „Du mußt versuchen, die Gams über den freien Hang anzupirschen. Vielleicht gelingt's. I bleib' da, 's is eh oaner schon z'viel." Ich verstand, pirschte seitwärts davon, noch in Deckung der einstigen Moräne. Doch bald geriet ich ins Blickfeld der beiden Gams, aber ich kannte die Eigenheiten des Krickelwildes und – auch dessen Neugier. Das Siehst-mi-net-Spiel begann. Glas vor die Augen – die Gams standen ja noch hunderte Meter

weg –, halt, sie äugen her. Dann wieder einige hastige Schritte, wie beim Anspringen eines Auerhahns, nur in vergrößerter Form. Oft stand ich wie festgenagelt, dann ging's wieder leidlich dahin. Unerwartet sah ich dort noch einen dritten Bock, er muß niedergetan gewesen sein. Nun wurde die Angelegenheit komplizierter.

St. Hubertus muß mir kräftig beigestanden haben, denn nach einstündiger Plackerei befand ich mich auf Schußdistanz. Einen von einem Hochgewitter aufgebrochenen Graben galt es noch zu überwinden, dann mußte es passen. Ich stand mitten im Graben, da pfiff ober mir ein Gams. Ein junger Bock, übers G'wänd herabgewechselt, pfiff mich stampfend und polternd aus. Warum habe ich auch nicht ein einziges Mal dort hinaufgeschaut?! Siedend heiß stieg's in mir auf. Ich rappelte mich zur Grabenkante hin, jetzt zählte jede Sekunde. Doch die drei Gams drüben in ihrer Felsmulde schrittelten zwar aufgeschreckt hin und her, verließen ihre Bastion vorläufig aber nicht. Ich verlor den Überblick, wußte nicht, welcher nun „mein" Bock sei. Bis hin zum begehrten Wild mochte die Entfernung gute 200 Meter betragen. Ich rutschte zurück, packte hastig das Spektiv aus, schob den Rucksack vor. Wenige Blicke durch die Optik genügten: Der „G'hakelte" stand zuvorderst auf der äußersten Kante einer lotrechten Wand, äugte stichgerade zu mir her. Das Jungböckel seitlich ober mir pfiff noch immer. Lang würde es nicht mehr dauern, und die Böcke sprangen ab.

Beim Anvisieren entdeckte ich drei Meter vor der Mündung eine Kulisse aus Grashalmen. Auch das noch! Mir blieb nichts übrig, als vorzukriechen und das Hindernis abzurupfen. Und das angesichts der ohnehin schon nervösen Gams. Doch ihre Neugier kam mir zugute. Sie mochten sich über den sonderbaren „Wurm" gewundert haben – und hielten mein Manöver aus. Als ich wieder hinter der Büchse lag, fiel mir wahrhaft ein ganzer Klotz vom Herzen. Der gute Bock stand noch immer wie angewurzelt auf seinem Auslug, doch ich habe eine angeborene Aversion, auf den Stich zu schießen. Sekundenlang kamen mir auch Bedenken wegen des unvermeidlichen Absturzes nach dem Schuß. Wir hatten darüber nicht gesprochen, und Karlheinz wird sich ohnehin schon wegen meines überlangen Zögerns Gedanken machen. Aber mein Finger lag am Drücker, das Fadenkreuz stand auf dem Gams.

Wenig später federten die zwei schwächeren Böcke über das G'schröf hinauf. Langsam wandte sich der Gute. Als er breit stand, faßte ihn die Kugel. Auf der Stelle wurde er niedrig, neigte sich dem Abgrund zu, doch mit letzter Kraft „krachelte" er zur Seite, verschwand in einem Erlenbusch. Meine Freude über die gelungene provokante Pirsch hielt sich vorerst in Grenzen. Wie kriegen wir den Erlegten? Ein wenig hilflos sah ich Karlheinz entgegen, der im Eilschritt mit seiner Gebirgsschweißhündin über dem Kar hereintraversierte. Schon von weitem rief er mir „Weidmannsheil!" zu und: „Des is oaner von zehn Böck', der net obafollt!"

Auch mein Pirschführer sah der Bergung mit gemischten Gefühlen entgegen. Urplötzlich wurde es duster, es begann zu schütten, Nebel wallten. „Probier'n tua i's", meinte Karlheinz und begann, einen Aufstieg zu erkunden. Er versuchte es vorerst drüber der wild-bizarren Felsrippe, kam aber nicht weit. Eine Überdachung stoppte ihn, der Rückzug gestaltete sich schwierig. Doch er gab nicht auf. Nochmals besah er sich die Vorderseite, meinte, einen „Weg" gefunden zu haben. „Do kimm' i aufi", konstatierte er, zog Jacke und Pullover aus, nahm den Hut ab und kraxelte behend zwischen Felsgestein, Rasenköpfen und Zwerggesträuch nahezu senkrecht empor. Bald entschwand er meinen Blicken – der Nebel hatte „dicht" gemacht –, und wir standen nur noch in Rufverbindung. Wasser schoß in Kaskaden über die Platten herab, Karlheinz war ihm wehrlos ausgeliefert. Ein letztes Mal beschwor ich ihn umzukehren, erhielt aber keine Antwort mehr.

Mir wurde richtig mulmig zumute. Auch „Diana" spürte die Gefahr, in der sich ihr Herrl befand, und ich hatte Mühe, sie zu beruhigen. Nach, wie mir schien, endlosem, bangem Warten endlich ein verschwommener Ruf wie aus weiter Ferne: „I hab' eahm, mach' dir koa Sorg', i kimm' scho obi!" Jetzt erst freute ich mich meiner Beute.

Einige Zeit später rumpelte und polterte der Gams über das Geschröf herab, plumpste in eine Senke am Fuße des Wandaufbaues. Karlheinz hatte ihn ein Stück seitwärts gezogen, damit er nicht im direkten Fall herabstürze. Er selbst kam beträchtlich später an, naß bis auf die Haut! Unverzüglich machten wir uns auf den Weg zur Hütte. Nach Überquerung des Kars hörte es überraschend zu regnen auf, wir schalteten eine Fotopause ein. Hernach ging es zügig weiter.

„Der Bock fürchtete den Absturz", erklärte mir später Karlheinz, der das Geschehen mit dem Spektiv genau beobachtet hatte. „Mit *diesem* Blattschuß und dem Wanken nach hätte er sofort fallen müssen", meinte er. Ähnliches habe er schon einmal gesehen und auch von erfahrenen Gamsjägern gehört; ich kannte diese These nicht. Tatsache bleibt, daß ich ein solch bewußtes Wegschliefen bisher noch nie erlebte. Beim Jagen lernt man eben nie aus! Der Bock hatte sich übrigens mit beiden Schläuchen an einer Legerle verfangen, sonst wäre er trotzdem abgestürzt.

Das war der Gams. Den Elch erlegte Toni drei Wochen später in Kanada. Und was für einen! Ich persönlich hielt nicht allzuviel von dem Gewinn. Achtzigtausend Schilling hören sich zwar gut an, aber den Elch muß man erst einmal haben. Kenne ich doch drei Jäger, durchaus keine Stümper, von denen zwei als Schneider, der dritte mit einem mickrigen Geweih aus alaskanischen Gefilden heimkehrten. „Außer Spesen nichts gewesen", könnte man nicht zu Unrecht sagen. Das mit den diversen Gewinnen ist meist so eine Sache: Lückenbüßerarrangements, denn einem geschenkten Gaul schaut man nicht ins Maul. Doch meine Skepsis erwies sich in diesem Fall als völlig unbegründet. Wie Toni erzählte, zeichnete den Drei-Wochen-Trip präzise Organisation aus, Unterbringung und Betreuung während der zwölf Jagdtage ließen keinen Wunsch offen. Er hatte außer dem Flug und der Lizenz keine Nebenausgaben, Ausrüstung und sogar das Gewehr wurden beigestellt! Es fehlte bei dieser Exklusivjagd in urigster Umgebung an nichts, und auch das Wetter spielte mit. „Indianersommer" nennen die Trapper die letzten Schönwetterwochen vor der großen Kälte, in der die Wildnis zu Eis erstarrt.

Elche gab's genug. Von den Bergen kommend, trafen sich die Hirsche am See und lieferten einander erbitterte Kämpfe. Brunftzeit! Meilenweit hallte das Zusammenkrachen der Schaufeln wider, einen harten Kontrast zum melodischen nächtlichen Heulen der Wölfe bildend. Grizzlybären umkreisten auch tagsüber das Camp. Ohne Waffe und Begleitung durfte Toni die Hütte unter keinen Umständen verlassen. Am siebenten Tag seines Aufenthaltes schoß er einen sehr alten, endenmäßig bereits zurücksetzenden Schaufler mit unglaublich massigem Geweih. Mitten auf der Stirn, nahe dem Ansatz zum Nasenbein, hatte ihm ein Rivale ein daumenbreites, tiefes Loch beigebracht. Trotzdem konnte man dem Schaufler nichts anmerken!

„Jeden Tag hätte ich auf Elche schießen können", erzählte mir

Toni begeistert, aber er suchte sich den urigsten aus. Dazwischen fischte er, fing einen gewaltigen, äußerst seltenen Weißfisch, der allerdings nicht mit seinen Namensvettern bei uns identisch ist. Ein einziges Mal sah er Wölfe, als sie auf große Entfernung über einen Berghang trabten. Seine beiden Weidgenossen im Hauptcamp kamen ebenfalls zu Schuß, einer erlegte einen absoluten Rekordschaufler, den Jahresbesten des Territoriums. Anfangs auch etwas skeptisch, hat der „Kanada-Bazillus" Toni voll erfaßt: „Wirst seh'n", sagte er zu mir, „in wenigen Jahren bin i wieder drüben!" Was auch zutraf.

„Trotz vieler Ähnlichkeiten mit unseren Bergen sieht dort alles etwas anders aus; der Wald, die vielen Seen, sogar der Sonnenschein und das Blau des Firmaments", erzählte er mir. „Alles wirkt ernster, kühler, herber. Eine undefinierbare Leere beherrscht das Land, die uns Europäer nachdenklich stimmt, aber auch Sehnsüchte weckt. Der Geist Manitus ist allgegenwärtig", schwärmte Toni. Ich aber freute mich schon auf die nächste Gamsjagd. Dem großzügigen Stifter jedoch gebührt ein aufrichtiges „Weidmannsdank!" für den starken Schaufler, der alles andere als ein Lückenbüßer gewesen ist. Sein Geweih ziert Tonis Jagdstube, als Reminiszenz an ein fernes, gottbegnadetes Land ...

Hochwildriegln

„Am Sunnta' (Sonntag) tan ma Hochwüldriegln – kemmts, es seids olle ei'glod'n", sprach der Gschrieder, ein Bauer aus der Nachbargemeinde. „Gschrieder" ist ein Vulgoname, wobei ich gestehen muß, mich nach 50 Jahren nicht mehr so hundertprozentig an die Richtigkeit des Namens erinnern zu können. Das tut aber weiter nichts zur Sache; im Gegenteil. So braucht sich niemand auf die Zehen getreten zu fühlen, wenn überhaupt.

Der Gschrieder war vom Typ her ein Herrenmensch mit Führungsqualitäten und trat dementsprechend auf. Als Jungjäger hatte ich vor ihm gewaltigen Respekt, obwohl ich in keiner Weise von dem Mann abhing. Ihm ging der Nimbus eines großen Nimrods voraus, der er auch wirklich gewesen ist.

Wir zählten im Haus drei Jäger, doch nur der Friedel und ich marschierten noch bei Nacht und „schreiendem" Schnee über den Höhenwald in jenes Gebirgsdorf, das als „Zammverlaß" angesagt war. Als ziemlich die ersten trafen wir am Rendezvousplatz ein, doch nach und nach kam eine ansehnliche Zahl an Schützen zusammen. Und ebenso viele Treiber. Das würde schon eher eine richtige Treibjagd abgeben, aber „riegeln" war nun einmal das gängige Wort dafür.

Schuheklopfend erwartete die Korona den Gastgeber, der pünktlich eintraf. Pathetische Begrüßungsansprache, Bekanntgabe des freigegebenen Wildes, und ab ging's, hinein in einen Graben und alsbald hinauf in den Bergwald. Es folgte ein langer Hatscher. Alle Blößen und Hochwildwechsel der ganzen Bergseite wurden abgestellt, mir jungem Hupf wies man einen Stand schon nahe einer Alm zu. Der Ansteller deutete bergauf: „Zu den letzten Fichten am Riedel stellst dich hin, is a guater Platz!" Dann zog ich los.

Ein nur schwach frequentierter Wechsel führte aus dem gegenüberliegenden Maiß und über einen Graben auf meinen Stand zu. Die Zeit verging, mich deuchte, der Trieb müßte längst begonnen haben, aber nichts dergleichen geschah. Kein Büchsenknall, kein Treiberruf durchbrach die Stille. Das Gewehr vor mir an einen

Baum gelehnt, vermeinte ich, noch viel Zeit zu haben, während die Mittagssonne angenehm meinen Buckel wärmte. Doch ich blieb allzeit aufmerksam und strotzte geradezu vor Jagdlust, durfte ich ja heute meine erste Treibjagd mitmachen.

Da, ein roter Wischer auf dem Wechsel drüber dem Graberl. Ein Fuchs schnürte auf mich zu. Nicht sonderlich eilig, äugte mehrmals zurück und hinab in den Graben – er hatte längst was mitbekommen, derweil ich von den Treibern noch keinen Laut vernahm. Auf dem holprigen Wechsel schlängelte er daher, zeitweise von Schneekuppen gedeckt, aber bis ich die abgestellte Büchse in Händen hielt, stand er bereits knapp vor mir. In Anschlag kam ich nicht mehr, denn im jähen Erkennen „zerriß" es den Rotrock und in ungeahntem Tempo flüchtete er auf dem Wechsel zurück. Mir blieb die Luft weg: Auf zehn Schritt hätte ich Reineke die Kugel auf seinen weißen Latz setzen können, wenn, ja wenn … Seitdem habe ich am Stand nie mehr das Gewehr aus den Händen gelassen…

Eine Viertelstunde nach diesem erregenden Intermezzo fiel tief unten in der Grabenschlucht ein Schuß, dann ein zweiter, ein dritter. Auch drüben am Nachbarriedel krachte es ein paarmal. Hernach tiefe Stille. Erst einige Zeit später vernahm ich weit vor und unter mir Treiberlärm. Die Spannung stieg. Da wallte es heiß in mir auf: Im schattigen Zwickel, drüben, wo sich das Graberl im Maiß verlor, bewegte sich, noch halb verdeckt, etwas Großes, Dunkles! Hubertus hilf, dort stand ein Mordshirsch, unentschlossen, was er tun sollte.

Ich hatte kein Glas, besah den Recken durchs Zielfernrohr. Mich interessierte nur das Geweih. Hatte es beidseitig eine Krone oder nicht? Die eine Stange sah ich deutlich und – sie hatte! Mit der anderen kam ich nicht zurecht, auch nicht, als der Hirsch für wenige Augenblicke völlig frei stand. Uns trennten nur knappe 70 Gänge, ich sah eine mächtige Gabel und anbei ein „Zäpfchen", kaum daumenlang. Der Gastgeber hatte uns streng angehalten, ja keinen regulären Kronenhirsch zu schießen. So wähnte ich mich gewaltig in der Zwickmühle. Der Hirsch wandte sich jetzt wieder dem Maiß zu, und ich sah mich mit meinem Latein am Ende. Rotwildunerfahren, getraute ich mich nicht zu schießen, obwohl ich gefühlsmäßig das „Zäpfchen" nicht als Ende akzeptieren konnte. Aber das Geweih schien mir einfach zu stark, zu stark für mich lausigen Anfän-

ger. Der Gschrieder würde mich womöglich vor der ganzen Korona in Grund und Boden stampfen.

Die Kugel blieb im Lauf. Der Hirsch schlüpfte in den Maiß zurück, kam keinem der Schützen. Nach einer Dreiviertelstunde hörte ich vom Graben herauf lautes Reden, der Trieb mußte zu Ende sein. Niemand holte mich ab, kein Nachbarschütze weit und breit. Ich gab ein paarmal kräftig Laut, dann watete ich hinab ins Tal. Am Sammelplatz loderte bereits ein mächtiges Feuer, Schnapsflaschen kreisten, kauende Grünröcke warfen einander Scherzworte zu. Ein Alt- und ein Schmaltier lagen zur Strecke, ein Tier und ein Kalb kamen später noch dazu. Mein Ankommen wurde wenig beachtet, schließlich stand ich mehr oder weniger als „Auswehrer" zuoberst auf verlorenem Posten. (Wie sich selbst routinierte Profis irren können!)

Den Gesprächen entnahm ich, daß „mein" Hirsch weiter unter von einem Treiber gesehen wurde. Er beschrieb ihn. Der Jagdherr zeigte sich mit einem Male hochgradig aufgeregt: „Das ist der Hirsch, hinter dem ich schon seit der Feistzeit her bin, ein ungerader Zwölfer, I b! Und keinem der Schützen ist er gekommen!" Mir stieg's jetzt ebenso heiß auf wie droben beim Anblick: Der hätte gepaßt! Aber der Klotz in meinem Hals wurde immer dicker, ich sagte kein Wort!

Ein kleiner Nachriegler wurde erwogen, dann fallengelassen. Zu spät. Bis wir mit der Strecke im Tal sind, würde es ohnehin schon finster sein. Traf auch zu. Vor dem Dorfwirtshaus wurde bereits im Dunkeln nochmals Strecke gelegt, und dann stürmten alle die große Gaststube. „Durst ist schlimmer als Heimweh", aber auch Hunger machte sich bemerkbar. Die Jausenbrote waren verzehrt, nur der Gendarmeriehäuptling brüstete sich, einen halben Brotwecken schwingend, er sei mit der anderen Hälfte zwei Tage auf einer Jagdhütte ausgekommen. Alle lachten. Auch er. (Tage später erwies er sich als Mann der Tat, ganz unkonventionell überrumpelte und verhaftete er einen umherstreifenden Kriminellen, der in entlegene Höfe auch tagsüber eingebrochen hatte!)

Der Durst konnte gestillt werden, aber ohne Lebensmittelmarken – wir schrieben das Jahr 1947 – sah sich die breithüftige Wirtin außerstande, für so viele Männer Speis aufzutragen. Als Jäger hungern, das darf wohl nicht sein. Draußen lagen gut 250 Kilo Wildbret – her mit den Lebern! Aber auch jetzt sträubte sich die ehrenwerte Frau. „Vier Kilo Fett brauche ich", wandte sie sein. „Vier Kilo bring ich dir morgen", versprach der Gschrieder kategorisch. Daraufhin ging's los. Eilends schleppten ein paar Jäger das erlegte Rotwild in das frisch geriebene Vorhaus, entnahmen jeweils die Leber und schafften die Stücke wieder hinaus. Der Protest der Wirtin „wegen dem Ausg'schau", wenige Tage vor Weihnachten, ging in dem allgemeinen Trubel unter.

Wir aßen, nein, wir fraßen, daß uns das Fett von den Mundwinkeln troff. Dazu gab es mit dem Schürhaken „g'stacheltes" Bier, dessen sahneartiger Schaum so herrlich schmeckt. Herz, was willst du mehr! Der Gschrieder fühlte sich in seinem Element, erzählte vom Hasen, der mit durchschossenem Herzen noch 100 Meter weit lief und vom tagelangen Verbleib auf einem Hochstand, wohin man ihm das Essen nachbringen mußte. Uns Jungjägern hielt er euphorische Vorträge, spuckte zwischendurch herzhaft in den sägemehlgefüllten Napf und zahlte eine Runde nach der anderen. Gegen Mitternacht machten wir uns auf den Heimweg, der Friedel und ich. Bierselig beichtete ich ihm mein Erlebnis, und er verstand und tröstete mich. „Wird dir beim Jagern no mehr unterkemma", prophezeite er – und wie recht er damit hatte!

Vom Gschrieder wurde ich enttäuscht. Einige Wochen später hatte ich bei ihm zu tun und betrat statt des erwarteten Musterhofes ein eher kümmerliches Anwesen, dem man eine gewisse Vernachlässigung sofort ansah. Aber es beherbergte ein Büro, mit jagdlichem Interieur wie ein Grafenzimmer. Der Besitzer investierte zuviel in die Jagd, der Hof darbte. Der Gschrieder umgab sich mit einem elitären Hauch, was einem Bauern nicht bekommt. Jahre später, ich war inzwischen Berufsjäger geworden, besuchte ich meinen ehemaligen Lehrprinzen. „Der Gschrieder", erzählte Friedel, „is scho lang fertig, hat abg'wirtschaftet, oll's verjagert!" Seine Angelegenheit, ging keinem sonst was an. Sein Leben, seine Freude. Mir steht es nicht zu, über ihn zu urteilen.

Angeschlagen war sein guter Ruf schon lange. Eine Woche nach jenem für mich so denkwürdigen Riegler organisierte er in einem hochgelegenen Almrevier eine Treibjagd alten Stils, zu der er nur wenige auserwählte Gäste lud. Die Jagd artete aus. Einen Tag brauchte die Gesellschaft, bis sie im Tiefschnee die Almhütte erreichte. Dann wurde ein Gelage abgehalten, wie zur Ritterzeit. Am nächsten Morgen schwärmten die Treiber aus, trieben von den

Höhen herab in den Kessel. Das Wild flüchtete hangab, versank bis zum Ziemer in den Schneemassen, blieb vielfach stecken – und wurde unrühmlichst zusammengeschossen. Mehrere Tage dauerte diese „Jagd", dann fuhren zwei Langschlitten, beladen mit Gams und Hochwild, talaus. Auf dem dritten Gefährt thronten die Schützen, stolz und erhaben.

Nach und nach sickerten Details dieses Gemetzels durch. Nicht nur die vielfache Abschußplanüberschreitung empörte die Mehrzahl der heimischen Jäger, sondern das Wie der Jagd. Richtig ans Tageslicht kam die Angelegenheit nie, aber dem noch aus der NS-Zeit amtierenden Bezirksjägermeister, einem gemütlichen älteren Herrn, hat's den Hut gekostet. Er nahm als Ehrengast an dieser uns heute abstoßend erscheinenden Jagd teil – doch mit der Ehr' war's „nicht weit her"!

Der Grantl

In Wirklichkeit trug der Mann einen ganz anderen, banalen Namen, doch diesen will ich aus mehrfachen Gründen nicht nennen. Könnte ja sein, daß jemand daran Anstoß nimmt, sich sogar betroffen fühlt. Malheur wär's zwar trotzdem keines, denn der Grantl war zwar ein Schlitzohr, ansonsten aber ein unauffälliger Bürger wie du und ich. In jedem von uns steckt vielleicht ein kleiner Spitzbub, jenen des Grantl jedoch konnte man schon als ziemlich ausgewachsen bezeichnen.

Erstmals hörte ich von ihm, als ich ohne Vorankündigung interimistisch in ein Revier versetzt wurde, dessen Förster – mit Eigenheimbau beschäftigt – einige Monate vor der offiziellen Pensionierung plötzlich seinen Hut nahm. Bis ein Nachfolger installiert wäre, sollte ich pro forma nach dem Rechten sehen. Schon auf der Fahrt dorthin erzählte mir der Forstmeister, über kurz oder lang würde die verpachtete Jagd wieder an den Revierbesitzer zurückfallen, da es mit der Aufsicht hapere. Mehr wollte er mir anscheinend nicht sagen, nannte aber das Aufsichtsorgan, eben den Grantl. Der Jagdpächter, ein liebenswürdiger alter Herr, war anwesend; bei der Vorstellung bat sich der Forstmeister eigentlich recht kategorisch aus, daß ich bei meiner forstlichen Reviertätigkeit ein Gewehr tragen dürfe. Dem stimmte der Grandseigneur kommentarlos zu; ein nicht übliches Verhalten, das mich stutzig machte. Da stinkt's!

Als der Forstmeister mit seinem Jeep abgebraust war, sagte mir der schon sehr betagte Jagdherr, sich zum Abendansitz rüstend, er würde die Jagd vorzeitig zurücklegen. Einen neuen Aufsichtsjäger wolle er nicht, „zahlt sich nicht mehr aus, bin schon zu alt." Irgendwie tat mir der Mann leid. Er verkörperte den väterlichen Typ, kochte während seines Jagdaufenthaltes selbst und wirkte überaus bescheiden, obwohl er seine hohe Herkunft und den ehemaligen Spitzenbeamten nicht verleugnen konnte. Tatsächlich habe ich den Herrn nie mehr gesehen.

Auch der Aufsichtsjäger ließ sich von da an nur noch selten im Revier blicken. Mir wich er aus, und ich wiederum sah keine Veranlassung ihn aufzusuchen. Es herrschte ein fast gesetzloser Zustand: Dort der legitime Jagdpächter und sein Jäger, die ihre Rechte kaum noch wahrnahmen, hier ich, der eingeschleuste „Kontrahent", jagdlich ohne gesetzliche Basis. Doch der Gutsherr wußte, was er tat. Der „weichende" Pächter hatte mir in seiner Korrektheit und Großzügigkeit erlaubt, Raubwild zu erlegen, damit ich den Schießprügel nicht ganz umsonst mit mir herumschleppe.

Ein Holzmeister, Vertrauensmann des Forstamtes und Kapazität im Revier, gab mir Einblick in die etwas verwirrte Lage. „Mit dem Grantl tut's nimmer lang, dös is ja koa Jager mehr, der Strizzi", klärte er mich auf. Und erzählte mir gleich ein paar haarsträubende Geschichten, die ich kaum zu glauben vermochte.

So kam der Grantl zu seinem Spitznamen, und der paßte zu dem hektisch-nervös wirkenden kleinen Mann mit dem überdimensionalen Kropf, den er „über die Schulter werfen" konnte. Das zwar nur der Redewendung nach, aber seine hellgrauen Basedow-Augen und sein stets herabhängender Schnauzer gaben ihm einen Ausdruck der Verschmitztheit, den auch seine bellende Stimme nicht mildern konnte. Ganz im Gegenteil: Das Mandl wirkte stets explosiv, allzeit in Eile. Hauptberuflich besaß er, großzügig ausgedrückt, einen Bauernhof; seinen Besitz umschlossen allseits herrschaftliche Wälder. Nebenberuflich versah er beim Jagdpächter die Aufsicht.

Dieser kam aus der fernen Hauptstadt stets mit dem Zug angereist, blieb mehrere Tage im Forsthaus, wo ihm vertraglich ein Zimmer zustand, um dann wieder für längere Zeit zu entfleuchen. So hatte der Grantl (Ableitung von grantig) jagdlich freies Spiel; der Förster – nur dem Schein nach Jäger und auch nicht dekretiert – widmete sich lieber einem anderen angenehmen Hobby. Kurzum: Über den Aufsichtsjäger stand keine Aufsicht, und das nutzte der Grantl weidlich aus. „Immer nur Schaffleisch, das ganze Jahr nur Schaffleisch", beklagte sich die geistig etwas beschränkte Dirn des Grantl, doch die Wollträger wurden deshalb nicht weniger…

Alsbald erfolgte tatsächlich und in aller Form die Auflösung des Pachtverhältnisses, und der Grantl wurde abgesetzt. Das bedeutete für den Mann sicherlich einen schweren Schock. Viele Jahre hatte er nahezu freie Büchse, mit einem Schlag war alles aus. Die Schuld trug er selber. Holzknechte hatten ihn bei einer brutalen Gewalttat beobachtet. Er erschlug mit seinem Bergstock ein Reh, das, völlig erschöpft und apathisch, bei meterhohem Neuschnee im Bachbett talaus stolperte. Das malträtierte Geschöpf klagte erbärmlich, was die Holzknechte aufmerksam werden ließ. Ein halbes Jahr später erfuhr das Forstamt von diesem Roheitsakt, das Verhängnis für den Grantl nahm seinen Lauf.

Ich traf mit ihm erstmals auf der Straße zusammen. Er gab sich kollegial, unbefangen, ja fast unterwürfig. Und doch vermochte er eine gewisse Verlegenheit nicht zu verbergen, was nicht weiter verwunderte. Mehr als doppelt so alt wie ich, mir an Erfahrung weit überlegen, gab er mir gleich einige das Revier betreffende Tips, tat, als wären wir alte Bekannte. Ein schlauer Fuchs! Lokal bekannt wurde der Grantl durch einen folgenschweren Schuß auf einen Wilderer, der, bewaffnet und in Deckung, auf mehrfache Aufforderung sein Gewehr nicht herauswarf. Ein gezielter Schuß Grantls durchschlug den deckenden Wurzelteller und traf den dahinter liegenden Wilderer an Arm und Bein. Erdreich gelang in die Wunden, was deren Heilung sehr komplizierte. Schließlich mußte amputiert werden. „Kannst dir nicht vorstellen, was der gelitten hat", erzählte mir nach Jahren sein Spitals-Bettnachbar, „alles vereiterte total!"

Die Volksmeinung mißbilligte diese Handlung. Der Wilderer, wie sich herausstellte nur mit einem Flobert bewaffnet, kam erst kurz vorher aus der Kriegsgefangenschaft heim und wollte sich in der Notzeit in unmittelbarer Nähe seines Hauses einen Braten holen. Er bekam ihn nicht, verlor dafür Arm und Bein. Das Gesetz deckte den Waffengebrauch des Grantl und er wurde freigesprochen. Damals, in der zweiten Hälfte der vierziger Jahre, konnte es so etwas geben, heute läßt sich es nur noch schwer vorstellen. Die Verhältnismäßigkeit fehlte, Notwehr schied aus. Von da an litt das Image des Aufsichtsjägers, die Hauptursache zum „Granteln" war gegeben.

Etwa ein Jahr nach meinem Dienstantritt kam es zwischen uns zu einem Zerwürfnis. Sein Hund, eine Dachsbracke, jagte gelegentlich auf eigene Faust, wilderte also. Deswegen zur Rede gestellt, reagierte der Grantl äußerst sauer. So kam es, wie es kommen mußte. Eines Tages, früh am Morgen, befand ich mich im hintersten Revierteil. Noch im Dusteren jaulten unweit von mir Hetzlaute auf. Ich kannte den Hals bereits: Grantls Hund. Da überquerte auch schon in vollster Flucht ein Sprung Rehe vor mir den Steig,

dichtauf vom Hund verfolgt. Ich hielt vor, und im Schuß rollierte das Ludersvieh. Überrascht, überhaupt getroffen zu haben, setzte ich mich neben den ins Jenseits beförderten Missetäter und zündete mir eine Pfeife an. Da sah ich Grantl in höchster Eile den Steig heraufkommen.

Den folgenden Disput will ich dem Leser ersparen. Der Sachverhalt lag eindeutig auf der Hand. Als ehemaliges beeidetes Aufsichtsorgan – jetzt allerdings ohne Jagdmöglichkeit – kannte Grantl die Gesetzeslage. Er befände sich auf dem Weg über die Höhen ins Nachbartal, das Hundl sei ihm nachgelaufen. Seine Emotion konnte ich verstehen, nicht aber, daß er mir Unkorrektheit vorwarf. Jedenfalls schwor er mir ewige Feindschaft!

Wieder ein Jahr später fiel mir auf, daß auf den Kleeschlag oberhalb seines Hauses keine Rehe mehr austraten. Dort hatte der Grantl Wald gerodet, Schlagkorn angebaut und Klee eingesät. Auf die Rehe wirkte das wie ein Magnet. Vor allem im Herbst, wenn die Wiesen schon vergilbten, standen sie dort zur Äsung. Ich machte mir über ihr allmähliches Verschwinden so meine Gedanken. Öfter als vorher spähte ich vom gegenüberliegenden Hang auf Grantls Hof und die Rodung oberhalb, denn nur von hier aus ließ sich jenes Gelände voll einsehen. Dann, eines Morgens, noch in der Dämmerung, sah ich ihn vom Wald herunterkommen. Über der Schulter schleppte er einen Sack. An seiner Gangart erkannte ich, daß er schwer zu tragen hatte. Was trug er zu solch früher Stunde heim? Er mußte ja schon in der Nacht losgezogen sein...

Am Nachmittag desselben Tages nahm ich mir die Umgebung des Kleeschlags vor. Sie bestand größtenteils aus dichtem Jungwuchs, der die Rodung umgab. Ausgeprägte Wechsel durchzogen ihn. Auf einem solchen arbeitete ich mich voran, er führte direkt auf den Schlag hinaus. Eine winzig kleine Lichtung unterbrach ihn. Aufmerksam spähte ich umher. Da fiel mir ein frisch abgebrochenes Zweiglein auf, das aber noch am Ast hing. Eine Markierung, durchzuckte es mich. Konzentriert blickte ich auf die letzten Meter des ausgetretenen Wechsels, der in den Kleeschlag mündete. Mein Hund schnüffelte vor; ein Klirren, ein Wehlaut – er hing in einem Tellereisen! Irgend etwas hatte sich zwischen die Fangbügel geklemmt, den Hund vor einer größeren Verletzung bewahrt. Ich wußte jetzt Bescheid, stellte das Eisen wieder fängisch, jedoch gesichert.

Einige Morgen und Abende hielt ich Vorpaß. Der Grantl kam nicht, das Eisen lag unverändert. Wär' auch blöd von ihm gewesen, zur auffälligen Zeit Nachschau zu halten. Keine Viertelstunde vom Haus entfernt, konnte er jederzeit einmal vorbeischauen. Jetzt, da wir einander nicht mehr grün waren, durfte er annehmen, daß ich um seinen Hof sowieso einen Bogen schlagen würde. Da hatte sich der gute Mann aber gewaltig geirrt! An einem sehr nebligen Tag – man sah nur einige Meter weit – schlich ich zu Mittag um sein Gehöft, wollte zu einer Staudengruppe gleich neben dem Stall, Entsorgungsplatz für den häuslichen Unrat.

Während das Mittagmahl die Familie vereinte, durchstöberte ich die Deponie und wurde fündig. Zwischen alten Schuhen, Flaschen und einem durchgerosteten Nachttopf moderten Knochen verschiedener Provenienz. Darunter mehrere Rehläufe. An einigen von ihnen befanden sich noch die Schalen, ja sogar Deckenreste. Ich nahm die Läufe mit. Sie konnten nicht lange hier liegen, wie der noch nicht abgeschlossene Fäulnisprozeß zwischen Schalen und Knochen offenkundig machte. Und dazu fiel mir als wesentlich auf – die Röhrenknochen waren abgehackt.

Der Dienstvorschrift entsprechend, meldete ich – wie schon vorher beim Eisen – den „Fund" dem Forstamt. Aber erst eine Woche später kam von dort grünes Licht für eine Anzeige, was mir sogar eine Rüge seitens der Gendarmerie einbrachte. Am Tag der Hausdurchsuchung beim Grantl, an der ich nicht teilnahm, konfizierte ich dann das ausgelegte Tellereisen. Es schien unberührt. Um so mehr erstaunte mich, daß ich es „scharf", also entsichert vorfand. Ein Stück Wild mußte inzwischen draufgetreten sein, die Auslösung schnellte hoch, ohne zu fangen. Der Grantl, wohl in der Meinung, er selbst habe beim Legen das Entsichern vergessen, muß es wieder fängisch gestellt haben.

Bei der Hausdurchsuchung wurden mehrere Rehdecken und noch ein paar weitere Tellereisen gefunden und beschlagnahmt. Die Decken wiesen keine Schußbeschädigung auf. Und die Eisen? Einige Zeit später sagte mir ein Gendarm, zwei Zacken eines der sichergestellten Eisen paßten exakt in die Bruchkerbe des einen Laufknochens. Ein Hoch dem Sachverständigen – mir fiel diese Verletzung nicht auf.

Am Tag der Gerichtsverhandlung – ich wurde als Zeuge geladen – genehmigte ich mir vor dem Auftritt ein Bier. Da betrat der Grantl die Gaststube. Beiderseits eine kleine Verlegenheit, dann stärkte er sich mit einem Viertel Wein. Gemeinsam, aber wortlos betraten wir anschließend das Gerichtsgebäude, und irgendwie erbarmte mir der gebrochen wirkende Mann. Vor dem Richter bot er ein klägliches Bild. Er verteidigte sich nicht, legte aber auch kein Geständnis ab. Sein Anwalt fand kaum Gehör. Nach weniger als einer halben Stunde schloß der Richter die Verhandlung; Grantl bekam ein paar Wochen bedingt. Die Kopfwäsche, die er dem Grantl vorher verpaßte, schmerzte diesen wohl mehr…

Ich, inzwischen in einem anderen Revier tätig, verlor den Grantl aus den Augen. Sein Name blieb mir aber geläufig, und einige Zeit später glaubte ich zu träumen: Da stand schwarz auf weiß in der Jagdzeitung zu lesen, der Grantl wurde vom Jagdschutzverein geehrt. Für langjährige Verdienste an Weidwerk und Wild erhielt er eine Auszeichnung mit Urkunde – seither bin ich Ehrungen gegenüber verständlicherweise eher skeptisch.

Ob diese Renaissance den Grantl weniger „grantig" werden ließ, weiß ich nicht; ich hätt's ihm gegönnt. Doch lange konnte er sich dieser irrtümlichen Rehabilitierung nicht erfreuen, wenige Jahre danach verstarb er.

Diese Ereignisse liegen fast ein halbes Jahrhundert zurück. Inzwischen habe ich ihm seine Untaten zwar nicht verziehen, aber nachgesehen. Er war ein simpler Kleinbauer, für Humanität fand sich in seinem Herzen nur wenig Platz.

Das Aschentier

Über das Rotwild wurden mitunter recht seltsame Geschichten erzählt; Geschichten, die sogar ins Mystische greifen und die nüchterne Zeitgenossen ins Reich der Fabel verweisen. Doch sind Geschehnisse verbürgt, für die die menschliche Logik keine Erklärung findet; Vorkommnisse, die ins Dunkel unserer Vorstellungskraft entschwinden.

Dazu gehört die Fama, Hirsche würden Schlangen verzehren, was mir gegenüber der alte „Piredter" felsenfest behauptete. Der damals um die Achtzig stehende Bauernjäger will gesehen haben, wie ein Feisthirsch eine sich noch windende Schlange genüßlich zerkaute. Mir kam das so widersinnig vor, daß ich darauf nicht einging und mir bei einem gemeinsamen Pirschgang lieber jene Stelle zeigen ließ, an der er beim Jausnen von drei geschwärzten Wilderern fast niedergetrampelt worden wäre. „Ah, du bist a do", sprach in der Verlegenheit einer der drei Gesellen, dann rumpelten sie weiter bergab.

Doch das mit der Schlange ging mir nicht aus dem Kopf. Später, bei einem Hüttendiskurs, erwähnten die zwei Sennerinnen so nebenbei, vor Jahren wäre in der Hütte kein Bleiben mehr gewesen. Kreuzottern hatten sich im klüftigen Steinunterbau eingenistet und die Angst, aber ebenso die Ratlosigkeit waren groß. Doch der Piredter wußte Abhilfe. Er brachte zwei Abwurfstangen, legte sie in der Hütte aus – und fortan wurde in näherer Umgebung keine Viper mehr gesehen! „Zwischen Schlang' und Hirsch b'steht Feindschaft", philosophierte der alte Bauer und Jäger; „möglicherweise ist aber der eigenartige Geruch des Hirschhorns dem Gewürm zuwider."

Ähnliches soll sich in Pürgg, dem „steirischen Kripperl", zugetragen haben. Eines Sommers „wimmelte" es im Karner von Schlangengezücht, so daß der Totengräber streikte. Auch dort wußte irgendwer von der Hirschgeweihmethode, und die Giftwürmer verschwanden. Was Menschenknochen nicht vermochten, gelang mit ein paar Geweihstangen auf Anhieb.

Einmal wünschte ich mir, ich hätte eine solche griffbereit. Auf dem Hofschober trug sich's zu, einer an sich bedeutungslosen kegelförmigen Erhebung im Tennengebirge. Zufall oder schicksalhafte Herausforderung: Meine Schlangenbegegnung fand nahezu in Rufweite zur Schöberlhütte statt, in der ehemals der Piredter so wirkungsvoll die gefürchteten „Untermieter" vertrieb. An einem herrlichen Sonnentag im Mai machte ich eine Wandertour zu besagter Erhebung, über Vorder- und Hinterschöberl zur Jagahütte und dann steil bergauf meinem Ziel entgegen. Nahe der Baumgrenze, unter den letzten mächtigen Bergfichten, hatten sich ein paar Kolbenhirsche niedergetan, was mich zu einem beträchtlichen Umweg zwang. Als ich dann die tonsurartige Kuppe erreichte, stand die Sonne bereits im Zenit, und ich genoß die herrliche Rundsicht, aber mehr noch den Anblick eines Steinadlers, der sich majestätisch aus dem Aualmkessel emporschraubte. Er kam mir von unten herauf entgegen, seine Oberseite schimmerte im Sonnenglast kupferfarben, seine Gelassenheit wirkte grenzenlos. Ich habe viele Adler in verschiedenen Positionen gesehen, doch dieses Bild blieb eines der eindruckvollsten. Scheinbar allem Irdischen entrückt, ließ er sich von der Thermik in den Himmel tragen, würdevoll und unnahbar. Als er meine Standorthöhe erreichte, erlosch der Glanz auf seinem Gefieder, es wurde schwarz und seine Silhouette immer kleiner. Dann schwenkte der mächtige Vogel plötzlich ab und pfeilte schnurgerade übers Lammertal hinweg Richtung Dachsteinmassiv.

Auf dem höchsten Punkt der „Tonsur" ließ ich mich nieder, jausnete, blickte in die Runde und wollte mir als Nachspeise eine 2-Schilling-Rippe Schokolade genehmigen. Ich hatte die Köstlichkeit noch nicht ganz ausgepackt, da hörte ich direkt neben mir ein leises Rascheln und nahm aus dem Augenwinkel heraus eine Bewegung wahr. Als ich reflexartig hinsah, erblickte ich keinen halben Meter vor meinem Gesicht eine Kreuzotter, den Rachen aufgerissen und leise zischend! Ich erstarrte vor Schreck, wähnte mich gelähmt und erwartete den Angriff direkt in mein Gesicht! Das Reptil verzog sich aber im Gekräut. Mein Herz pumperte heftig, da gewahrte ich auch vor meinen Füßen das Zickzackmuster einer weiteren Kreuzotter, und als ich mich erhob, stoben rundum Schlangen davon! Sie hatten mich regelrecht eingekreist, zehn dürften es wohl gewesen sein. Wenn nicht mehr! Fluchtartig verließ ich das

Bergköpfl, nahm mir nicht einmal Zeit, den Rucksack zuzuschnüren. Ich hastete hinab ins Holz und erschreckte das dort im Schatten immer noch dösende Hochwild.

Mir schien, die Schlangen wären rundum aus dem Wald und auf der Lammertalseite aus dem Felsgeschröf heraufgekommen, um sich auf der freien Kuppe zu sonnen oder um sich zu paaren. Jetzt glaubte ich auch dem alten Oberjäger Hiebler, der einmal zur Hahnenzeit mitten auf einem Almweg auf einen „Schlangenkönig" stieß. Er schoß mit Schrot auf das Knäuel. Viele Kreuzottern traf der Schuß tödlich, aber noch mehr entkamen.

Wie der Zufall so spielt – und das gewöhnlich gleich mehrfach –, plauderte ich mit einem Jagdfreund über das mich noch immer bewegende Thema „Hirsch und Schlange" und er verwies mich auf das Buch „Jägerbrauch" (Jagd- und Fischerei-Verlag, Wien). Dort heißt es: „Im ‚Physiologus', entstanden zwischen dem zweiten und vierten Jahrhundert nach Christus, gelten Hirsch, Sonne und Weib als Dreieinigkeit, wobei der Hirsch das Symbol Christi ist. Der Hirsch lockt die Schlangen aus den Höhlen und vernichtet sie, gleichwie Christus das Böse, dessen Sinnbild die Schlange ist, austilgt. Schlange und Hirsch stehen nach uraltem Glauben in einem gewissen Verhältnis zueinander, ein Aberglaube, der heute noch nachwirkt; denn nach altem Älperglauben können demjenigen, der ein Stück Hirschgeweih oder ein Messer mit Hirschhornschale bei sich trägt, Schlangen nichts anhaben."

Von diesem interessanten Fund erzählte ich einem anderen Jäger – und der wiederum erinnerte sich, vor Jahrzehnten in der Jagdzeitung „Österreichs Weidwerk" darüber gelesen zu haben. Unverzüglich machte ich mich auf die Suche und wurde fündig. Ein Dr. A. Pietschmann jagte im Salzburger Land auf Gams. Zwei Berufsjäger, ein älterer und ein jüngerer, betreuten das Revier. Beim abendlichen Hüttengespräch kam einmal die Rede auf Kreuzottern, und der ältere Jäger behauptete, daß Hirsche Kreuzottern totschlügen. Der jüngere Jäger bestätigte dies und erzählte in vollem Ernst, er hätte selbst einmal beobachtet, wie ein Hirsch mit den Vorderläufen auf etwas herumschlug und dann mit dem Äser aufnahm. Mit dem Feldstecher hätte er deutlich gesehen, daß das lange Schwanzende einer Schlange dem Hirsch aus dem Äser herausragte. Dr. Pietschmann erbat von der Jägerschaft Stellungnahmen und berichtete abschließend, daß er in einem Buch über die Insel Rhodos etwas höchst Interessantes

zum Thema gelesen habe, nämlich, daß früher einmal Schlangen auf dem Eiland so überhandnahmen, daß man sich genötigt sah, zur Bekämpfung der Plage Damhirsche aus Kleinasien auf die Insel zu bringen.

Der Bitte um Stellungnahme zu dieser Frage kamen zwei Jäger nach. Dr. Kislinger schrieb: „So unglaublich die Mitteilung der beiden Berufsjäger auch sein mag, ist sie doch keinesfalls bloß als Jägerlatein hinzustellen. Schon antike griechische und römische Autoren übermitteln ähnliche Wahrnehmungen. So erzählt Plinius d. Ä., der Hirsch verzehre auch Schlangen und kleine Krebse. Von der Feindschaft zwischen Hirsch und Schlange berichten die antiken Autoren einstimmig. Oppian stellt sogar fest, daß der Hirsch die Schlange aus ihrem Versteck herausziehe. Wohl mit dem Äser!" Und weiter: „Im übrigen spielt der Hirsch sowohl im Aberglauben als auch in der Medizin eine bedeutende Rolle. Man schlief auf Hirschdecken, um gegen Schlangen geschützt zu sein, man zerrieb die Geweihstangen zu Pulver und streute dieses in das Hoffeuer, was die Schlangen vertreiben sollte... In der Medizin verwendete man die zerriebenen Stangen gegen Geschwüre und Blattern..." Hans Bamberger verwies auf Conrad Gesners „Thierbuch, Fischbuch, Vogelbuch" (Zürich, 1554). Dort heißt es über den „Hirtz" unter anderem: „So der Hirtz vermerket ein Schlangen in einem Loch, so füllet er sein Maul mit Wasser und schüttet das in das Loch, darnach kauchet oder blaset er in das Loch und mit seinem Atem zeucht er die Schlangen aus dem Loch herfür und zertritt die mit den Füssen..."

Ja, so ein Hirschgeweih besaß schon enorme Zauberkräfte und wirkte nicht nur auf Reptilien. Im Mittelalter nagelte man Geweihe in Turmspitzen, damit der Blitz nicht einschlüge; so auch im Wiener Stephansdom. Und gebratene Baststangen sind nicht nur eine Delikatesse, sondern auch ein bewährtes Potenzmittel – doch davon verstehen wir Kulturmenschen nichts.

Anfang der fünfziger Jahre bekam ich für verschiedene Forst-Nebenarbeiten einen Trupp Russen zugeteilt, sieben oder acht Mann. Wild aussehende Gesellen, unglaublich anspruchslos und primitiv. Bislang hatten sie in einem Lager gelebt, außer ihrem Kapo verstand keiner ein Wort deutsch. Dieser stammte aus Weißrußland, die anderen aus Sibirien. Als ehemalige Stalingegner – sie standen auf deutscher Seite – gab es für sie keine Rückkehr in die Heimat.

Der Jagdpächter erlegte in meinem Beisein einen Einstangen-Kolbenhirsch, der wegen eines verkrüppelten Hinterlaufes sich nur humpelnd fortbewegen konnte. Nächsten Morgen holte ich den Hirsch, mußte mit diesem an den mit Wegarbeiten beschäftigten Russen vorbei. Als sie das Fuhrwerk erblickten, kamen sie eiligst heran, diskutierten heftig, und schon hielt einer eine Säge in der Hand und wollte dem Basthirsch „an die Stange". Ich hatte Mühe, den Naturburschen an seinem Vorhaben zu hindern. Großes Palaver, der Kapo dolmetschte: Wenn schon nicht das Wildbret, zumindest die Geweihstange wollten sie haben. Zum Braten! Sie konnten es nicht begreifen, daß wir diese Delikatesse an die Wand nageln – statt sie zu essen.

Ähnlich verhielt es sich mit dem „Aschentier"; seinetwegen wäre es beinahe zu einem Streik gekommen. Die Russenpartie stand beim Schlagbrennen im Einsatz. Damals wurden die trockenen Frattenriegel auf den Kahlschlägen üblicherweise verbrannt, um für die Aufforstung mehr Platz zu haben. Die anfallende Asche gab zudem einen willkommenen Dung ab. Eine oder zwei Wochen brachte ich bereits mit den Russen im Holz zu. Sie hausten in einer schon sehr modrigen Holzknechtunterkunft, ich in einer Jagdhütte. Meine Anwesenheit auf dem Schlag schien beinahe überflüssig, denn die Männer wußten mit dem Feuer umzugehen. Nachts jedoch patrouillierte ich ein- bis zweimal die Brandstellen ab, denn die Glut hielt teilweise auch über Nacht an, und ein aufkommender Wind konnte gefährlich werden.

Wir hatten Hochsommer, und der Mond schien stark. Als Jäger rumpelte ich nicht schnurstracks zu dem jeweiligen Schlag, sondern pirschte mich an diesen heran. Es überraschte mich, auf den Brandflächen jedesmal Hochwild anzutreffen, das in sonderbar starrer Haltung mit dem Äser in der Asche anscheinend wühlte oder leckte. Was es genau tat, ließ sich trotz Mondlicht und Fernglas nicht exakt erkennen, am Morgen jedoch bewiesen die vielen Trittsiegel das nächtliche Treiben. Den Russen blieben die Fährten gleichfalls nicht verborgen. Noch dazu sahen sie allabendlich irgendwo Hochwild austreten, das in jenem Revier zahlreich vorkam. Die Tungusen oder Kalmücken deuteten vorwurfsvoll auf mein Gewehr, der Gruppenführer übersetzte. Sie wollten Fleisch, begriffen meine Ablehnung nicht. Ja, sie drohten, nicht mehr arbeiten zu wollen. Ich erstattete dem Oberjäger Rapport. Am übernächsten Tag brachte er mir die Erlaubnis, für die Arbeiter ein Stück Kahlwild zu erlegen.

Darin sah ich kein Problem. Die Nachmitternachtskontrolle verschob ich auf den frühen Morgen, und als ich, von der Seite kommend, im Morgendämmer den Schlag überblickte, nahm ich schemenhaft Rotwild wahr, das aber schon dem Hochholz zustrebte. Endlich schußlicht, war die Bühne leer, doch dann traten noch einmal einige Stücke aus. Ich schoß ein Schmaltier. Es naschte, wie ich deutlich sah, an einer Brandstelle; ob es jedoch Asche aufnahm, kann ich nicht behaupten.

Das noch unaufgebrochene Stück zog ich talwärts, direkt vor die Unterkunft der Russen. Die kamen sofort heraus, und als ich ihnen verständlich machte, das „Fleisch" gehöre ihnen, brachen sie in einen Freudentaumel aus. Sie umarmten mich, einer lief um Wodka, der sich freilich als österreichischer Slibowitz entpuppte, und ich trank mit den Naturburschen Weidmannsheil. Friede und Fortbestand des erträglichen Arbeitsklimas schienen vorerst gesichert. Später kam es aber mit dem Forstmeister wegen Lohnvorstellungen doch noch zu Differenzen, die beinahe in eine Tätlichkeit ausarteten.

Das Verhalten des Rotwildes auf den – man kann ruhig sagen noch „warmen" – Brandflächen blieb mir bis heute unerklärlich. Ich habe es allerdings verabsäumt, andere Weidgenossen diesbezüglich zu befragen. Von sich aus hat keiner etwas Ähnliches berichtet, und auch in der Fachliteratur suchte ich danach vergebens. Indianer sollen kleine Brandflächen angelegt haben, um Wild anzulocken, und auch Trapper kannten angeblich diese Methode der Jagd. Doch was dem Schalenwild, ganz gleich, ob Rothirsch, Wapiti, Elch oder Deer, die Asche so anziehend macht, bleibt in den Sternen geschrieben. Hans Tobber, ein Kanadajäger und -farmer der zwanziger und dreißiger Jahre, schreibt in seinem ausgezeichneten Buch „Hütten im kanadischen Busch": „Das Wild kommt von weit her, um in der Asche und Rauchwittrung vor den Mücken und Bremsen Schutz zu suchen. Dies ist die sicherste Jagdart, in Hüttennähe zu Schuß zu kommen!" Doch was zog die steirischen Hirsche an, in der Nacht gibt es ja keine Mückenplage?

Ich weiß es nicht. Und das macht mir auch gar nichts aus. Wir müssen nicht jede Einzelheit, jedes Detail über unsere Mitgeschöpfe wissen. Ein Hauch des Geheimnisvollen, uns Unbegreiflichen soll dem Wild bleiben. Wessen Eigenheit und Psyche entblößt ist, verliert an Respekt; wohl auch bei den Tieren. Hat mir der Hirsch erst all seine Individualität preisgegeben – wovon soll ich dann träumen?

Der Bock auf der Tenne...

Richtiger müßte es heißen „die Böcke", denn es handelte sich um zwei, die sich auf der Tenne einer aufgelassenen Hube ein Stelldichein gaben. Jägerlatein? Wohl nicht, denn dazu war mir der Friedel, der mir diese Geschichte erzählte, zu gut. Jetzt ist wohl auch er beinahe schon Geschichte, wie auch sein altehrwürdiger Bauernhof zuhöchst unterm Bergwald, mit dem Vier-Bretter-Kamin, der hunderte Jahre seinen Dienst versah und nie abbrannte. Ende der vierziger Jahre habe ich diese Konstruktion noch gesehen und bestaunt. Gekehrt hat er den Rauchfang selber, mit einem Fichtenboschen, den er durchzog. Die zwei Rehböcke, von denen hier erzählt wird, hatten nicht allzuweit von Friedels Behausung ihren Einstand. Einen Graben weiter stand auf einer steilen Leiten ein verlassenes Gehöft, bereits um die Jahrhundertwende vom Besitzer aufgegeben. An dieser „Zu-Huabm" führte ein Fußweg vorbei, hinüber zu anderen Anwesen auf den Hochlagen des Bergrückens.

Während des Ersten Weltkrieges trug es sich zu. Der Friedel hatte Heimaturlaub und ging auf jenem Weg zu Nachbarn, als er in der Tenne des besagten Objekts ein Rumpeln vernahm. Nanu, was tat sich da? Interessiert schlich er näher an die Tennbrücke, die fast waagrecht ins Innere führte, heran. Die Torflügel standen sperrangelweit offen, schwarze Leere starrte ihm entgegen. Dann wieder das Rumpeln, und jetzt dazu auch ein Keuchen. Kreuzsakra, da drinnen rumorten irgendwelche Viecher. Als sich Friedels Augen an das Düster gewöhnt hatten, entdeckte er zwei verkämpfte Rehböcke, die nicht sogleich voneinander loskamen! „Hätt' ich früh genug geschaltet, die Böck' wären leicht einzusperren gewesen", erzählte er mir. So aber sah er zu, bis sie – durch sein Erscheinen in höchste Panik versetzt – doch voneinander loskamen und der eine an ihm vorbeistürmte, während der andere über eine Brüstung sprang und in den Heuboden hinabfiel. Durch das offene Stadeltor entfloh auch er, vermutlich unbeschadet.

Wie kamen die Böcke in die Tenne? Es gibt nur eine Erklärung: der eine hat den anderen gejagt, jener flüchtete „kopflos" hangab direkt in die Scheune, sein Verfolger setzte ihm nach. Im obersteirischen Murtal flüchtete vor vielen Jahren bei Tiefschnee ein von Hunden gehetzter Hirsch zu einem Bauernhof, sprang dort in eine offene Brechelhütte und ließ sich dann, völlig apathisch, wie eine Kuh vor sich hertreiben.

Der Friedel erzählte mir auch anderes. Als Halter auf der nahen Alm tätig, sah er bei seinen täglichen Gängen zum Galtvieh einen Rehbock, der sich nahe der Almhütte am Fuße eines kleinen Wandls niedergetan hatte und die Morgensonne auf die Decke scheinen ließ. Am nächsten Morgen und auch am übernächsten, stets zur gleichen Zeit, sonnte er sich wieder in seinem Bett; dem Lager treu wie ein alter Waldhase. Dies konnte Friedel nicht mehr mitansehen. Er besaß für den Selbstschutz eine Mauserpistole Kal. 7,63 mm, mit Anschlagschaft, der zugleich als Futteral diente. Die nahm er beim nächsten Gang mit. Beim Wandl angekommen – der Steig führte gleich oberhalb vorbei –, blickte er über die Kante hinab. Prompt saß der Bock in seinem Bett, nachdrückend und ahnungslos. Friedel schoß ihm auf wenige Meter fast senkrecht zwischen die Blätter, der Bock kam nicht mehr hoch. Dies geschah illegal. Einige Tage später kehrte, wie üblich, der Aufsichtsjäger bei ihm ein. Dem Friedel fiel auf, daß sich dieser in der Hütte intensiver umblickte, als es einem Gast eigentlich geziemt. Schließlich erhob sich der Jäger und wollte in die Speis, sprich in das Kellerloch. „Florl, da drunt' hast du nichts verlor'n", ermahnte ihn der Halter, und dabei blieb es. Natürlich befand sich in der Grube das Rehwildbret, fein eingesurt in einem Schaffel. Der Aufsichtsjäger, ein Bauer, dürfte irgend etwas gespannt haben.

Nach dem Zweiten Weltkrieg, den Friedel wieder eine Zeitlang mitgemacht hatte, legte er die Jagdprüfung ab und weidwerkte in der Gemeindejagd, die an mein Aufsichtsgebiet grenzte. Sein Hof ließ sich in wenigen Minuten von meiner Reviergrenze aus erreichen, und ich habe den Friedel einige Male besucht. Mehr zog mich sein Töchterlein dorthin, ein blitzsauberes Dirndl, doch für eine Sünde fast noch zu jung. Der Friedel hatte mein Kommen wohl durchschaut und mich beeindruckte seine Offenheit, mit der er mir, dem viel Jüngeren, aus seinem Leben erzählte.

Einmal kam ich nahe von Friedels Behausung in Verlegenheit. Ich erblickte, noch in meinem Revier, spätabends einen Mann, der sich in geduckter Haltung am Rande eines dichten Jungwaldes zu

schaffen machte. Ich sah ihn nur undeutlich, hohes Gekräut auf dem Schlag zwischen uns behinderte die Sicht. Ich stand ziemlich frei auf einem Pirschsteig, nur etwa 200 Meter vom Mann entfernt. Ich ging in Deckung, drückte den Hund nieder und überlegte. Mein erster und auch logischer Gedanke war: der Friedel ist's. Da fing mein Hund mit dem Körper zu pumpen an, dann zu würgen. Es kam, wie es kommen mußte: Ich hielt ihm mit Gewalt den Fang zu, trotzdem konnte ich nicht verhindern, daß er mir geräuschvoll in die Hand kotzte. Irgendwie hatte er sich den Magen verdorben, und gerade im unpassendsten Augenblick kam die Eruption! Der Mann dürfte die unschönen Laute vernommen haben, ich sah nichts mehr von ihm. Nächsten Tag durchsuchte ich den Maiß. Ich fand kein Indiz auf Wilderei, wohl aber einen ganzen Stapel, ja fast eine Fuhre militärischen Strengstoffs, zum Teil aufgeweicht und zersetzt. An sich nichts Aufregendes, Kriegsmaterial lag damals zuhauf in den Wäldern herum, auch am Berg. Stand ja die Front, als das Dritte Reich ausblutete, nur noch knappe 60 Kilometer von diesem Gebiet entfernt.

Gelangten die beiden Rehböcke durch widrige Umstände in die Tenne, so begab sich weibliches Rotwild völlig freiwillig in einen leeren Viehstall. Holzknechte, die auf dem Gegenhang arbeiteten, haben dies mehrere Tage hindurch beobachtet. Es lag massenhaft Schnee, das Wild hungerte. Von ihrem Arbeitsplatz aus sahen die Männer das Dreiergespann Tier, Kalb, Schmaltier in der Nachmittagssonne auf einem Steilhang. Das Gelände dort war verbuscht, mit vielen Lücken dazwischen, ehemaliges Bauernland. Neben den Mauerresten einer längst niedergesunkenen Keusche fand sich ein nachträglich erbauter Stall, Unterstand für das Weidevieh. In diesem Holzbau – die Tür stand offen – verschwand zeitweise das Wild, nachdem es schon vorher an dessen Basis herumgeknabbert hatte. Heureste im Inneren dürften dafür ausschlaggebend gewesen sein.

Hunger läßt viele Barrieren fallen. In einem schneereichen Winter – ich glaube, wir schrieben das Jahr 1951 – ließ sich Hochwild, vor allem Kälber, widerstandslos greifen. Wir sperrten die völlig erschöpften Stücke in Heustadel, bis sich die Lage wieder einigermaßen normalisiert hatte. Einige, die sich schon zu sehr verausgabt hatten, gingen trotzdem ein.

Eine Tragödie sondergleichen ereignete sich in meiner engeren

Heimat während des letzten Weltkrieges. Ein Kleinbauer, Außenseiter in allen Bereichen, beobachtete Rehwild, das aus Hunger in einen fast leeren Heuschupfen zog. Er konstruierte eine Auslösevorrichtung, mit der sich die Rehe selbst fingen. Klassische Wilderei, sollte man meinen, doch weit gefehlt. Der Sadist ließ seinen bösartigen Hund in den Schupfen, und das Biest zerfleischte die Rehe, die nicht entkommen konnten. Der Bauer selbst sicherte das Tor und ergötzte sich an dem schaurigen Gemetzel, wie einst im Mittelalter die Fürsten bei der sogenannten Kampfjagd in den Arenen. Irgendwie wurde die Untat ruchbar, war Tagesgespräch. Ob dieses bis zur Behörde vordrang, weiß ich nicht. Später aber wurde der Mann verurteilt – wegen Sodomie!

Hasenpanier ...?

„So ein Angsthase!" Diese Redewendung hat wohl schon jeder irgendwann einmal gehört; abwertend, ja sogar verächtlich gemeint. Sie wird, für den damit Bedachten wenig schmeichelhaft, mit Feigheit gleichgesetzt. Doch „Angst", was ist das? „Angst ist der bessere Teil der Tapferkeit", befand vor langer Zeit ein kluger Kopf und hatte damit nicht ganz unrecht. Angst ist ein wesentliches Glied des Selbstschutzes, ein bestimmender Faktor des Lebens. Sie bewahrt davor, sich unnötig Risken auszusetzen, deren Ausgang mehr als zweifelhaft erscheint.

Warum gerade der Hase als Symbol der Angst herhalten muß, läßt sich leicht erklären. „Angst" im menschlichen Sinn kennt er nicht, doch bar aller sonst in der Tierwelt gängigen Verteidigungspraktiken, bleibt ihm nichts anderes übrig, als Fersengeld zu geben. Das oftgeschmähte „Hasenpanier" hat mit Feigheit nichts zu tun, zeugt vielmehr von Überlegung, wie man seinen Balg retten kann. Ohne Waffen, wie spitze Schalen, Reißzähne oder Gehörn, bleibt dem Löffelmann nichts anderes übrig, als sein Heil in der Flucht zu suchen. Mit Erfolg. Im „Hakenschlagen" tut's ihm keiner gleich, und keinem einzelnen Verfolger gelingt es, einen gesunden Hasen dieserart zu fangen. Doch wir, die über alles erhabene Krone der Schöpfung, maßen uns an, ihn lächerlich zu machen.

Da saß ich vor vielen Jahren im Flachland zu zweit auf einen Rehbock an. Später Sommernachmittag. Die Streuwiesen, Schilfinseln und Birkenschachen seitlich von uns träumten dem Abend entgegen. Stille und Friede weitum. Erwartungsfroh blickten wir übers „Moos", das Restbiotop eines ehemals riesigen Moores, das der industriellen Vermarktung zum Opfer fiel. Hinter uns dehnte sich bis zum Horizont eine trostlose braunschwarze Erdsteppe, brettleben planiert und ohne auch nur ein einziges Büschel Gras, ohne jedweden Strauch. Eine Feldbahn durchschnitt die öde Landschaft, die keine mehr war; ganz hinten reckten sich Riesenbagger und Förderbänder gebieterisch gegen das Firmament. Dort wurde noch das Zuunterst (Torf) nach oben gekehrt, es sah aus, als hätte die Apokalypse schon begonnen.

Wir verwahrten uns gegen den Anblick der geschundenen Erde, eine Kulisse schlanker Birken half uns dabei. Ein Bussard blockte weit draußen auf einem Pfahl. Plötzlich ließ er sich fallen, flatterte wieder empor, stieß von neuem zu. Jetzt sahen wir auch, daß ihm jedesmal ein Tier entgegensprang – ein Hase! Mit den Ferngläsern konnten mein Kumpel und ich das Geschehen gut beobachten. Der Bussard schien unentschlossen, vielleicht irritierte ihn die Gegenwehr des Mümmelmanns. Uns kam vor, als sei er nicht voll bei der Sache oder „arbeite" auf Zeit. Nach kurzen Pausen auf dem Pflock stieß er immer wieder zu, und prompt sprang ihm der Hase erneut entgegen. Das ging einige Zeit so dahin. Daß der Hase sich nicht davonmachte, blieb uns vorerst unerklärlich. Krank schien er nicht zu sein, sprang er doch jedesmal gut einen halben Meter hoch. Nach etwa 20 Minuten strich der Bussard als der Blamierte ab. Der Hase hatte die Attacken erfolgreich abgewehrt, von Feigheit keine Spur!

Nächsten Morgen besah Lucki die Arena. Vom erfolgreichen Verteidiger ließ sich nichts sehen, er hatte den Angriff anscheinend unbeschadet überstanden. Ob der Hase krank war, wissen wir nicht, umso mehr wäre seine Tapferkeit zu würdigen. Dem Mäusebussard, diesem Tolpatsch, traute ich danach lange nicht, doch sah ich trotz vieler Beobachtungen Ähnliches nie mehr.

Ein für mich sehr nachdenkliches Erlebnis mit einem Feldhasen hatte ich anläßlich einer Treibjagd im selben Revier. Ich fungierte bei der sogenannten „Leitenjagd" als Treiber. Auf dem Rückweg zum Sammelplatz durchquerte ich einen knapp vorher getriebenen lichten Buchenbestand. Erfahrungsgemäß findet man so ein Terrain „leer", doch plötzlich erblickte ich wenige Schritte vor mir einen Hasen. Fest in der Sasse, den Kopf flach und die Löffel entlang dem Rücken, schien er wie plattgedrückt. Aber seine Seher sprühten vor Vitalität, sie maßen mich von Kopf bis Fuß.

Ich blieb stehen. „Jetzt müßte er aus der Sasse fahren", kalkulierte ich. Doch er rührte sich nicht. Ich trat noch näher, stand jetzt vor ihm, sah, wie er mit sich kämpfte. Sollte er? Sollte er nicht? Die Schranke, die äußerste Toleranz seines Sicherheitsbereiches, war durchbrochen – er verhielt sich wie gelähmt. Seine bewegungslosen Seher suchten meine Absicht zu ergründen. Ich spürte förmlich seine Gedanken; das Sichdrücken gab keinen Sinn mehr, er wußte, daß ich ihn längst entdeckt hatte. Aber es wirkte wie eine Sperre: er konnte nicht flüchten.

Ein Zittern überkam den armen Mümmelmann, das sich aufs Hinterteil konzentrierte. Im Kreuzbereich wurde er unter heftigem Beben langsam höher, die Sprünge signalisierten „Startbereitschaft", aber die Kommandozentrale, sprich das Hirn, gab den Countdown nicht frei – die vordere Hasenhälfte preßte sich noch flacher in die Sasse. Ich hätte ihn fangen können, wie das manchmal übermütige Treiber tun. Doch wozu? Er hatte genug gelitten! Langsam entfernte ich mich. Nach etwa 20 Schritt blickte ich zurück: Gemächlich hoppelte Meister Lampe von dannen; den Stein, der ihm vom Herzen fiel, vermeinte ich zu spüren. Er war kein „Hasenfuß", ließ sich von der Treibern übergehen, trotz deren lautstarkem „Gehst außi! Gehst außi!" Es gehört Mut dazu, in einem derartigen Höllenlärm die Nerven zu bewahren und nicht abzuhauen, was höchstwahrscheinlich sein Ende bedeutet hätte. Daß ich kurz darauf seine Taktik auf eine noch härtere Probe stellen würde, konnte er nicht ahnen.

Nur ein zweites Mal kam ich einem Hasen so nahe. Oder, besser gesagt, er kam zu mir. An einem regnerischen Vormittag im Frühsommer befand ich mich in einem von Wiesen umgebenen Waldschachen. Draußen im Freien vergnügten sich mehrere Hasen im Rammelspiel. Da flitzten zwei heran, gerade auf mich zu. Ich stand am Waldrand, neben einer Buche, vor meinen Füßen ein seichtes Graberl. In dem kam das Hasenpärchen daher, und akkurat vor mir bequemte sich die Häsin, sich von ihrem Galan begatten zu lassen. Nach kaum zehn Sekunden war der Akt beendet, das Paar empfahl sich wieder, wobei Rammler und Häsin eine andere Richtung einschlugen. Ein kurzes Vergnügen!

Mir sind sie sympathisch, die Mümmelmänner und Mümmelfrauen, allein schon durch ihr Physiognomie. Wegen ihrer großen Seher äugen sie immer etwas erstaunt drein, und ihrer Mimik sind keine Grenzen gesetzt. Ein Hase hat viele Gesichter, er ist der Clown unter den Feld- und Buschbewohnern. Aber ein liebenswerter.

Der Geiz

In meinem Jägerleben lernte ich viele Charaktere kennen, angenehme und weniger angenehme. Auch unter den Grünröcken gab es charakterliche Varianten, Gönner und Neider, Gleichgesinnte und Eigenbrötler. Zum Glück sind wir nicht alle gleich. Jeder Mensch ist eine Welt für sich, dessen ganz spezifische Anschauungen man zu respektieren hat. Doch die Gemeinschaft erfordert Selbstbeschränkung, ohne sie kann ein Zusammenleben nicht funktionieren; sie gibt einen Rahmen vor, der mancher unserer Begierden Halt gebietet. An dieser Grenze scheiden sich gelegentlich die Geister, wer darüberschlägt, wird gebrandmarkt.

Der Geiz schlug ziemlich oft darüber. Eigentlich als einziger im Bekanntenkreis meiner Hubertusbrüder verdiente er diese Bezeichnung nicht. Wir alle haben Schwächen, die uns zu schaffen machen, uns immer aufs neue befallen. Sie vergehen wieder, der Geiz aber setzte sich skrupellos darüber hinweg. Er war der Jugendfreund eines mir später liebgewordenen Jagdkameraden. Als Buben steckten sie beisammen, heckten Streiche aus, die sich sehen lassen konnten. Damals schon, erzählte mir Franz, zeichnete sich der Geiz durch besondere Kaltblütigkeit aus.

Später, in den Flegeljahren, blieben ihre Streiche keine Streiche mehr. Sie pirschten unerlaubt im Revier von Franz' Vater und schossen Wild. Franz wußte mit dem Wildbret nichts anzufangen, wohl aber sein Kumpan. Der schlug daraus Geld, in ihm erwachte der Geschäftemacher, der er sein ganzes Leben lang blieb.

Wildern wurde zu ihrem Sonntagsvergnügen. Sie dachten sich nicht allzuviel dabei. Damals, in der Zwischenkriegszeit, haben ja viele spätere Jäger als Schwarzgeher angefangen, zumindest im Gebirge. So erlegten sie einmal einen Gams, der im rauhen Fels hängenblieb. Sie konnten ihn nicht erreichen, der Abstieg zu ihm erwies sich als zu gefährlich. Franz gab auf, sein Freund aber nicht. Der brachte nach zeitraubendem Zutal- und wieder Bergaufhatscher ein Seil und ließ sich zur Beute hinab, band sich diese auf den Rücken und krabbelte mit ihr wieder hoch. Franz standen die

Haare zu Berge, seine Komplize jedoch blieb die Ruhe in Person. Nerven zeigte der auch später, als sie in einem anderen Revier ein Berufsjäger verfolgte. Sie entkamen mit viel Glück, doch dem Franz reichte es jetzt. Er trennte sich zumindest moralisch von seinem Freund, erbettelte sich von seinem Vater die Jagdkarte und wurde vom beantragenden Förster um ein Jahr älter gemacht. Jetzt konnte er legal jagen.

Franz' Vater hielt seinen Sohn an der Kandare. Von dessen Seitensprüngen ahnte er nichts, und als der Sohn einmal zwei Rehgeißen statt nur einer schoß, jagte er ihn auf der Stelle zurück ins Revier, die zweite Geiß zu holen. Das bedeutete hin und zurück einen Vier-Stunden-Marsch. So kam Franz erst um Mitternacht mit der Beute an. Da Winter, hätte das aufgebrochene Stück ruhig bis nächsten Tag hängen können, doch als Sanktion für den unerlaubten zweiten Abschuß schickte der Vater seinen ohnehin schon knieweichen Sprößling gleich wieder los. „So hin wie damals bin ich selten einmal gewesen", erzählte mir Franz aus seiner Jugendzeit.

Der Geiz, damals noch nicht so stigmatisiert, legte erst nach dem Krieg die Jagdprüfung ab. Nun zwar Jäger, ließ ihn aber keiner der Jagdinhaber zum Zuge kommen. Franz wurde inzwischen selbst Jagdpächter, und der Geiz lag ihm ständig in den Ohren. Die Jugendfreundschaft bestand nicht mehr, der ehemalige Kumpel genoß nicht gerade den besten Ruf. Franz tat sich schwer, er wußte von dessen Skrupellosigkeit, ja, er fürchtete ihn insgeheim. „Laß mi amal mitgehen", bettelte der Geiz wiederholt, und Franz ließ sich erweichen.

Im Spätherbst nahm er ihn einmal zur Gamsjagd mit. Auf den Bergen lag Schnee. Im Revier angekommen, hatten sie gleich Anblick, aber die Gams standen hoch im Berg, auf Aperflächen nahe der Schneid. Obwohl bereits Nachmittag, stiegen sie auf – und vertraten das Scharl. Sechs oder sieben Gams wurden flüchtig, ins Nachbarrevier hinab. Enttäuscht blickten die beiden ins nachbarliche Kar, dessen sonnseitiger Steilhang völlig aper, schattseitig jedoch tief verschneit dalag. Die Gams, alles erwachsene Stücke, sammelten sich am Gegenhang und wollten bergauf, blieben aber unter einer Wand im Tiefschnee stecken und verharrten abwartend. Lange beobachteten sie das Wild, das sich auf die große Entfernung – über das Kar hinweg – wieder völlig beruhigt hatte.

Nicht anzunehmen, daß die Gams noch bei Schußlicht wieder zurückwechseln würden, und Franz schlug vor, den Höhenkamm entlangzupirschen. Sein „Gast" jedoch wollte lieber bleiben, über kurz oder lang würde es sowieso finster.

Mehr zum Zeitvertreib als mit einer reellen Chance rechnend, pirschte Franz über die Kuppen südwärts. Anblick hatte er keinen, so machte er sich wieder auf den Rückweg. Noch hatte er seinen zurückgelassenen Kumpel nicht in Sicht – da bellten Schüsse auf; vier, fünf, sechs. Franz zählte sie schon gar nicht mehr, sondern hastete, von einer unguten Ahnung getrieben, zu seinem „Ableger". Der hockte noch am selben Platz und schoß auf Teufel komm raus – hinüber ins Nachbarrevier! Franz blieb die Sprache weg. Der Geiz, mehr oder weniger unbekümmert, wollte „nur" ober dem Wild ins Felsgeklüft geschossen haben, um es zur Umkehr zu bewegen. Doch die Realität sah anders aus: Zwei oder drei Gams lagen anscheinend verendet im Schnee, einer mühte sich schwerkrank davon, einem anderen schlenkerte der Vorderlauf. Franz meinte, gesund sei wohl keiner davongekommen! Total perplex, sah er sich nicht imstande, dem Missetäter gehörig die Leviten zu lesen. Als einfacher Bauer mit nur fünf Klassen Volksschule vermochte er der prekären Situation nicht Herr zu werden, den „Freund" ans Messer zu liefern. Somit, dies ahnte er bereits, hatte er sich erpreßbar gemacht.

Der Geiz hingegen behielt die Nerven, ja, er fühlte sich direkt in seinem Element. Er beruhigte seinen Gastgeber, es werde schon nichts passieren. Längst hatte er herausgefunden, daß in der bäuerlichen Kleinjagd die Luft rein sei; die Schneedecke rund um die Almhütte – von der Höh' aus gut sichtbar – zeigte sich jungfräulich unberührt.

Aufmerksam beobachteten beide das nahezu baumlose Revier. Kein Mensch weit und breit. Bei Dunkelheit stiegen sie dann ab ins Kar und jenseits auf zu den Anschüssen; der Geiz hatte vollständig die Initiative ergriffen. Im Mondlicht fanden sie bald den ersten Gams, dann den zweiten, den dritten. Etwas abseits wurde ein anderer hoch und torkelte davon, brach wieder zusammen. Ihn überließen sie seinem Schicksal. Die drei Gams hatten sie bald unten auf dem Karboden, schleppten sie hinüber zu der Aperseite und brachen sie notdürftig auf. Dann schulterten sie ihre Beute und hinauf ging's den Steilhang, wobei der Geiz sich gleich zwei

aufpackte! Franz machte der eine Gams zu schaffen, die nahezu unvorstellbare Kraftleistung seines Kumpels konnte er nur bewundern.

Oben auf der Schneid und in der Gemarkung des eigenen Reviers bliesen sie sich erst einmal die Anstrengung aus den Lungen. Dann ging's in Rutschpartien talab, wobei sie versuchten, zwecks Spurenverwischung die Aperstellen zu benutzen. Unter viel Schweiß, Heben und Zerren kamen sie erst gegen Mitternacht bei der Hütte an, versteckten die Gams im Kaskeller und tranken, völlig ausgepumpt, literweise Tee. Franz machte sich Selbstvorwürfe und konnte lange nicht einschlafen. Sein Kumpan jedoch zog sich erst gar nicht aus, döste einige Zeit und machte sich dann nochmals auf den Weg, um auf dem Platz des Gemetzels nachzuschauen!

Noch vor Tag kehrte er wieder zurück – mit dem vierten Gams! Er fand ihn verendet, sah in einiger Entfernung sogar einen weiteren, offensichtlich kranken. Wie sie die gewilderten Gams heimbrachten, weiß ich nicht mehr; zu lange ist es her, daß Franz mir dies alles anvertraute. Ich glaube, der einzige zu sein, dem er zu später Stunde diese Moritat beichtete, in die er wider Willen hineinschlitterte.

Den Geiz drückte anscheinend doch ein wenig das Gewissen. Er kam nicht mehr so oft wie früher beim Franz vorbei, wich ihm sogar aus. Die Vergangenheit wurde nicht mehr erwähnt, und einige Jahre enthielt er sich, bei ihm jagdlich anzuklopfen. Er bettelte andere Revierinhaber an, wurde auch hie und da zum Jagen mitgenommen. Ausgang bekam er keinen, alle mißtrauten ihm. Einladungen nützte er schamlos aus, so soll er einmal zur Hahnbalz einen Gamsbock und ein andermal – ebenfalls in der Schonzeit – ein Tier geschossen haben.

Seinen Geiz kannte man allgemein. Als Gast auf den Hütten ließ er sich Alkoholika in den Tee gießen, selbst aber brachte er nie welche mit. Dabei brannte er zu Hause Schnaps, den er in der weiteren Umgebung verkaufte. Die paar Zuckerwürfel, die ihm gegebenenfalls auf der Hütte übrigblieben, nahm er stets wieder mit. Kurzum, ein Sparmeister ersten Ranges, der es zu was brachte. Sein Sacherl im Grabenwinkel warf nicht viel ab, doch sein Fleiß machte sich bezahlt. Ständig befand er sich unterwegs, sammelte Vogelbeeren zum Einmaischen und – o Graus! – Fäkalien aus den

Odelgruben der umliegenden Keuschler. Zum Düngen, argumentierte der Geiz, doch böse Zungen behaupteten, er brenne daraus „Scheißhäuslschnaps". Er handelte mit Schafen, deren Herkunft sich nicht immer eruieren ließ, manchmal auch mit Vieh. Er wußte Geld zu machen, und manches blieb im dunklen. Aber niemand wagte es, ihm offen entgegenzutreten; sein wacher Geist, seine Redegewandtheit, vor allem aber sein stechender Blick beeindruckten die Mitmenschen.

Nicht gespart hatte der Geiz bei der Anschaffung seiner teuren, weittragenden Büchse, mit der er auch das Gamsmassaker verbrach. Allmählich wurde er wieder bei seinem Jugendfreund jagdlich vorstellig, doch da gab es ein Hindernis – mich. Franz hatte mir die Jagdaufsicht angeboten, und das paßte dem Geiz aber schon gar nicht. Ich brauchte seine suggestiven Blicke nicht zu scheuen, was er sehr wohl merkte. Die wenigen Male, da ich ihm gegenüberstand, zerschmolz er fast vor Freundlichkeit.

Den Franz „bearbeitete" er weiterhin, doch dieser zierte sich. „Ich tu' mich schwer mit dem Dodel", sagte er zu mir. Die Jugendsünden waren zwar längst verjährt, doch die „Gamsg'schicht" konnte Folgen haben. Schließlich nahm er ihn doch wieder einmal ins Revier mit. Es kam zu keinem Exzeß, dafür schoß der Geiz einen Rehbock mit Schrot; weshalb, blieb ungeklärt. Ein andermal – allein im Revier – erlegte er zusätzlich zu dem erlaubten Gams einen zweiten und versuchte, sich den illegalen unter den Nagel zu reißen. Das schlug dem Faß den Boden aus, Franz ließ sich nicht mehr weiter erpressen, kündigte ihm bei aller Nachsicht die Jagdausübung in seinem Revier. Der Geiz zeigte sich klug genug nicht aufzumucken, er würde sich schon schadlos halten. Und das tat er. Als Franz wieder einmal ins Revier kam, erfuhr er von der Sennerin, ein Jäger sei dagewesen und hätte nicht einmal bei ihr eingekehrt. Sie sah ihn nachmittags einen Steig entlangeilen, sein heller Rucksack sei ihr aufgefallen. Genauso einen Rucksack besaß der Geiz.

Doch der Krug geht so lange zum Brunnen, bis er bricht. Franz fiel durch ein Futterloch und konnte von einem Mordsglück reden, sich nicht das Genick oder die Wirbelsäule gebrochen zu haben. Dennoch lag er im Spital, der Geiz besuchte ihn. Jetzt, zu Winteranfang, standen Abschüsse noch aus. Franz war nicht einsatzfähig, ich auf meinem neuen Wirkungsort zu weit weg. Der Geiz überredete ihn und bekam notgedrungen die Erlaubnis, ins Revier zu gehen. Schon am nächsten Tag rückte er aus, schoß anstatt des noch freien Hochwildes einen Gams und spätabends auf dem Heimweg ein Reh – im Nachbarrevier. Dies wurde ihm zum Verhängnis. In einer nahen Almhütte einquartierte Holzknechte hörten den Schuß und sahen den Mann, als er sich um das verendete Reh bemühte. Die Spuren im Schnee ließen am nächsten Tag keinen Zweifel aufkommen: Der Wilderer kam aus Franz' Unterkunftshütte bzw. hatte dort eingekehrt.

Übernächsten Tag wurde Franz im Krankenhaus von der Gendarmerie befragt. Dann nahmen sich die Beamten den schon die längste Zeit suspekten Geiz vor. Doch der schlaue Fuchs übertölpelte sie. Er sah die Häscher kommen, instruierte sein nicht minder raffiniertes Weib und sperrte sich im Kellerraum seines im Ort neuerbauten Hauses ein, mit sich Reh und Gams, den er ebenfalls schwarz geschossen hatte.

„Ihr Mann sei drinnen in der Huab'm", ereiferte sich die Frau, und die Huab'm lag vom Ort rund zehn Kilometer weit entfernt. Die Hausdurchsuchung verlief negativ, der Kellerraum fand sich versperrt. „Den Schlüssel hat der Mann mitgenommen", argumentierte das Weib. Nach dieser fadenscheinigen Auskunft zogen die Gendarmen ab. Wären sie gleich wiedergekommen, hätten sie wahrscheinlich ins volle gegriffen, sie kamen aber erst am Abend. Da ließ sich nichts Beweisbares mehr finden, und der Geiz leugnete. Er wurde vom Gericht freigesprochen. Später hielt ein Familienmitglied nicht dicht, und so erfuhr mein Jagdfreund von den Ereignissen.

Ein kleiner Schatten fiel auch auf ihn. Als Franz später einmal bei der Bezirkshauptmannschaft zu tun hatte, wurde er vom Referenten angesprochen, ob er sich über den Geiz beklagen wolle. Nun, Grund dazu hätte er schon gehabt, doch konnte er damit nicht herausrücken. Diese bohrende Frage ging ihm einige Zeit nicht aus dem Kopf und er verwünschte seinen Jugendfreund, aber auch seine eigene Nachgiebigkeit. Sein gastliches Haus blieb weiterhin Mittelpunkt der lokalen Jägerei, in dem Revierbesitzer, Berufs- und sonstige Jäger gerne einkehrten. Der Geiz allerdings ließ sich nicht mehr blicken – er ging auch keinem ab! Stets ernst und abstinent, hielt er nichts von Geselligkeit. „Dazu ist er zu geizig", meinten Kenner, aber auch Neider. Denn er hatte Baugrund gekauft und ein Haus gebaut, das sich sehen lassen konnte.

Als Jäger blieb er ein Mauerblümchen. Ständig suchte er nach neuen Jagdmöglichkeiten, aber alle, die ihn kannten oder von ihm gehört hatten, wiesen ihn ab. „Reden tuat der, als ob er no nia a Stückl g'schossen hätt'; ja fast bettelt hat er", erzählte mir ein Wirt und Jagdpächter einmal. Einem Bauern bot er zwei Millionen für die jagdgroße Alm, blitzte aber ab. Damals ein gewaltiger Betrag, den man dem Geiz nie zugemutet hätte; vielleicht gab er aber auch nur den Strohmann für einen auswärtigen Interessenten ab.

Ein Wilderer mit Jagdkarte, treffender ließ sich der Geiz nicht charakterisieren. Noch mit Siebzig konnte er's nicht lassen: Ein Aufsichtsjäger sah ihn bei Mondschein pirschen, stellte ihn, doch der Täter flüchtete in einen Heustadel. Auf Aufforderung kam er nicht heraus, und der Jäger verzog sich. Wegen eines Haserls oder eines Rehes – was Größeres gab es in der ortsnahen Kleinjagd ohnehin nicht – ging er kein Risiko ein. Die Konsorten der Ortsjagd beschlossen, von einer Anzeige Abstand zu nehmen. Und so kam der Geiz wieder einmal mit einem blauen Auge davon. Mit ihm ließ sich nicht spaßen, vor allem nicht in einer kritischen Situation. Franz, der ihn wohl am besten kannte, sagte mir einmal: „Dös is a ganz raffinierter, eiskalter Bruader – mit eahm könnt' ma an Mord begeh'n!"

Das war natürlich aus der Luft gegriffen. Doch seiner Ausstrahlung, dem hintergründigen Blick der suggestiven Augen konnten viele nicht standhalten. Sie erloschen erst vor wenigen Jahren; hochbetagt nahm der Geiz Abschied von dieser Welt, auf der Franz schon lange nicht mehr weilte.

Adlerjagd

Ich liebe den Altweibersommer im Gebirge, wenn die Marienfäden wandern und das Firmament so kristallblau leuchtet wie sonst nur selten im Jahr. Die Mittagssonne meint es noch recht gut, aber vom schattseitigen Geschröf her zieht mitunter ein merklich kühler Hauch, und morgens glitzert der Reif. Raben kreisen kolkend um die Gipfel, und da und dort hockt noch ein spätes Murmeltier vor seinem Bau. Das Weidevieh hat die Almen verlassen, und die Hütten stehen leer. Auf dem Anger mäuselt im vollen Sonnenschein der Fuchs. Nachts röhrt ab und zu ein Hirsch, und vom G'wänd poltern manchmal abgesprengte Felsbrocken herab und zerschellen klirrend im Kar. Ansonsten kehrte im Gebirge Stille ein, und man vermeint, den Odem der Bergwelt zu spüren.

An solchen Tagen könnte ich immerfort wandern, um zu erfahren, wie es wohl hinter jenem Gipfel aussieht, einfach immer nur gehen und die Seele baumeln lassen. Fast ein Trieb, ausgelöst von der Unruhe meines Herzens, bestimmt mein Tun. Aber wir Menschen haben uns Grenzen auferlegt, die ich respektieren muß. Der Adler hingegen, der jetzt ober mir im Blau des Äthers kreist, hält nichts von Selbstkasteiung. Für ihn gibt es keine Grenzen, sein Reich verliert sich im Zerrbild meiner Vorstellungskraft. Er ist das absolute Glanzlicht der Alpen.

Ich wollte es mir nicht eingestehen; aber seinetwegen weilte ich eigentlich hier – mit der Büchse! Nach reiflicher Überlegung hat die Behörde bezirksweit drei Steinadler zum Abschuß freigegeben; die Klagen der Schafbauern ließen sich nicht mehr überhören, und die Revierinhaber bangten um ihre Rauhfußhühner- und Murmelbestände. Tatsächlich kam es zu fast unglaublichen „Übergriffen" durch Adler, deren Population durch jahrzehntelange Vollschonung stark zugenommen hatte.

Auch wir wußten davon ein Lied zu singen. Innerhalb weniger Jahre bahnten sich mit diesen Greifen Probleme an, die wir bisher nicht kannten. Sah man früher im Revier nur einen Adler, zogen jetzt ständig zwei und später sogar drei ihre Kreise. Die ehedem hervorragenden Balzplätze des Birkwildes schienen nahezu verwaist, die Murmeltiere, stark gezehntet, wagten sich bei Tageslicht kaum noch aus dem Bau. Tagtäglich revidierten die Adler im Tiefflug die Alm, terrorisierten das Kleinwild und bedrängten einmal sogar einen Mann. Der Aar stieß nach dem Hirtenhund des Jagdeigners, unmittelbar neben dessen Herrn. Mit Stockhieben wehrte dieser den Angriff ab, aber der Schreck saß ihm, wie er mir später erzählte, mächtig in allen Gliedern. „Daschiaßts de Luadern", meinte er, hatte als Nichtjäger leicht reden. Doch die Adler galten als tabu, und überhaupt: Die Chance, zu Schuß zu kommen, lag fast bei Null. Unzählige Male bekamen wir Steinadler in Anblick, doch für einen Schuß hätte es nie gereicht. Eines schien sicher: Wer hier zum Zug kommt, muß schon ein besonderer Günstling Dianas sein.

Also, die Bezirkshauptmannschaft gab einen kontingentierten Abschuß frei. Hunderte Jäger erhielten somit zwar grünes Licht, doch von einer Hatz auf den edlen Vogel konnte keine Rede sein; man wußte um die Schwierigkeiten der Bejagung Bescheid. Aber viele hofften insgeheim, zu den Auserwählten zu zählen.

Auch ich wähnte mich nicht so vermessen, auf Adlerpirsch zu gehen. Dies könnte Diana übelnehmen. Aber bei meinen Streifzügen und Ansitzen spähte ich doch öfter als vorher nach dem Wappenvogel aus, verfolgte aufmerksamer seinen Flug. Aber ich wagte kaum zu hoffen...

Und jetzt hockte ich in Deckung einiger Fichtenbüsche schon oberhalb der Waldgrenze und genoß den glasklaren Herbsttag. Den Adler im Zenit des Himmelsbogens habe ich wieder aus den Augen verloren, aber mit ihm rechnete ich ohnehin nicht. Sein spielerisches Gehaben verriet, daß er nicht gewillt sein würde, alsbald wieder in irdische Gefilde zurückzukehren. Meine hintergründigen Gedanken galten seinen jagenden Artgenossen, wenn sie, Angst und Schrecken verbreitend, wie ein Schattenriß unerwartet am Firmament auftauchten oder wie Irrwische unheilvoll über die Kuppen fegten. Jeden Tag taten sie dies zuletzt, und ich fand es fast als Sünde zu hoffen, einmal möge einer aufblocken oder anhaken – und meine Kugel würde ihn dann erreichen. Mehrere Tage schon hoffte und bangte ich, doch umsonst. Sie kamen in schöner Regelmäßigkeit, ergötzten mich in ihrer Wildheit und mit den ausgeklügelten Jagdmethoden. Mein Respekt vor ihnen stieg, aber

auch mein Verlangen, einen zu erbeuten. Als Ausgleich erlegte ich ein nichtführendes Tier, das zur Mittagszeit einsam über die Hochalm zog; damit ging mein jagerischer Altweibersommer für diesmal zu Ende.

Von den drei freigegebenen Adlern fiel im ersten Jahr keiner, zumindest erfuhren wir nichts dergleichen. Dies beruhigte, machte klar, daß die Nachbarn auch nur mit Wasser kochten und die gleichen Probleme hatten. Für die klassische Methode nach der Art von Leo Dorn, ein „Lämmle" auszulegen und auf den Räuber zu warten, hatten weder wir noch unsere Konkurrenz Lust und Zeit. Diese Hinterhältigkeit wollten wir dem königlichen Vogel doch nicht antun. Auch soll der wackere Mann – er brachte es auf über hundert Steinadlerabschüsse – die meisten Adler im Winter erbeutet haben.

Im nächsten Jahr weilte ich bei unveränderter Adleranzahl zur Herbstzeit wiederum einige Tage im Revier. Auch diesmal herrschte Kaiserwetter, voll Licht und Sonnenglast. Ich gedachte, auf Hochwild zu weidwerken, doch das anhaltende Schönwetter paßte dazu nicht ideal. Der Anblick blieb aus, nur die Schalenabdrücke standen im reifigen Gras und frische Losung lag umher, groß und glänzend wie Tollkirschen. Gams krebsten im Geschröf; ich hatte dieses Jahr keinen frei. Aber die Adler! Jeden Tag ergötzte ich mich an ihren Flugbildern. Oft segelten sie schon frühmorgens über die Scharten und Kämme herein, schwebten elegant und mit unnachahmlicher Grazie suchend über die Riedel und Mulden, manchmal nur wenige Meter über dem Boden. Systematisch erkundeten sie im Jagdflug jeden Hangeinschnitt, jede Blöße und sogar die Wildwechsel im Bereich der Baumgrenze.

Auf einem solchen befand ich mich, als ich nach dem Morgenansitz heimwärts pirschte. Da rauschte ober mir ein Adler hinweg, pfeilte über den Blauen Palfen hinüber zum Millegg. Ich sprang ein Stückchen vor, um besser sehen zu können, da kam er bereits zurück. Diesmal im Schwebeflug und lautlos, wie mir schien. Aufmerksam beobachtete er das Gelände unter sich, äugte zu mir herab. Als er Sekunden später hinter einer Hangrippe verschwand, suchte ich mir rasch eine günstigere Position. Schon wieder strich er an, jetzt ein Stück höher dem Hang zu. Mehrmals noch schwebte der Aar über den Dolinen und Palfen im Latschach hin und her, als webe er ein unsichtbares Netz. Dann geschah das oft Erhoffte, dennoch Unerwartete und nahezu Unglaubliche: Der Adler hakte auf einem Ast der halbdürren Krüppelfichte über dem brüchigen Wandl droben an, rastete, frei gegen den tiefblauen Himmel stehend.

Ein Bild für Götter! Vor mir eine Steinkuppe, dahinter niedriges Erlengesträuch, im Hintergrund das Felswandl mit einigen Latschenbüschen. Und obenauf die bizarre Sturmfichte mit dem Aar – umrahmt vom azurblauen Firmament! Mein Herz pochte. Der mächtige Greif schien die Aufmerksamkeit selbst, beäugte kritisch seine Umgebung. Ich stand völlig frei, zum Pfahl erstarrt. Das Glas an den Augen verdeckte wenigstens meine verräterische Visage ein wenig. Zu seinem Unglück erkannte er den Menschen nicht, hielt mich wohl für einen Baumstrunk, deren es einige in der Nähe gab. Könnte auch sein, daß er mich nicht ernst nahm!

Ich sah, daß der Aar, seinen Kopf drehend, einige Male länger in die seitliche Hochmulde äugte. Beim nächsten „Seitenblick" ging ich langsam in die Knie, bei den folgenden robbte ich die paar Meter bis zu einem Mugel, der mir beste Auflage bot. Ohne die bestanden wenig Chancen, den steilen 130-Meter-Schuß erfolgreich anbringen zu können. Die Befürchtung, der Adler könnte jeden Augenblick abstreichen, überwog mein Jagdfieber. Seine kegelförmige Silhouette bot trotz der großen Distanz ein gutes Ziel. Das Fadenkreuz stabil im schwarzbraunen Gefieder, zögerte ich keine Sekunde länger. Weich brach der Schuß, und der König der Lüfte fiel lotrecht vom Baum – mitten durch die Brust getroffen!

Lange wartete ich zu, mußte das Geschehen erst verdauen, hatte noch nicht so ganz begriffen, welch rare Beute dort oben meiner harrte. Dann erst stieg ich zögernd, als könnte ich die Wahrheit noch immer nicht fassen, die Hangrippen hinauf. Alle Augenblicke sah ich zur Sturmfichte, zum klobigen Dürrast, auf dem der Greif vom Jäger zum Gejagten wurde. Irgendwo am Fuße des Wandls mußte er liegen, verendet hingestreckt. Er lag nicht hingestreckt, sondern steckte gar nicht idyllisch in einem Schopf hohen Gekräuts. Als ich ihn heraushob, bot er keinen erhebenden Anblick. Das einzige Mal in meinem Jägerleben, daß ich mir wünschte, das eben erlegte Wild wäre am Leben geblieben. Vorhin noch der stolze Aar, jetzt ein wabbeliger Klumpen Federn.

Doch nur kurz währte diese melancholische Anwandlung, dann brach wieder die eminente Freude durch. Ich legte Strecke, setzte mich dazu und blieb mehrere Stunden lang sitzen. Erst nach Mittag beendete ich die längste und beschaulichste Totenwacht meines Lebens. Den mächtigen Vogel betrachtend, hatte ich für die Zukunft an St. Hubertus keine Wünsche mehr. Meinte ich, doch wie jeder Schwur, wurde auch dieser brüchig. Ich durfte erleben, wovon vielleicht Tausende Jäger auf allen Kontinenten träumen, aber das Jagen fand deshalb kein Ende…

Vom Adler blieb nicht viel. Zeitgenossen werden es als unverständlich finden, daß ich ihn nicht präparieren ließ. Doch noch ungebunden und in einem Zimmer hausend, hätte ich nicht gewußt, wohin mit ihm. So überließ ich ihn dem Jagdherrn, bei dem ich Gastrecht genoß. Wider Erwarten zeigte auch er sich nicht sonderlich an einer Präparation interessiert. Als ich ihn nach Wochen aufsuchte, empfing er mich mit einem Adlerflaum auf dem Hut. Als Bauer hatte er eine sehr nüchterne Einstellung auch zu Wildtieren und den Adler – seiner Flaumfedern und Fänge entledigt – verscharrt! Dies klingt brutal, aber irgendwann wird alles wieder zu Erde, ganz gleich, ob ausgestopft oder nicht. Freilich, wenn ich's heute so richtig bedenke, einer Lehrmittelsammlung hätte man ihn geben sollen, sie damit um ein wertvolles Exponat bereichern…

Mehr enttäuschte es mich, daß er bisher versäumte, den Abschuß zu melden. So trug auch ich vorläufig gewissermaßen einen Maulkorb umgehängt, was mich aber keinesfalls bedrückte. Jagderfolge an die große Glocke zu hängen, dafür konnte ich mich nie begeistern. Und der Hans schon gar nicht. Er war kein Feind der Adler, mißbilligte aber deren stete Zunahme, und mit dieser Ansicht sah er sich nicht allein. Über die Rarität der flaumigen Unterstoßfedern des Adlers machte ich mir damals keine Gedanken. Ich verschenkte sie nach und nach, selbst habe ich nie eine getragen. Ein eher mickeriges Exemplar nebst zwei gefaßten Klauen besitze ich noch, sie sind mein ganzer Stolz. Aber das Kostbarste trage ich ständig in mir: die Erinnerung an jenen Tag, als der Adler fiel…

Der Matador

Als solcher fühlte er sich, der Herr aus dem Nachbarland, und führte sich entsprechend auf. Er sah sich bemüßigt, dem armen und rückständigen Alpenvolk Jagdkultur in vollendeter Form zu demonstrieren. Aber nicht nur das, als Salonlöwe mit entsprechender Brieftasche öffneten sich ihm Tür und Tor in ungeahnter Weise.

„Jedem Tierchen sein Pläsierchen", könnte man andersrum sagen, schließlich gab er ja *sein* Geld leichten Herzens – und ebensolcher Hand – aus. Die Kritiker rekrutierten sich doch nur aus Neidern, Habenichtsen, die an der Unterstufe eines bescheidenen Wohlstandes hängenblieben. Er hingegen hatte es zu etwas gebracht, wenn auch sein Werdegang den Neidern vorenthalten blieb. Plötzlich war er da, gab den Ton an, und viele tanzten nach seiner Pfeife; Politiker ebenso wie Wirtschaftsbosse und kirchliche Würdenträger. Man rechnete es sich als Ehre an, ihm die Hand reichen zu dürfen oder gar in sein neuerworbenes Schloß eingeladen zu werden, das immerhin Tradition hatte. Künstler buhlten um seine Freundschaft, und der Dank blieb nicht aus. Akademische und konsularische Titel stellten sich ein, hoben ihn noch ein Stück höher auf sein Roß. Zeitungen und Gazetten bemühten sich um Interviews, die „Tönende Wochenschau" mitinbegriffen.

Ich hatte die Ehre, in einem Bierlokal dem Matador gegenübersitzen zu dürfen. Eine Jahresversammlung der Jägerschaft wurde abgehalten, ich kam ein paar Minuten zu spät. Im vollbesetzten Saal fand sich aber an einem Ecktisch noch ein freier Platz. Auf meinen suchenden Blick bot mir der dort residierende Tischherr freundlich die Sitzgelegenheit an, ich dankte – und befand mich im Familienkreis des noblen Herrn. Das heißt: Nobel, auf die Kleidung bezogen, wirkte er nicht; in der schon etwas abgegriffenen Jägertracht und mit dem väterlich-gemütlichen Gesicht hätte ich ihn für einen Oberförster gehalten, aber ich erkannte ihn aus unzähligen Reportagen. Auch hatte ich ihn schon vorher einmal gesehen, als er in der Stadt seinen Rolls-Royce bestieg – den einzigen im Land.

Nobel hingegen wirkte seine Begleitung. Die Damen im Dirndl, reichlich mit Schmuck behangen, verrieten auf den ersten Blick die Hautevolee. Das Gedeck war pompös, die Herrschaft gabelfrühstückte aus Silbergeschirr mit ebensolchem Jagdbesteck. Was die Herren am Rednerpult vortrugen, schien den „Matador" überhaupt nicht zu interessieren, er sah kaum hin. Er unterhielt sich mit seiner Begleitung, und mich wunderte, daß er überhaupt an der Versammlung teilnahm. Für die Herrschaften bedeutete sie wohl nur einen Sonntag-Vormittagsausflug.

Noch lange vor Versammlungsende erhob sich die vornehme Gesellschaft, die Damen packten das mitgebrachte Geschirr und Gedeck zusammen, und mit einem Kopfnicken verabschiedete sich der Jäger-Imperator von mir. Immerhin: Er hatte mir, dem einfachen Bauernjäger, zugenickt; und ich wußte nicht, sollte ich deswegen stolz sein oder mich gefoppt fühlen.

Einige Jahre nach dieser Begegnung fuhr ich im Spätsommer von der Jagd heim. Ich hatte einige Tage auf der Alm verbracht, spartanisch bis zum Gehtnichtmehr. Schlief im Heu, die Nachtluft fächelte durch die fingerbreiten Ritzen des Gebälks mein Gesicht, und das melodische Zirpen des Brandvogerls weckte mich zur Morgenpirsch. Meine denkbar einfache Verköstigung bestand aus Speck und Brot und viel Tee; wenn ich mir zu Mittag eine Konserve öffnete, konnte man darin beinahe schon eine feierliche Angelegenheit sehen. Doch ich hätte mit niemandem getauscht – die Bergwelt hielt mich in Atem, ihr Felsgeklüft, die Matten und der Grenzwald; vor allem aber dessen Getier.

Nun hatte mich die Zivilisation aber wieder. Bereits im Finstern fuhr ich auf der Bundesstraße heimwärts. Plötzlich ein Stau. So etwas zählte Anfang der sechziger Jahre zu Ausnahmen, es mußte sich wohl ein schwerer Unfall ereignet haben. Doch als ich von der Anhöhe abwärts blickte, sah ich Lichterschlangen auf der Zufahrtsstraße hinab ins Schloß, der Residenz des Matadors. Heroben, beim Jagdhof, an der Abzweigung von der Hauptstraße, eine Menschenansammlung sondergleichen. Fackeln und immer wieder Fackeln, Salutschüsse zerrissen mit Blitz und Donnerschlag die Stille, eine Blaskapelle begann zu spielen, Fetzen einer Begrüßungsrede waberten herauf. Dann formierte sich das Ganze mit Pomp und Trara zum Abmarsch ins Schloß. Als die Autokolonne endlich wieder in Bewegung kam, standen die Vereine vor dem Jagdhof und warteten auf ihre Busse; ihr Auftritt war beendet. Eine Fürstenhochzeit, dachte ich, was sonst? Doch übernächsten Tag stand es groß in der Zeitung: Der Schloßherr hatte zu einem Jagdfest geladen, das alle Stückln spielte. Für seine 250 Gäste scheute der Herr keine Kosten. Tage vorher fanden in den Pachtrevieren Jagden statt, hier wurde Strecke gelegt. Um das Ganze noch uriger zu gestalten, griff man auf ortsfremdes Wild zurück. Sauen und einen Braunbären aus Jugoslawien, den man für dieses Fest monatelang im Kühlhaus eingelagert hatte. Um sich als großer Jäger feiern zu lassen, scheute der Matador keine Kosten.

Über den See, auf einer Plätte, flankiert von fackeltragenden Jägern, wurde ein Kronenhirsch transportiert und zur Schloßkapelle getragen. Der Bischof hielt eine Ansprache, dann weihte er (der Ortspfarrer genügte rangmäßig wohl nicht!) die Gesamtstrecke. Jagdhörner erklangen, Brüche wurden überreicht. Hernach bat der Hausherr die Prominenz ins Schloß zum festlichen Jagdessen.

Soweit die offiziellen Reportagen. Wie es hinter den Türen weiterging, erzählte mir später ein Musikant. Gegessen und getrunken wurde in Abständen bis zum frühen Morgen, ganz nach dem jahrhundertealten Vorbild fürsterzbischöflicher Völlerei. Damen in teuren Roben gaben den Kontrast zur jagdlichen Dekoration der Räumlichkeiten. Ein Tierstimmen-Imitator und andere Kurzweil sorgten für die Erheiterung der illustren Gäste, unter denen Prinzen, Grafen, Barone und Industriebosse nicht fehlten. Man fühlte sich ungezwungen, unter sich, trank auf zukünftiges Weidmannsheil, kokettierte mit den Damen. Toasts auf das Wohl des Gastgebers erklangen. Horrido!

Ich, zwei Tage vorher, kam ohne all das aus. Einen Gams hatte ich geschossen, das „Weidmannsheil!" dazu war imaginär. Den Bruch steckte ich mir selber an den Hut, den Bischof ersetzte die Majestät des Bernkogels. Mein Festessen bildete die schon leicht brunftelnde, auf der Herdplatte gebratene Leber des Bockes, und den Champagner holte ich mir aus dem Brunntrog. Musik gab es morgens und abends gratis aus dem nahen Wäldchen. Was wollte ich mehr? Natürlich: Auf die Titelseite der Regenbogenpresse kam ich mit meinen Taten nicht, doch gemach, dies muß nicht immer von Vorteil sein.

Der Reichtum des Matadors, pardon Schloßherrn, schien unerschöpflich. Wieviel ihn Ende der fünfziger Jahre der Ankauf des

Objekts samt den dazugehörigen Liegenschaften kostete, erfuhren nur Insider. Bislang unter öffentlicher Verwaltung, baute es der neue Besitzer zu einem Luxushotel aus, in dem Prominenz aus aller Welt logierte. Ein zweites Hotel, nicht minder prominent, kam dazu, und – nomen est omen – fast zur gleichen Zeit 60.000 Hektar Landbesitz in einem fernen Erdteil!

„Matador", dieses Pseudonym, habe ich verbrochen. Es kommt nicht von ungefähr. Hirsch-Fetischisten wissen, daß der gleichnamige ungerade Zweiundzwanzigender – Deutschlands stärkster Hirsch über viele Jahre – 1942 in Rominten von Hermann Göring gestreckt wurde. Mit Hirschen der Grand-Prix-Klasse hatte es auch der Lebemann und Schloßbesitzer, in seinem privaten Museum befand sich ein Abguß dieses legendären Geweihes.

Allein in diesem kleinen Museum steckte ein Vermögen. Ich habe es oft besucht – und staunte jedesmal wieder. Spitzentrophäen aus ganz Europa konnte man dort bestaunen nebst anderem jagdlichen Interieur von erlesenem Geschmack. Kostbare Raritäten der Goldschmiedekunst ebenso wie Originalstiche von Ridinger sowie Gemälde von Pausinger und Gauermann. Ein Gemälde hatte es mir besonders angetan. Es zeigte einen Feisthirsch beim spätabendlichen Austreten – ein Bild für Götter. Auf einer romantischen Bergwaldblöße verhoffend, sicherte der Hirsch hinüber zu einem Erlenhang, reglos wie eine Statue, doch alle Sinne angespannt. Man vermeinte, seine Gedanken zu erraten, so ausdrucksvoll hatte ihn der Künstler dargestellt. Die Schleier der Nacht woben vom Holze her, indes im Hintergrund ein letzter Sonnenstrahl den Gipfel erglühen ließ. Zu diesem Bild zog es mich immer wieder hin. Es erinnerte mich intensiv an die Erlegung meines ersten Hirsches, der genauso in den Abend sinnierte, bevor ihn meine Kugel traf.

Doch die Herrlichkeit des Matadors währte nicht lange. Ein Jahrzehnt nach seinem kometenhaften Aufstieg und Höhepunkt erfolgte der Absturz, abrupt wie das Verglühen einer Sternschnuppe. In Anbetracht der Kurzlebigkeit vieler Neureicher schien dies irgendwie vorprogrammiert, und komisch – gerade die einfachen Leute aus dem Volk ahnten es voraus.

Als ich wieder einmal das Museum besuchte und vor dem Hirschbildnis Andacht halten wollte, hing dieses nicht mehr da. Ich sah mich um und gewahrte, daß die wertvollsten Exponate fehlten, sich Belangloses an ihrer Stelle präsentierte. Kurze Zeit später schlug die Bombe ein: Der Schloßherr und Weltmann wurde von der Interpol zwecks Aufenthaltsermittlung gesucht. Er hatte sich abgesetzt – einen gewaltigen Schuldenberg hinterlassen! Die Schickimickis hatten ihre Sensation, und nicht nur sie: Gläubiger bangten um ihr Geld.

Ein Haftbefehl erging. Auf einer Prominenteninsel spürte man ihn auf – er hatte sich in ein Sanatorium gelegt – und nahm ihn fest. Jetzt war er nicht mehr der Matador (Hauptkämpfer), sondern ein Geächteter. Seine Besitzungen wurden verkauft, versteigert. Er selbst ließ sich – wo sonst – in seinem Heimatland nieder. Von Österreich hatte er die Schnauze voll, ließ er pathetisch verkünden; er kehre nie wieder in dieses Land zurück. Nun, es ging auch ohne ihn. Seinen wahren Charakter offenbarte der Gentleman jedoch in einem Schreiben an die österreichische Regierung. Der Brief enthielt eine Flut obszöner Ausdrücke, wie sie sonst nur im Sandlermilieu kursieren.

Die Moral von der Geschicht'? Wer hoch hinaufsteigt, kann um so tiefer fallen. Mir kleinem Mann kann so etwas nicht passieren. Doch steht es in den Sternen, wie ich mich in der Situation des Matadors verhalten hätte. Hatte der Handelmann, wie er sich selbst bezeichnete, nur den Überblick verloren? Vieles spricht dafür, und unter diesem Aspekt hatte er viele Vorgänger und noch mehr Nachfolger. Heute sind solche Pleiten gang und gäbe, damals stellten sie eine Sensation dar.

Freilich, nach dem Desaster benahm er sich eines großen Weidmannes, für den er sich allzeit hielt, unwürdig. Man sieht: Die von ihm erlegten Kapitalhirsche, dem „echten Matador" ebenbürtig, gaben keine Garantien für korrekten Lebensstil. Meine geringen Steinhirsche sind dies zwar auch nicht, jedoch bewahrten sie mich vor dem Sündenfall. Ich habe kein Verlangen, Hirsche der Goldmedaillenklasse zu erlegen, wüßte auch nicht, wohin mit so einem Monstrum. Mir genügen Berghirsche, mit deren Geweih sich nicht viel Staat machen läßt. Denn nicht das, was an der Trophäenwand hängt, macht für mich die Jagd aus, sondern das, was ich dabei empfinde. Irgendwann werden all die Geweihe, Krucken und Präparate als Gerümpel enden, die Erinnerung jedoch nicht.

Meine Polemik an dem noblen Herrn mag darin begründet sein. Eitelkeit zur Schau zu stellen, ist zwar keine Sünde, aber auch keine Tugend. Bedrückend hingegen ist das Nachher, wie dies mein

Pseudonym anschaulich demonstrierte. Seine Verdammnis – auch aus dem Jenseits – ist mir gewiß. Sie berührt mich wenig. Ich schrieb, was belegt ist und was ich über ihn dachte. Erzählt und auch kolportiert wurde über ihn einiges mehr, viel davon mag Klatsch gewesen sein. Ich gebe zu, wenig pietätvoll mit ihm umgesprungen zu sein, doch auch er ließ in seinem Brief Anstand und Würde vermissen. Sein gewinnendes Äußeres täuschte, innerlich blieb er primitiv. An den Stätten seines Wirkens wurde der Matador rasch vergessen, nicht aber der Glanz, den er zu inszenieren verstand. In der Realität gibt es aber wenig Platz für Glanz, wie er bitter am eigenen Leib erfuhr. Und wie dies leider auch all jene erfahren mußten, die er hereingelegt hatte...

O'kugelt...

„O'kugelt" sagt man im Gebirg', wenn jemand abstürzte, aus welchem Grund immer. Die Berge heischen ihren Tribut, wer sie herausfordert, muß mit Konsequenzen rechnen. Der Kletterer nimmt dieses Risiko auf sich. Um so erhabener ist dann sein Gipfelsieg – sagt er. Jedem das Seine. Ich habe mich nie hochtouristisch versucht, trotzdem geriet ich zweimal in Bergnot, ohne daß Bruder Leichtsinn mitspielte. Beide Male kam ich ohne Fremdhilfe aus der Klemme, Gott sei Dank. In dem einen Fall wäre eine solche auch nicht zu erwarten gewesen.

An einem Pfingstsamstag verstieg ich mich. Der Oberjäger schickte mich los, eine Gamssulze aufzufrischen, im steilen Felsgelände des Reitings, gleich oberhalb des Jagdhauses. Ich kannte jene Sulze nur vom Hörensagen, wohl aber die fast unheimlich steile Felsschlucht, von der ein Gamswechsel hinausführte zum Kamm und zu der vertrackten Salzlecke. „Bei der roten Lehmpfütz'n muaßt links außi – sonst kimmst net hin", trichterte mir mein Lehrmeister ein, „'s gibt nur den oan Zuagang!"

Siegesbewußt stieg ich die wildromantische Schlucht empor, im Rucksack einen Mugel Bergkern. Bei der „roten Pfütz'n" aber wurde ich unsicher, denn es gab da gleich mehrere dieser rotgelben Lehmstellen. Ich zögerte, dann schlängelte ich mich voran. Schon nach wenigen Metern kamen mir Bedenken: So abenteuerlich! Das konnte der richtige „Weg" nicht sein! Trotzdem schritt, nein, hantelte ich mich weiter. Überraschend stand ich draußen auf dem Kamm, auf einer schräg abfallenden, zimmergroßen Steinplatte, unter mir eine gähnende Tiefe, bodenlos. Ich blickte in die Richtung, aus der ich gekommen war – und erschauderte. Konnte es sein, daß ich über diese Steile hierhergekommen bin? Ohne an eine Gefahr zu denken? Jetzt jedenfalls ging mir die Muffe eins zu hunderttausend und ich klammerte mich an eine Ritze, geplagt von dem Gefühl, das Fundament neige sich immer mehr dem Abgrund zu...

Um ehrlich zu sein, ich hatte richtiggehend Angst, scheußliche Angst. Die Knie begannen zu zittern, und irgendwie befiel mich leichte Übelkeit. Schwindelfreiheit zählte nie zu meinen Stärken, besonders dann nicht, wenn ich senkrecht ins Bodenlose blickte. Jetzt fehlte nicht mehr viel: Sollte ich das nächste Opfer werden, das dieser vermaledeite Berg nahezu jedes Jahr forderte? Wie eine Spinne verkrampft, hockte ich auf der ausgesetzten Platte, unfähig, etwas zu unternehmen. Meinen Stubenkameraden sah ich im Sonntagsstaat das Schottersträßlein talaus marschieren. Er hatte über Pfingsten dienstfrei und strebte dem fernen Bahnhof zu. Ich sah das Jagdhaus unter mir und den Oberjäger, der wiederholt vors Haus trat und mit dem Gucker nach mir Ausschau hielt. Ob er mich sah? Ich hätte rufen können, doch ich schämte mich, noch hatte ich mich nicht aufgegeben.

Langsam, ganz langsam kehrten die Lebensgeister zurück. Der „Kniaschloderer" verebbte, ich wurde wieder sicherer. Beherzt erhob ich mich und schritt die wenigen Meter bis zum griffigen Fels zurück – es ging ganz leicht. Wieder bei der „roten Pfütz'n", fand ich auf Anhieb den Ausstieg – vorhin hatte ich ihn nur um wenige Meter verfehlt. Minuten später stand ich bei der Lecke, deponierte den Salzbrocken und stieg erleichtert ab. Der Oberjäger erwartete mich bereits leicht besorgt; heute meine ich, dort gehört eine Sulze nicht hin.

Zwanzig Jahre später erging es mir ähnlich, bei der Bergung eines erlegten Gamsbockes. Der Bock blieb in einer Felsrinne hängen, ich querte ein paar harmlose Runsen, dann hatte ich einen Graslahner vor mir, an Steilheit unüberbietbar. Dahinter, in der Rinne, lag der Bock; aufgefangen von einem Steinquader, der die Reißen blockierte. Mich trennten vielleicht noch 50 Meter von meiner Beute, doch der mit Erdeis durchsetzte Lahner stoppte mein Vordringen. Eine Schicht Naßschnee verharmloste den Untergrund, erst als mir die Tritte langsam wegzurutschen begannen, erkannte ich die Gefahr. Zu spät, ich befand mich bereits mitten auf der Plaiken!

Ein dürftiger Erlenstrauch, nicht viel mehr als kniehoch, erschien mir wie ein Rettungsanker. Ich klammerte mich daran fest, mußte mit den Füßen immer wieder korrigieren. Langsam aber stetig rutschte der Weichschnee durch mein Gewicht vom seifigen Untergrund ab, ich wähnte mich gefangen. Zum Gams hinzukommen, fühlte ich kein Verlangen mehr, es gab nur eines: zurück, so lange es noch geht!

Doch vorerst bannte mich das große Zittern. Als es allmählich abklang, gab ich mir einen Ruck; ich mußte handeln, und zwar bald!

Eilig, aber mit wohldosierten Schritten, den Stock bergseitig als Stütze einsetzend, querte ich zurück. Ein Straucheln hätte den sicheren Tod bedeutet, das kam mir erst voll zum Bewußtsein, als ich wieder eine Felsrippe erreichte. Auf ihr übermannte mich ein völlig neues Lebensgefühl, in dem alles andere an Bedeutung verlor, selbst der erlegte Gams sank zur Nebensächlichkeit ab. Erst Tage später konnte man das Haupt bergen, das Wildbret blieb den Kolken und dem Adler.

* * *

Steile Grashänge haben es in sich. Sie sehen harmlos aus, doch einmal gestürzt, gibt es auf ihnen kein Halten mehr. Ein Jagdfreund von mir kam so zu Tode, ein trainierter Berggeher und Gamsjäger. Er nahm wohl nie an, daß ihm so etwas passieren könnte. Und dennoch! Als begeisterter Bergfreund machte er beim Anmarsch zu seiner Jagdhütte einen gewaltigen Umweg. Schon immer sprach er davon, einmal von der Sticklerhütte aus über das Nebelkareck in sein Revier wandern zu wollen und arrangierte sich deswegen mit dem Reviernachbarn.

Freunde brachten ihn und seine Berggefährtin zur besagten Hütte, dann marschierten sie los, beide mit voluminösen Rucksäcken, er zusätzlich mit dem Gewehr. Trotz ungünstigem, regnerischem Wetter verschob man die Tour nicht. Als Geschäftsmann hatte er nur beschränkt Zeit, und so nahm das Unheil seinen Lauf.

Oben, auf dem Kamm, fiel Nebel ein. Sie verloren die Orientierung, überschritten zu früh den Grat. „Nebelkareck", wie mir Einheimische später sagten, bei Schlechtwetter ein gefährlicher Berg. So auch diesmal. Bald nach der Überschreitung gelangten sie in immer steiler werdendes Gelände, zuerst schotterig-steinig, dann grasig. Jetzt merkten sie, daß sie den Westhang zu früh betreten hatten. Was tun? Die Grenze des eigenen Reviers konnte nicht mehr weit sein. Darum beschloß mein Freund weiterzugehen. Minuten später stürzten beide ab. Peter, so hieß mein Freund und Gönner, rutschte aus, kam zu Sturz; seine Begleiterin griff nach ihm, wurde mitgerissen.

Gut 200 Meter glitten, kollerten und überschlugen sich die zwei über grasiges, mit Steinplatten durchsetztes Steilgelände, dann teilten sich ihre Bahnen. Sie rumpelte geradeaus weiter, blieb in einer Mulde liegen. Er kollerte etwas nach links, in den Einzugsbereich einer Wasserrinne und kam erst nach weiteren 100 Metern zum Stillstand.

Die junge Frau hatte schier unglaubliches Glück im Unglück: sie überlebte! Benommen rappelte sie sich hoch, suchte ihren Begleiter. Sie fand ihn in einem Gumpen, zog ihn heraus, denn sie fürchtete, er könnte ertrinken. Nur mehr ein Stöhnen entrang sich seinem zerschlagenen Körper, sonst kein Lebenszeichen…

Danach verließen sie die Kräfte, sie verfiel zeitweise in Ohnmacht. Schmerzen brachten sie wieder zum Bewußtsein, sie konnte nicht um Hilfe rufen (zahlreiche Rippenbrüche!), kroch und schleppte sich halbnackt (die vielen Überschläge hatten ihr die Kleidung vom Körper gerissen) etappenweise bei strömendem Regen bergab. Das Unglück ereignete sich etwa um halb eins – am späten Nachmittag erreichte die Bedauernswerte die Kreealmhütte, unfähig, sich zu artikulieren. Nur soviel gab sie zu verstehen: Oben, in einer Wasserrinne, liegt ihr Begleiter! Dann versank sie in tiefe Bewußtlosigkeit, aus der sie erst nach Stunden im Krankenhaus erwachte.

Das Feldtelefon – ein Attribut der Materialseilbahn – erwies sich als lebensrettend. Relativ rasch kamen Arzt und Bergrettung, brachten die Frau ins Spital, wo viele innere Verletzungen diagnostiziert wurden. Sie genas nur langsam.

Erst gegen 20 Uhr fand man meinen Jagdfreund. Tot. Er dürfte nach Meinung des Arztes kurz vorher verschieden sein: Ob er all die Stunden in dem Gerinne Schmerzen verspürte, bleibe dahingestellt.

* * *

„O'kugelt" ist auch ein Jäger, der das Malheur nahezu unbeschadet überstand. Er hatte unwahrscheinliches Glück, ein querliegender Baumstamm stoppte seine Talfahrt, bewahrte ihn vor dem sicheren Tod. Er hatte einen Gams geschossen. Es lag viel Schnee, war bitterkalt. Von den Strapazen der ganztägigen Pirsch bereits gezeichnet, nahm er, schon nahe dem Dorf, eine Abkürzung durch einen Felsgraben. Diesen Graben querte ein eher kümmerlicher Steig, auch im Sommer nur für Schwindelfreie begehbar. Hunderte Male ist er diesen Steig gegangen, zwar respektvoll, aber ohne Unsicherheit.

Den Gams im Rucksack, tastete er sich voran. Nun macht es einen großen Unterschied, ob man sich „solo" oder mit 25 Kilo auf dem Buckel unterwegs befindet, besonders im schwierigen Gelände. Das wußte der Mann sehr wohl, doch er trug ja nicht den ersten Gams da hinüber. Knapp vor der Grabenmitte passierte es dann: Auf einer im Schnee verborgenen Eisgalle rutschte er aus, verlor das Gleichgewicht, und schon rumpelte er hinab in die immer steiler abfallende Rinne, die über einen Absatz in einen geröllgefüllten Tobel mündete. Einige Meter stürzte er sogar im freien Fall, hinein in die Steilrinne, in der sich an dieser Stelle eine mannshohe Alt- und Neuschneebrücke aufgestaut hatte. In ihrer Wanne landete der Gamsjäger mehr oder weniger unsanft – doch nahezu unverletzt!

Als er wieder zu sich kam, buddelte er sich aus den Schneemassen und rekonstruierte nach und nach den Hergang. Rucksack und Gams lagen nebenan, doch Rock und Weste fand er nicht. Ebenso fehlten Gewehr und Fernglas. Er blutete rundum, doch die Knochen waren anscheinend heil geblieben. Jetzt hatte er nur das Verlangen, heraus aus dem verdammten Graben! Unter neuerlichem Risiko arbeitete er sich die Rinne hoch bis zum Steig; sogar den Gams nahm er mit. Unterwegs fand er auch seine Büchse wieder, um das andere Zeug kümmerte er sich vorerst nicht.

Die Dörfler staunten nicht schlecht, als sie den ramponierten Jaga erblickten: Trotz eisigem Frost hemdärmelig und ohne Haube, mit verstörtem Blick. Am nächsten Tag vermochte er sich kaum zu rühren. Alles tat weh, Schürfwunden bedeckten eine Rückenhälfte. Doch Arzt wollte er keinen, er behalf sich mit Hausmitteln.

Freunde stiegen auf zur Unglücksstelle, und jetzt erst offenbarte sich, welch ein Schutzengel den Mann begleitete. In der Felsrinne hatte sich, vermutlich bei einem Hochwetter, ein Dürrling verspreizt; nachrutschendes Kroppzeug staute sich dahinter, und der Schnee verpappte das Ganze zu einem Damm. Ohne diese „Sperre" wäre der Jäger unweigerlich in den Tobel gestürzt. Interessant, wie er den Absturz erlebte. „Zuerscht, als i übers G'schröf kugelt bin, hab' i ma denkt, hiazt is aus. Vom freien Foi an hab' i nix mehr mitkriagt, i woar ab dem Moment bewußtlos!" Ein anderer Mann, der beim Edelweißbrocken über ein Wandl stürzte und schwerverletzt überlebte, bestätigte dies: „Sobald du in da Luft bist, woaßt nix mehr von dir!" Ich hoffe für alle Betroffenen, daß dem wirklich so ist!

* * *

Bei der Gamsjagd kommt es immer wieder zu Unglücksfällen, auch erfahrene Kletterer sehen sich davor nicht gefeit. So stürzte vor Jahren ein mir gut bekannter Weidmann ab, der sogar ein Felsgeher war. Einmal wurde er beobachtet, wie er sich, allein, mit einem erlegten Hirsch über eine Felswand abseilte. Eine harmlos aussehende Senke im schütteren Bergwald – Rinne konnte man sie eigentlich nicht nennen – wurde ihm zum Verhängnis. Weiter unten freilich ging diese in einen nicht ganz koscheren Graben über.

Hermann, so hieß der Jäger, brach an einem Samstag zur Gamsjagd auf. Bis Sonntagabend wollte er wieder zurück sein. Da erwartete er einen für seinen Betrieb bedeutsamen Besuch. Doch Hermann ließ auf sich warten. Seine Frau erfaßte Unruhe, wußte sie doch von der korrekten Pünktlichkeit ihres Mannes. Indes: Auf der Jagd muß man mit unvorhersehbaren Verzögerungen rechnen. Als nach einer Stunde der Mann noch immer nicht da war, rief sie, schon aufs höchste besorgt, einen Jagdkollegen an, der wiederum telefonierte mit der Jausenstation, in deren Nähe Hermann seinen Geländewagen abzustellen pflegte. Man hielt Nachschau: Das Auto stand da, der Skidoo, mit dem er bis ins Revier weiterfuhr, nicht.

22 Uhr. Man gab Alarm. Hermanns Frau und revierkundige Jagdfreunde starteten bei Schneetreiben zur einstündigen Autofahrt in den entlegenen Ort, dort rief die Sirene die Wehrmänner zum Einsatz. Bergrettung und Feuerwehr rückten aus, den allseits bekannten Jäger zu suchen.

In der Hütte trafen sie ihn nicht an, das Frühstücksgeschirr stand unabgewaschen auf dem Tisch. Hermann kehrte offensichtlich seit dem Morgen nicht mehr in die Hütte zurück. Und auch sein Hund fehlte. Welchen Weg könnte er genommen haben? Seine Jagdkameraden teilten sich in zwei Gruppen. Die eine suchte von der Hütte ausgehend einen Pirschsteig entlang, die andere den Talschluß hinein unter den vielen Seitengräben und Riegeln. Ergebnis: Null. Den ganzen Tag über hatte es geschneit, und es schneite noch immer; man fand keine brauchbare Spur.

Auf dem Rückweg vom Talschluß suchten einige Männer unweit der Hütte einen Graben hinauf, in dem man den Vermißten am allerwenigsten vermutete. Es ging bereits dem Morgen zu, da reflektierte ein Augenpaar den Scheinwerferstrahl. Im Schneegestöber ließ sich sonst nichts erkennen, nur die phosphoreszierenden Punkte, weit oben im Graben. „Ein Gams", nahm man an. Dann stiegen die Männer doch auf, und erst knapp vor dem Ziel wurde es zur Gewißheit: Vor ihnen stand der Hund, Hermanns Wegbegleiter auf allen Pirschgängen. Dahinter, angeschneit, lag sein Herrl; längst entseelt und steif.

Der Unglückshergang konnte nur vage rekonstruiert werden. Beim Überqueren der Senke oben im Schutzwald muß Hermann zu Sturz gekommen sein, fand in der mit nur wenig Schnee bedeckten Reißen keinen Halt und schlitterte und stürzte in den Graben. Mit ihm auch sein Hund. Dessen Riemen riß dabei, das Tier blieb anscheinend unverletzt. Ob nicht der Hund den Sturz auslöste?

Ein Jagdfreund, der Hermann sehr gut kannte, konnte sich das Drama nur so erklären: „Es muß irgendeine Lächerlichkeit gewesen sein, die ihn zu Fall brachte". Lächerlichkeit? Ich würde sagen, es kommt darauf an, *wo* so eine Lächerlichkeit passiert. Ein Stolperer in der Ebene reizt zum Lachen, im Gebirge kann er tödlich sein.

* * *

Welch fatale Folgen ein Ausrutscher nach sich zu ziehen vermag, dokumentiert ein Vorfall aus dem Alpenvorland. Dort versorgte ein Jäger im Spätwinter bei schwerem Schneefall eine Fütterung und hielt nebenbei bei einem gestellten Fangeisen Nachschau. Seit Tagen schneite es ohne Unterbrechung, naß und schwer, was chaotische Schneeverhältnisse schuf.

In einem Grabenwinkel lag das Fuchseisen. Der Mann kam von oben her durch den Hochwald, spähte hinab zum Eisen. Es ist dort sehr steil, besonders über der Quelle. Er mußte nahe heran, um Einblick zu bekommen, trat in eine mit Schnee aufgefüllte Geländefurche. Seine Füße fanden keinen Grund, versanken sozusagen ins Bodenlose. Er kippte vornüber, rutschte bäuchlings etwa drei Meter ab, geriet mit dem Kopf unter ein eingeschneites, querliegendes Fichtenstämmchen. Und – er kam genau mit dem Nacken unter das nur peitschenstieldicke, im Tiefschnee festgebackene Stämmchen zu liegen. Kopfunter, im Preßschnee einzementiert, hatte er keine Chance, sich zu befreien. Gefangen im wahrsten Sinne des Wortes, ist er erstickt.

* * *

Spurlos verschwand ein anderer Jäger, der ebenfalls im Spätwinter von einem Fütterungsgang nicht mehr zurückkehrte. Sein Verschwinden gab Rätsel auf, die bis heute – 20 Jahre danach – ungelöst blieben. Alle Theorien eines möglichen Unfalls wurden durchgespielt, ohne einen Anhaltspunkt zu finden. Ein Großaufgebot suchte tagelang nach dem Abgängigen, Jäger und Freunde auch noch nach Wochen. Vergebens.

Seltsamerweise brachte auch die Schneeschmelze nichts ans Tageslicht. Abgestürzt im klassischen Sinn konnte er gar nicht sein, denn das Bergwaldrevier wies keine extremen Stellen auf. Wohl gab es viele Gräben und Schluchten – alle suchte man ab. Überhaupt, der Mann, ein bergerfahrener Endvierziger, hatte keine Veranlassung, in der Schonzeit weiß Gott wo „hinzuhatschen". Noch dazu bei Sturmwetter.

Ich kannte ihn gut. Wir hatten sogar einmal eine gemeinsame Gamsjagd geplant, die ich im letzten Augenblick absagen mußte. Ein ruhiger Typ, stets freundlich und zuvorkommend. Was ihm im Bergwald zustieß, wird wohl für immer ein Geheimnis bleiben.

Was mich an dem Fall immer schon stutzig machte? Daß von ihm absolut nichts gefunden wurde. Das ist eher ungewöhnlich. Ich, und das ist meine rein persönliche Meinung, denke an ein Verbrechen. Er war Aufsichtsorgan, möglicherweise wurde er ermordet und beiseite geschafft.

Der Wildererkönig

So betitelte man Hans seinerzeit hinter vorgehaltener Hand. Hinter vorgehaltener Hand nicht nur wegen der illegalen Pirschgänge, sondern mehr noch, weil man – seinen bürgerlichen Stand einbeziehend – ihm das Wildern gar nicht zutraute. Zeitlebens Wirt, geachtet und beliebt, in seiner Art ein Original. Nach dem Zweiten Weltkrieg jagte er offiziell, in Freundeskreisen und am Stammtisch nannten sie ihn den „Gams-Hans". Als Mann, der es „zu was brachte", wurde er geschätzt. Aber auch als glänzender Erzähler.

Das Licht der Welt erblickte Hans noch zur Zeit der Monarchie. Sein Vater, k. u. k. Bahnstationsvorsteher und -wärter, hatte im Alleingang alle Belange der Haltestelle zu erledigen. Sieht man vom Schneeschaufeln im Winter einmal ab, blieb nicht mehr allzuviel. Das Fahrgastaufkommen in dem Gebirgsnest, wo sich Fuchs und Hase gute Nacht sagten, glich in seiner Bescheidenheit den Leuten des Ortes, der nur aus drei Häusern bestand. Doch zweigte von da ein elendslanges Seitental ab, in dem sehr wohl Menschen hausten. Sogar eine 600-Seelen-Gemeinde befand sich dort, die über die Bahnstation Anschluß zur großen Welt erhielt. Ein Betonfuhrwerk frequentierte an bestimmten Tagen das Schottersträßlein, im Winter schneite es das Bergdorf oft tagelang ein. Es gab dort kein Telefon, und wenn auf der Station ein Telegramm einlangte, lief der Hans oftmals viele Kilometer bis zum Empfänger. Ab seinem zehnten Lebensjahr versah er diesen Dienst, der ihm gutes Trinkgeld einbrachte – und seinen Geschäftssinn erwachen ließ.

Mit Dreizehn mußte er von der elterlichen Schüssel weg. Es war Krieg, in den Städten grassierte die Hungersnot, und auch auf dem Land darbte man. Für die vielen Mäuler der Eisenbahnerfamilie gab es einfach zu wenig zu essen. Hans als der älteste Sproß kam zu einem Bauern, nur gegen Kost und Quartier. Sommersüber wurde er der Sennerin als Halterbub zugeteilt, was seinem Geschmack voll entsprach. So entkam er der schweren Knechtarbeit und konnte seiner Neigung, der freien Natur, nachgehen.

Das Wild interessierte ihn besonders. Frühmorgens und abends sah man es von der Hütte aus, oft schreckte er bei seinen Gängen Reh und Hirsch aus ihren Wohnbetten. Als kluger Beobachter hatte er bald heraus, wo jener Bock oder Hirsch seinen Wechsel zog, seinen Einstand hatte.

Im zweiten Sommer seiner Almtätigkeit spekulierte er einen Hirsch aus, der an heißen Tagen manchmal unweit der Hütte in einen kühlen, verwachsenen Graben zog. Er teilte seine Beobachtung der Sennerin mit – und die forderte ihn auf, den Hirsch zu schießen! Hans erbebte. Nicht wegen des illegalen Auftrages – das Revier gehörte ohnehin dem Vater der resoluten Sennerin –, sondern vor Jagdfieber. Erstmals fühlte er sich als Mann und ein klein wenig auch als Wilderer! Die Sennerin unterschob ihm den Abschraubstutzen italienischer Provenienz, von dessen Vorhandensein der Junghirte bis jetzt keine Ahnung hatte. (Besitzer des Gewehres war der heimliche Liebhaber der Sennerin, wie Hans erst viel später erfuhr.)

Und so pirschte der „Halterbua" eines Mittags (!) hinab in jenen schattigen Graben, in dem der Feisthirsch vermutlich döste. Chancen hatte er keine, die Sicht in dem Legerlenbestand reichte nicht weit. Und dennoch: Er schoß den Hirsch auf wenige Meter; im Plätschern der fallenden Wasser hatte der Zwölfer das Herannahen seines Feindes nicht vernommen! Jetzt erst kamen die Probleme. Der Hirsch lag in einem Gumpen, allein brachte er ihn nicht vom Fleck. Auch zu zweit schafften sie es nicht. So zerwirkte das ungleiche Duo den Geweihträger an Ort und Stelle, aufs Geratewohl; denn weder er noch die junge Sennerin besaßen von dergleichen eine Ahnung. Die Krone des Unwissens bildete das Abschlagen des Geweihs, das beide zu wörtlich nahmen. Mit einer Hacke „klopften" sie auf die Stangen, in der Annahme, sie würden dadurch abfallen! Erst als dies nicht gelang, kappte Hans so recht und schlecht das edle Geweih. Mehr dem Zufall überlassend, hing er dieses in die Strömung des Gerinnes – es wurde „sauber" geputzt.

Der Haufen Wildbret überforderte die jungen Leute. Hans wollte es vom Heimhof holen lassen, es war doch Kriegszeit und die Not groß. Die Sennerin wehrte sich dagegen, vielleicht fürchtete sie die Reaktion ihres Vaters. So pampften die zwei Hirschschnitzel, Hirschbraten und Hirschgulasch, eine willkommene Abwechslung zu ihrer sonst fast fleischlosen Kost. Bereits nach wenigen Tagen ging der Segen allerdings zu Ende, was Hans sehr wunderte. Der Liebhaber der Sennerin, ein Deserteur, hatte den Großteil des Wildbrets fortgeschafft.

Hungerjahre folgten. Hans hatte das Geweih verscherbelt, er hielt sich durch Gelegenheitsarbeit über Wasser. Aber schon als junger Mann zeigte er Unternehmergeist, er pachtete kurzerhand und mit leerem Geldbeutel ein Landgasthaus. Das Wagnis gelang, seine Wirtschafterin war tüchtig, das Geschäft florierte. Oftmals im Sommer und Herbst fehlte er im Haus. Er befand sich überhaupt viel unterwegs, kam nachts heim – mit prallgefülltem Rucksack. Dann gab's wieder für Tage preisgünstiges Gulasch, auch für die vielen Umherzieher jener trostlosen Zeit. Niemand ahnte, daß der Roßbrand mit seinen ausgedehnten Wäldern den Fleischlieferanten abgab, wo Hans sich ausgiebig bediente.

Sehr wohl wissend, was auf dem Spiel stand, wilderte er als Einzelgänger, lehnte diskrete „Lieferangebote" anderer Wildschützen entrüstet ab. So wurde er nicht gefaßt, wenn auch mit der Zeit das ärarische Personal ein Auge auf ihn warf. Tatsächlich ging es ihm einmal knapp an den Kragen. 40 Jahre danach erzählte er mir unbefangen das kitzlige Erlebnis.

Er hatte zur Hirschbrunft früh am Nachmittag ein Rotwildkalb erlegt. Nach dem Aufbrechen schleppte er es talab, um es in einem sicheren Dickicht – ein schon bewährter Zerwirkplatz – aufzuarbeiten. Dabei querte er einen Pirschsteig und ging diesen der Bequemlichkeit halber ein Stück entlang. Plötzlich vernahm er Stimmen – das konnten nur Jäger sein! So gut es ging, sprang er samt seiner Last ab. Mit knapper Not erreichte er eine Deckung, einen halben Schrotschuß weit unterm Steig. Da kamen die Grünröcke auch schon um eine Biegung: Voran der Forstmeister, zwei begleitende Jäger hintennach. Nur dürftig in Deckung, schielte Hans nach oben und sein Herz krampfte sich zusammen: Des Forstmeisters Hund hielt ruckartig an, äugte aufgeregt herab. Er hatte wohl vom erlegten Stück Wittrung bekommen! Doch sein Herrl riß ärgerlich an der Leine, wies ihn zurecht. Nur widerwillig gehorchte der Hund – die Jäger hatten seine Botschaft nicht verstanden!

„Wenn sie nicht so sorglos dahergeplaudert und das Verweisen nicht mißdeutet hätten – ich wäre g'liefert g'wes'n", erzählte mir Hans. Nicht erzählt hat er mir allerdings, wie ihn ein Jahrzehnt darauf ein Aufsichtsjäger auf frischer Tat ertappte. Aber seine Frau ließ es mich nach Hans' Tode wissen.

Der Boden seiner erwerbsmäßigen Wilderei wurde ihm anscheinend doch zu heiß. Er übersiedelte in die Vorberge, pachtete wieder ein Gasthaus, wilderte von neuem drauflos. Von Trophäen hielt er wenig, das Wildbret verkochte er wie gehabt in seiner Kneipe. Auch in seinem neuen Wirkungskreis hätte ihn niemand für einen Wilderer gehalten, doch der Krug geht so lange zum Brunnen, bis er bricht.

Ein Jäger hatte ihn gestellt. Getreu nach dem Motto eines entfernten Verwandten – ebenfalls ein leidenschaftlicher Wilderer und in Fachkreisen bekannter Bergsteiger –, „schiaß'n tan ma net", gab Hans Fersengeld. Sein Widersacher hielt sich aber nicht daran und pfefferte ihm eine Schrotladung nach, genauer gesagt in den Rücken und dessen Verlängerung. Hans ging zu Boden.

Das setzte der Rivalität ein Ende. „Eng umschlungen" erreichten beide die ersten Häuser der Ortschaft, der eine mit Schmerzen, der andere mit Selbstvorwürfen. Ein Pferdefuhrwerk brachte den Verletzten ins Spital, und der Primar hatte alle Hände voll zu tun, ihm die Schrotkügelchen herauszukitzeln. Alle erwischte er aber nicht, und so benahm sich Hans beim Niedersetzen immer etwas steif. Der Schuß hatte jedoch auch sein Gutes. Hans schämte sich, kündigte die Pacht, zog in die Stadt. Dort pachtete er erneut ein Lokal, das sich als eine wahre Goldgrube erwies. Das Wildern gab er auf, zwangsläufig. Österreich bestand nicht mehr, das neue Regime griff hart durch. Seinen Gewerbeschein wollte er nicht riskieren. Also aus, Schluß, weg mit dem Prügel!

Und wieder gab es Krieg. Hans wurde Soldat. Als er nach Jahren aus der Gefangenschaft heimkehrte, wuchs auf den Trümmern seiner gutbürgerlichen Gaststätte bereits das Gras, seine Frau lebte nicht mehr – von Bomben erschlagen. Er wurde wieder Wirt, heiratete – und legte die Jagdprüfung ab.

Eigenartigerweise betätigte er sich am Jagdgeschehen nur mäßig. Wie schon früher, lag ihm an Trophäen wenig, schätzte er mehr das Wildbret. Aber auch da ging es ihm einmal daneben. Als Gebirgler hatte er in der Stadt ständig Sehnsucht nach ländlicher Freiheit, die Verbindung zu seinen früheren Freunden riß natürlich nicht ab. Als geselliger Mensch liebte er die Unterhaltung, und seine spärlichen Jagdfahrten endeten zumeist mit einer ausgiebigen Besuchstour. So schoß er einmal einen Rehbock, doch die Heimreise dehnte sich. Als er am dritten Tag zu Hause einlangte, war das

Wildbret anbrüchig. Einen erlegten Auerhahn feierte er in jedem Gasthaus, das an der Strecke lag. Dabei ging ihm und seinem Chauffeur das Geld aus. In Hochstimmung „versteigerte" er in einem damals bekannten Jägerwirtshaus den Hahn – und langte letztendlich pleite und ohne Hahn zu Hause an. Doch deswegen kränkte er sich nicht, im Gegenteil.

Einmal kletterte er auf einen Baum, wie er freimütig gestand. Das kam so: Ein Bekannter hatte ihn ins Oberösterreichische auf einen Rehbock eingeladen. Dort kamen auch Sauen vor, von Bayern her eingewechselt. Hans wurde zu ebener Erde an einem Waldrand angesetzt, mit Blick auf eine ansteigende große Wiese. Ein gutes Stück oberhalb hockte auch ein Jäger, von dessen Anwesenheit Hans nichts wußte. Da krachte bei dem ein Schuß. Kurz darauf „pflügte" durch das hohe Gras ein Hauptschwein herab, kerzengerade auf Hans zu. Wie eine außer Kontrolle geratene Lokomotive raste das schwarze Ungetüm blasend daher, das erste Stück Schwarzwild, das Hans in seinem Leben sah. Überwältigt von der Größe und urigen Wucht des heranstürmenden Keilers, besann sich Hans eines Besseren, legte seine Büchse ins Gras und kletterte auf einen Baum. Er saß noch nicht richtig oben, sauste der Koloß auch schon an ihm vorbei, roten Schaum am Gebrech! Rot? Hans wußte, was dies bedeutet.

Eine Weile später erschien am oberen Wiesenrand der Schütze. Hans winkte ihn heran, und gemeinsam folgten sie der Wundfährte. Weiter unten im Holz fanden sie den kapitalen Keiler bereits verendet. Hans ist also vor dem Todwunden getürmt und schämte sich ein wenig. Doch anbetrachts seiner „Savage" – einer für Schwarzwild ungeeigneten Patrone – durchaus verständlich. Für den Spott brauchte er nicht zu sorgen, das taten seine Stammgäste durch einen Vers in der Lokalzeitung. Doch dies steigerte seine Beliebtheit – und den Umsatz!

Als ich Hans kennenlernte, stand er gut in den Sechzigern. Da jagte er schon nicht mehr, weil ihm ein Beinleiden zu schaffen machte. Neuen Gästen gegenüber ging er nicht aus der Reserve, erst als er mein Interesse an allem Jagdlichen bemerkte, tastete er sich vorsichtig heran. Aus vorerst nur wenigen Bemerkungen hörte ich sofort heraus, daß ich einen Praktiker alter Schule vor mir hatte; mit der Zeit wurden wir Freunde.

Erst im fortgeschrittenen Alter schuf Hans sein Lebenswerk – er baute am Stadtrand von Grund auf einen Gasthof mit allem Drum und Dran. Ich weilte oft und gern bei ihm als Gast, manchmal bis spät in die Nacht. Seine Erzählungen von früher interessierten nicht nur mich. Mit Erlebnissen aus seiner Wildererzeit ging er äußerst sparsam um, nur im engsten Kreis gab er diesbezüglich ab und zu etwas von sich. Was ich besonders an ihm schätzte? Er war ein großer Naturliebhaber, der sich an einer Alpenblume, an einer Abendstimmung erfreuen konnte.

Festtags trug er sein handbesticktes, rauhledernes Gilet mit in Gold gefaßten Grandlknöpfen, ein Stück von erlesener Schönheit und hohem Wert. Es paßte zu ihm, genauso wie das silberne Jagd-Eßbesteck, mit dem er im Stüberl zu speisen pflegte. Er hielt auf Kultur, obwohl er als Jüngling nie eine kurze Unterhose kannte und als Bub von lüsternen Sennerinnen genötigt wurde, die „Lederne herunterzulassen".

Als sich sein Beinleiden verschlechterte, äußerte er sich mir gegenüber, noch einmal eine „Tour" unternehmen zu wollen. Gern kam ich seinem Wunsch nach. Wir besuchten Verwandte und Bekannte, einen Berufsjäger und die Gasthäuser, die er seinerzeit in Pacht hatte. Auf der Alm, wo er einstmals Hüterbub war, kam er aus dem Staunen nicht heraus. Bis vor den Eingang führte eine Straße, statt der alten Hütte protzte ein Neubau, spärlich bekleidete Urlauber rekelten sich auf den Terrassen, Konservenmusik berieselte das Umfeld. Geschminkte Kellnerinnen bedienten die Gäste, Liftstützen verunzierten kalt und fremd die Umgebung. Hans zeigte mir den Graben, in dem er 1915 den Hirsch schoß; selbst dieser kam ihm fremd vor.

Wie ich seinen dürftigen Erzählungen entnahm, wilderte er viel bei Mondlicht. Mir unsympathisch, weiß ich doch aus eigener Erfahrung, wie schwierig es ist, bei Lunas Schein Wild anzusprechen oder gar schießen zu wollen. Doch ums Ansprechen ging es ihm weniger, mehr ums Wildbret. Ob er viel fehlte, anflickte? „So gut wie nichts", erläuterte er mir. Er schoß immer nur auf sehr kurze Distanz, wenn möglich gegen das dunstige Firmament. „Da heben sich die Konturen besser ab", belehrte er mich. Auch verriet er mir seine Erfindung, wie man selbst in dunkelster Nacht die Visierung sichtbar machen kann, ohne daß der Bezielte dies merkt. Ein wenig umständlich ist das, aber effektvoll. Es widerstrebte mir, dies auch nur versuchsweise auszuprobieren, doch rein theoretisch müßte es funktionieren. Er sagte mir auch, daß nach Mitternacht der Mond heller scheint; ein Phänomen, über das ich schon vorher manchmal nachdachte. Oder eine Täuschung?

Sein verstecktes Wissen bestätigte den Wildererkönig. Übrigens: Dieses Wort kam nie über seine Lippen, ich hörte es erstmals nach seinem Ableben von einer Wirtin im Gebirg', Spätnachfolgerin und Besitzerin von Hans' erstem Pachtobjekt. „Hier nannten sie ihn den Wildererkönig", eröffnete sie mir bedeutungsvoll, „alle Wälder rundum gehörten ihm!" Doch Hans endete weder romantisch noch königlich. Er verstarb im Krankenhaus, mit Morphium vollgepumpt, um die Schmerzen zu ertragen. Wenige Tage vor seinem Tod besuchte ich ihn, er lag im Dämmerschlaf, der „König" glich einem Häuflein Elend.

Mit ihm ging ein Original und ein Wirt, wie es heute nur noch selten einen gibt. Für mich bedeutete er ein Stück Heimat, bei ihm fühlte man sich „zu Hause", ohne jemals gedrängt zu werden. Rauschige duldete er nicht, ebensowenig zwielichtige Typen. In die gewinnorientierte Jetztzeit würde der Hans ohnehin nicht mehr passen, er machte zwar auch sein Geld, aber mit Fairneß. Das Wild, das er während der sogenannten Systemzeit schoß, ging niemandem ab, aber Hunderte Walzbrüder und Arbeitslose dankten ihm für das preisgünstige Fleischgericht. Dem Vernehmen nach zählte zu seinen Stammgästen auch ein Oberförster, der sich immer wieder erkundigte, wann es wieder so ein „g'schmackiges" Gulasch gibt. Hans wußte ihn zu vertrösten; ob der Forstmann, selbst kein Jäger, was spannte, bleibt dahingestellt.

Silvesterpirsch

„'s Jagern is a Krankheit", sagte des öfteren scherzhaft meine Mutter und skizzierte damit trefflich die Leidenschaft vieler Weidmänner, denn „Weidfrauen" gab es damals noch nicht. Von dieser Erbkrankheit bin auch ich befallen, chronisch, würde ich sagen. Vor einer Reihe von Jahren überfiel's mich wieder einmal. Ich hatte längere Zeit keinen Gams mehr erlegt, der „Jagdbazillus" bohrte immer heftiger. Insgeheim hielt ich Ausschau nach einer Möglichkeit, doch kein Lichtblick tat sich auf. Nur für viel Geld konnte man Abschüsse kaufen, der Jagdboom trieb seine Stilblüten.

Mich kotzte das an. Ich bin kein Schnorrer, doch daß für einen Gamsbock bedeutend mehr verlangt wurde als für eine hochträchtige Herdbuchkuh, überschritt mein Budget. So blieb mir nur zu hoffen; gelegentlich aber horchte ich ein wenig neidvoll zu, wenn andere Gamsjäger von ihren Strecken erzählten. Bei einer Niederwildjagd im Flachgau gab mir ein Gastjäger einen Tip. Er wisse einen Bauern im Gebirg', der „seinen" Gams gegen gutes Geld vergeben möchte. Doch auch er sei „hoch dran", weshalb sein Angebot im lokalen Bereich scheiterte. „Aber vielleicht läßt er mit sich handeln", deutete der Gebirgler an, denn in einer Woche begann für das Gamswild ja bereits die Schonzeit.

Schon nächsten Tag rief ich den Abschußgeber an. Ja, er ließe eine Einser-Geiß schießen, sie koste soundso viel. Mir kippte die Kinnlade eine Raste tiefer – auch hier der schnöde Mammon. Übrigens sei die Geiß so gut wie vergeben, sagte die durchaus sympathische Stimme am anderen Ende der Leitung; doch könne ich übermorgen noch einmal anrufen. Ich überwand mich und rief an. Dazwischen lag ein Sonntag, überall im Gebirg' wurde gejagt, die Geiß vermutlich schon erlegt. Dem war aber nicht so. Mit dem ausländischen Gast gab es Schwierigkeiten, er schaffte im zugegebenermaßen tiefen Schnee den Aufstieg nicht. Ich jedoch witterte eine Chance. Den veranschlagten Preis würde ich allerdings nicht zahlen, offerierte ich kategorisch.

Mein Gesprächspartner lenkte ein. Wieviel ich bereit wäre zu geben? „Schon um einige Tausender weniger", sagte ich unverfroren, denn ich spürte sein Wanken. Schließlich einigten wir uns auf einen akzeptablen Preis, mit dem auch er zufrieden sein konnte. Schon morgen früh dürfe ich kommen. Dies ging leider nicht. Den übernächsten Tag schneite es ununterbrochen. Erst in der Dunkelheit startete ich und zockelte auf eis- und schneeglatter Autobahn meinem Ziel entgegen. Ich hatte mich angemeldet und konnte mir Zeit lassen, denn Eile schien bei diesem Wetter sowieso nicht angebracht.

Zeitiger als sonst verrichtete mein Partner die morgendliche Stallarbeit, dann kämpfte sich sein Fahrzeug auf der nur provisorisch geräumten Straße tapfer taleinwärts. Über Nacht hatte es wieder ausgiebig geschneit und schneite noch immer. Der Aufstieg ins Revier würde bereits problematisch werden, gab der Mann zu bedenken. Nach verhältnismäßig langer Fahrt bog er in ein Seitental ein, doch bald ging nichts mehr. Wir stapften durch den lockeren Neuschnee den Graben hinein, wortlos, vom Gehen voll beansprucht. Dann blieb mein Führer plötzlich stehen, blickte bedeutungsvoll den äußerst steilen Hang hinauf. „Do müass' ma aufi", sagte er kurz und wand sich alsogleich zwischen Fichten- und Lärchenstämmen im Zickzack empor. Der hagere Mann, schon über Sechzig, stieg erstaunlich gut. Undeutlich ließen sich Fußspuren erkennen, und bald erreichten wir jene Stelle, wo es dem Gast vom Sonntag zuviel wurde. Die Abkürzung über den Waldgrat war aber die einzige Alternative, den Normalweg machten Schneemassen und akute Lawinengefahr unpassierbar.

Während wir uns mehr oder weniger akrobatisch hochhantelten, ließ der Schneefall nach und es schien, als käme die Sonne durch. „Jetzt is nimmer weit", ermunterte mich mein Begleiter, und bald sah ich steil ober uns die Umrisse einer Hütte, kühn an einen felsigen Riedel geschmiegt. Es ging schon gegen Mittag hin, und mich beseelte voller Tatendrang. Ich wäre bereit gewesen, nach kurzer Hüttenrast gleich loszupirschen, aber mein Führer ließ sich Zeit. „Von der Veranda aus haben wir schon viele Gams geschossen", eröffnete er mir, und ich glaubte ihm aufs Wort. Vor und ober der Hütte dehnte sich ein bewuchsfreier Steilhang, oben von Gemäuer begrenzt. Weiter sah man kaum, leichte Nebel verschleierten das Gelände. Die Sonne schaffte den Durchbruch nicht, aber es regte sich kein Lüftchen.

Endlich, nachdem sich oben beim Gemäuer nichts tat, richtete sich mein Pirschführer zum Aufbruch. Wir querten den Hang und die anschließende Mulde, stellenweise bis zum Bauch im Schnee. Mir wurde ein wenig flau. Übrigens auch meinem Begleiter, wie ich ihm sehr wohl anmerkte. Wenn die Schneedecke abbricht, besteht für uns nur eine geringe Chance. Drüben, bei dem schütteren Lärchenriedel, verschnauften wir erst einmal. Als wir dann die Wölbung überschritten, präsentierten sich uns ganz frische Gamsfährten; das Wild muß noch vor einer Stunde hier gewesen sein und hatte ausgiebig geplätzt. Betroffen sahen wir einander an und pirschten dann in aufregender Erwartung dem Rudel im jetzt fast ebenen Lärchenwäldchen nach. Für einen Anblick reichte es aber nicht, das ins Ziehen gekommene Wild schwenkte rechtsseitig in ein löcheriges Latschengestrüpp und nahm die Höhe an. Uns blieb nichts, als zu warten, zu hoffen, daß da oder dort in einer der vielen Lücken ein Gams auftauchen würde. Wir hofften umsonst. Als am Spätnachmittag die Sicht klarer wurde und stellenweise sogar die Sonne schien, sahen wir gerade noch, wie das etwa zehnköpfige Rudel über die Schneid ins Nachbarrevier hinüberwechselte. Aus, Schluß. Mein Pirschführer gab aber nicht auf. Wir mühten uns hangaufwärts, denn, so spekulierte er, rundum wird dieser Tage geschossen und so könnte „leicht was daherspringen". Es sprang aber nichts daher, noch erreichten wir die Höhe. Es wurde dämmerig, und über Eisplatten rutschend, dann wieder in Wächten versinkend, erreichten wir die Hütte.

„Iazt müass' ma glei' hoam", ließ mich mein Begleiter wissen, „i muaß in Stoll!" Mir fiel wieder die Lade runter. Ich wagte keinen Einspruch, hätte auch keinen Sinn gehabt. Anderseits ging mir nicht ein, daß sonst niemand da wäre, der die paar Stück Vieh versorgen könnte. Aber was weiß schon ein Fremder! Ich hatte genug zu essen mit, wäre auch allein auf der Hütte geblieben, doch dies konnte ich ihm erst recht nicht zumuten. Im Taschenlampenlicht tasteten wir uns den Katzensteig hinab.

Nächsten Morgen stiegen wir wieder auf, kamen in der ausgetretenen Spur überraschend schnell voran. Das Wetter? Eher schlechter: Nebel, leichtes Schneetreiben, windig. Vom Vortag gewitzt, hielten wir uns diesmal nicht lange in der Hütte auf, überquerten auch nicht mehr den lawinenträchtigen Hang, sondern spurten hinauf zu den Wandln ober der Hütte und pirschten hinüber zu einem scharfkantigen Riedel, wo mein Begleiter zu bleiben gedachte. Dort, hinter dem mächtigen Stamm einer gefallenen Lärche, duckten wir uns in den Schnee.

Das Schneetreiben, aber vor allem der Wind, wurde immer stärker und das Verweilen ausgesprochen ungemütlich. Ab und zu erhob sich einer von uns, um jenseits des Riedels in ein weites Kar zu blicken. Dort saß mutterseelenallein ein guter, nahezu kapitaler Gamsbock. Er wirkte sehr abgebrunftet und schlief und döste vor sich hin. Aber außer ihm kein Gams, so weit das stürmische Wetter die Sicht erlaubte. Nach eineinhalb Stunden hatte uns der Triebschnee eingedeckt, und Eiseskälte nistete sich ein. Da rumpelte es in den Felsstaffeln hinter uns, und als wir erschreckt aufsahen, äugte uns auf Bergstocklänge ein etwa dreijähriger Bock entgegen. Sein Bart richtete sich auf, und mit ein paar entrüsteten Pfiffen, die ihm nicht so richtig gelingen wollten, sprang er ab.

Das baute uns wieder auf. Ich fingerte eine Tafel Schokolade hervor, sie war so hart, daß es mir nicht sofort gelang, ein Stück davon abzubrechen. Die Büchse über den Knien, den Umhang darüber, saß ich wieder da, schon nach kurzer Zeit von einer Schneekruste überzogen. Mein Gesicht fühlte ich wie eine blecherne Maske. Ich kannte das von der Alpinausbildung her; Vorzeichen einer beginnenden Erfrierung.

Mein Pirschführer fror noch ärger. Es bedurfte keiner Worte mehr, seltsam steif erhoben wir uns aus dem Schneeloch und wankten wie Trolle bergab, einen Wulst Lockerschnee vor uns herschiebend. Der beißend kalte Wind erreichte Sturmstärke, die Berggeister tobten. Keine 100 Schritt unterhalb des Ansitzes „explodierte" faktisch unter unseren Füßen der Schnee. Wir erschraken nicht schlecht. Drei Birkhahnen, dort eingeschneit, wollten das Sturmwetter vorübergehen lassen. Wir traten beinahe auf sie drauf, und entsetzt burrten die Sichelritter davon.

In der Hütte kochten wir uns Tee. Mir fiel auf, wie sparsam mein Begleiter mit dem Feuerholz umging. Kaum wallte das Wasser auf, ließ er das Feuerchen wieder ausgehen; von einer Raumerwärmung keine Spur. Ich sah auch nur ein bescheidenes Häuflein Lärchenscheiteln da liegen, pedant ausgerichtet, wie abgezählt. Kein Wunder, mußten ja die Dürrlinge mühsam herbeigeschafft werden.

Die ehemalige Almhütte erwies sich einer Betrachtung wert, zeugte vom Fleiß ihrer Erbauer. Wegen Platzmangels aufgestockt –

unten Stall, obenauf Wohnraum –, wurde sie wegen der Lawinen hart an einer Waldkante errichtet. Ich erinnere mich nicht, jemals eine so kühne Alphütte gesehen zu haben; jetzt allerdings vom Besitzer schon längst dem Verfall preisgegeben und nur von Jägern erhalten. Ich rätselte, wie man wohl das Vieh hier heraufgebracht haben mochte, aber nach den Worten meines Begleiters stellte das nie ein Problem dar. „Durch den Bachgraben herein und dann über Weideflächen führte ein Almweg, heute schon längst verwachsen und vermurt", klärte er mich auf. Hier wie überall: Kulturland ade!

Noch bei vollem Tageslicht verließen wir die Alm. Auf dem Grabenweg stießen wir auf eine schweißige Schleifspur – ein anderer Gamsjäger hatte weiter drinnen im Tal Weidmannsheil.

„Morgen is Gams-Silvester (letzter Schußtag auf Gams); bleib no do, vielleicht wird 's Wetta g'scheiter", versuchte der Mann mich zum Bleiben zu überreden. Ich aber hatte mir nur zwei Tage frei genommen, ein dritter brachte womöglich Probleme. Bei günstigeren Voraussetzungen hätte ich's vielleicht riskiert, so aber fuhr ich heim.

Erst einige Jahre später erlegte ich wieder einen Gams. Den Mann, der die Geiß unbedingt zu Geld machen wollte, traf ich nie wieder. Doch dies tat er mit gutem Recht, denn schließlich regelt die Nachfrage den Preis, auch im Jagdgeschehen. Einem Bauern gönne ich die lukrative Einnahme, weniger einem Geschäftemacher.

Eine echte Silvesterpirsch auf Gams, die auch dem Kalender entsprach, absolvierte ich Anfang der fünfziger Jahre in den Eisenerzer Alpen. Komischerweise erinnere ich mich an sie nur noch vage. Da die Pirsch wegen heftigen Schneefalls mißlang, wir den Standort des Wildes aber ausmachen konnten, „drückte" ich meinem Kameraden das Scharl zu. Er erlegte daraus eine passende Geiß, mit der wir nach stundenlangem Marsch so ziemlich „fertig" im Jagdhaus ankamen. Die Jahreswende verschliefen wir, und am Neujahrstag versorgten wir wieder pflichtgemäß unsere Hirsche.

Der verhinderte Jaga

Berufsjäger zu sein, sahen um die Jahrhundertwende und bis in die dreißiger Jahre hinein viele ländliche Burschen als Traumziel an, aber nur wenige erreichten diesen damals noch romantischen Job. Denn ein Jäger war schon wer, nach landläufigen Begriffen. Er mußte sein Brot nicht durch manuelle Arbeit verdienen, hatte Kontakt zu Herrenleuten usw. Aber von diesen Posten gab es nur sehr wenige, wurde irgendwo einer frei, wartete zumeist schon ein vorbestimmter Anwärter darauf. Es gab unter den Berufsjägern eine Art Familienhierarchie, die sich vom Vater auf den Sohn übertrug und die ein Außenstehender nur schwer zu durchbrechen vermochte. Besonders die adeligen Jagdherren hielten an dieser Tradition, um ein Einfließen unerwünschter Elemente aus dem „gemeinen Volk" in ihre elitäre Welt zu verhindern.

Aber es gab auch andere, sozial aufgeschlossene Jagdherren. Da kannte ich einen, der auf Herkunft wenig Wert legte, seine Auswahl nach praktischen Gesichtspunkten traf. Er bevorzugte als Jäger ehemalige Wildschützen, soweit nicht vorbestraft. Angeblich machte er mit ihnen die besten Erfahrungen. Noch dazu in einem Land wie Tirol, in dem die Wilderei besonders hoch im Kurs stand; mit der Anstellung hörte in seinen Pachtrevieren das Schwarzgehen schlagartig auf. Die Herren Wilderer respektierten oder fürchteten ihre ehemaligen Gesinnungsbrüder – der Jagdherr hatte das Gewünschte erreicht.

Man sieht, der Bock als Gärtner muß nicht immer von Übel sein. So dachte sich auch der „Gottl" (Gottlieb) Zechmann, daß für ihn vielleicht eine Chance bestehe, vom Wilderer zum Jäger zu avancieren. Ein Wilderer war er, vom Strafgesetz her gesehen sogar ein erwerbsmäßiger. Als Ziehkind bei einem Bauern aufgewachsen, arbeitete er auch noch als Jungknecht bloß für Kost und Quartier. Wollte er sonntags einmal ins Wirtshaus gehen, mußte er in dieser geldknappen Zeit vor und nach dem Ersten Weltkrieg seinen Brotgeber erst anbetteln. Bis es ihm zu dumm wurde. Reelle Verdienstmöglichkeit gab es in dem rein bäuerlichen Gebiet keine. So ging er „büchseln", wie andere junge Burschen auch, sah darin nichts Verwerfliches, denn, so rechtfertigten sie sich vor dem eigenen Gewissen, der liebe Gott habe das Wild nicht nur für Prinz Coburg und Graf Bardeau allein erschaffen. Die „Nebenbeschäftigung" florierte. Gewisse Abnehmer zahlten für das Wildbret zwar hundsmiserabel, aber immerhin. Doch den Großteil seiner Beute verschenkte er notgedrungen an Bedürftige.

Der „Gottl" muß ein kräftiger Bursch gewesen sein. Einmal, so erzählte der Neunzigjährige im Krankenhaus seinem Bettnachbarn, trug er drei Gams auf einmal heim. Der Bettnachbar, selbst Jäger, bezweifelte das, ihm konnte kein Wildschütz was vormachen. Zur Bekräftigung des Gesagten schilderte der geistig voll aktive Greis nun, wie es damals zuging – nun glaubte ihm sein Nachbar. „A Goaß und a Kitz hon i zerteilt im Rucksack g'hobt – do kimmt ma auf dem Hoamweg a Bock g'recht. Den hon i a no putzt. Aufbroch'n, z'sammg'flaxlt und auf den Rucksack 'bunden – so bin i hoam. Immra amol bin i nur fuchz'g Schriat weit kemma, dann hab' i wieder rast'n müass'n; oba hoam'brocht hon i die drei!"

Später machte sich der Gottlieb Gedanken über seine Zukunft. Ihm kam zu Ohren, beim Ärar in der Forstau wäre ein Jägerposten frei. Beim Wild kannte er sich aus – eine pflichtmäßige Ausbildung für Jäger gab es damals noch nicht –, und so bewarb er sich beim Förster Thurner. „Ja", sagte der Förster, „bist eh koa Wilderer?" Der Gottl verneinte. „Du hast a ehrlich's G'sicht, in zwoa Monat kannst anfangen", beschied der Forstmann.

Der Jägeranwärter Gottlieb Zechmann geriet darob aus dem Häuschen. Er hatte es geschafft, wovon viele nur träumten, eine Stelle als Jäger! Doch nun beging der Glückliche die größte Torheit seines Lebens – er ging noch einmal wildern! Er besaß keinen Gamsbart und vermeinte, ohne solchen den Posten unmöglich antreten zu können. Gamsbärte fungierten damals als Standeszeichen der Berufsjäger, nur sie trugen bei festlichen Anlässen diesen Hutschmuck.

Guter Rat schien teuer. Ein „Wachler" hatte immer schon seinen Preis – und der Gottl kein Geld. Selber schoß er bislang keinen Bartbock. Wildererfreunde, die aushelfen konnten, fehlten ihm. Etwas aber mußte geschehen, doch was? Den Vertrauensvorschuß des Försters mißbrauchte er schmählich. Heute total unverständlich, daß er auf die Schnapsidee kam, in seiner beruflich so günsti-

gen Konstellation auszuflippen. Kurzum: Er ging ein letztes Mal auf die Schwarzpirsch, um sich einen Gamsbart zu „brocken".

Diese Herausforderung des Schicksals blieb nicht ungestraft. Zwei Jäger kamen im Neuschnee auf seine Spur, folgten ihr und wurden seiner bald ansichtig. Jetzt hieß es für den Wilderer Reißaus nehmen, aber wohin? Bergauf konnte er nicht, also hinab. Die Jäger hinterdrein, hastete Gottl talab, kam an einen Bach. Und wohin jetzt? Links und rechts Geröll und tiefer Schnee – nun sah er sich gefangen. In seiner Verzweiflung sprang er in einen Tobel, versank bis zum Hals im eiskalten Wasser, schmiegte sein rußiges Gesicht an einen Felsblock. Da kamen die Verfolger schon an, stutzten, dann laute Empörung: „Hiatzt is dös Luada goar noch'm Boch außi", und weg waren sie. Gefunden hatten sie ihn nicht.

„Wenn sie genauer g'schaut hätt'n, miassert'n sie mi eigentli' g'seh'n hob'n", erzählte der Greis, „und i hob' net amol an Schnupf'n kriagt, obwohl's im Dezember g'wen is!" Doch damit hatte Gottl das Desaster noch nicht ausgestanden. Nach ein paar Tagen kam der Jäger Seebacher zu ihm und sagte: „Es hilft dir nix, mir ham di dakennt. Gemma außi zan Förschta, vielleicht i's no früah g'nua, nocha kannst dein Jagapost'n no kriag'n!" Es half aber nichts mehr. Die Anzeige lief bereits, und Förster Thurner atmete auf: „Gott sei Dank, da hätt' ma so an Strizzi einakriagt, i hätt' eahm's net zuatraut, er hat so ehrli' ausg'schaut!"

Damit trat in Gottls Leben eine Wende ein. „Sitzen" mußte er ob dieses nur versuchten Wilddiebstahls zwar nicht, doch er schämte sich, verzog in den Pinzgau. Beim „Lukas-Hansl" wurde er Hausbursch, half in der Landwirtschaft und betätigte sich für die Hausgäste als Bergführer. Er verdiente gut, aber wie es der Teufel haben will, verspielte er bei einem Fest sein ganzes Geld. Unglücklicherweise hatte er am Vortag auch noch seinen Arbeitsplatz gekündigt. Völlig pleite, zog er wieder zurück in die Steiermark, doch das Fahrgeld für die Bahn mußte er sich erst durch Tagwerken erarbeiten.

Seinen Traum, Jäger zu werden, hatte er inzwischen längst aufgegeben. Sein Fimmel mit dem Gamsbart machte ihm diese Chance zunichte. Er verhökerte seinen Wildererstutzen und schlug sich mit redlicher Arbeit durchs Leben. Ende der zwanziger Jahre keine leichte Sache. Eine Wirtin im Gesäuse nahm ihn endlich als Knecht auf, bei ihr blieb er mehrere Jahre. Er dürfte aber ein etwas jähzorniger Typ gewesen sein, denn auch diesen Platz verließ er übereilt. Nach einem schweren Arbeitstag servierte ihm die Kellnerin zum Abendessen nur eine Suppe. Das brachte ihn in Rage. Er ließ sie stehen, ging in sein Zimmer; nächsten Tag kündigte er. Die Wirtin trug die Nase zu hoch, um ihn zu versöhnen, so stand er wieder einmal auf der Straße. Hungerjahre folgten mit Gelegenheitsarbeit, Walz und Entbehrung. Dann bekam er Arbeit bei der Wildbachverbauung, der er bis zu seinem Rentenalter treu blieb. Er gründete eine Familie, baute sich ein Eigenheim; aus dem ledigen Anstiftkind ist ein rechtschaffener Bürger geworden.

Im Krankenhaus erzählte er den Zimmerkollegen seine Lebensgeschichte. Sie waren sich einig, daß der schwerhörige und halb erblindete, aber geistig rege Mann wahrheitsgetreu berichtete. Einer von ihnen, damals auch schon ein Siebziger, gab sie mir weiter. Der „verhinderte Jaga" verstarb im 96. Lebensjahr, ohne seit jener Affäre jemals wieder eine Büchse angerührt zu haben.

Schüsse, die „daneben" gingen...

Fehlschüsse – kein Weidmann ist dagegen gefeit. Sie sind ärgerlich, nagen am Selbstvertauen und, am betrüblichsten, hinterlassen manchmal Zweifel: Ist das beschossene Stück nicht doch angekratzt, wurde es tatsächlich „gesund entlassen", wie es so locker, aber nicht weniger niederträchtig heißt? Wir versuchen, uns selbst zu beschwichtigen, unsere Fehleinschätzung zu rechtfertigen.

Wenn man 50 Jagdjahre auf dem Buckel hat, erlebte man einiges; sowohl an sich selbst als auch bei anderen. Als Jungjäger schoß ich gut, wenn auch meine Leistungsgrenze erst ermittelt werden mußte. Mit dem 9,3-mm-Bleibatzen habe ich angefangen, über Kimme und Korn; aber auch später noch mit einer „Alltagsbüchse" Mannlicher-Carcano weidwerkte ich ohne Zielfernrohr. Mit diesem handlichen Gewehrchen erlegte ich gut ein Dutzend Rehgeißen und Rehkitze – kein Stück fehlte ich oder flickte gar eines an. Doch weiter als 100 Schritt schoß ich kaum, und ich traf zumeist besser als erwartet. Natürlich besaß ich damals schon einen Repetierer mit Zielfernrohr; für „feierliche Anlässe"; Rehböcke, Hochwild im Klartext. Damit zu treffen, erschien mir wie in Kinderspiel. Eine Reihe von Jahren wähnte ich mich „unfehlbar", bis ich den Bogen überspannte. Ich mußte zur Kenntnis nehmen, daß eine überproportionale Optik Mann und Material überfordern kann. Als ich dann meine Grenzen kannte, gab es wenig Anlaß zu Kritik. Aber ab und zu ging doch ein Schuß daneben. Zumeist wußte ich – nachher – warum, manchmal auch nicht. Einmal fehlte ich liegend aufgelegt auf beinahe Schrotschußdistanz einen Gams, heute noch kann ich mir das nicht erklären.

Aber nicht von Fehlschüssen will ich erzählen, sie sind mehr oder weniger bedeutungslos. Viel mehr „daneben" im weidmännischen Sinn gehen Schüsse, die zwar ihr Ziel erreichen, aber mangels Präzision nur beschränkt wirken oder gar einen Fehlschuß vortäuschen. Von solchen Dramen soll hier die Rede sein.

Zweimal ist mir selbiges widerfahren. Und jedesmal beschwor ein Weitschuß das Malheur herauf. Hausgemacht, könnte man sagen.

Als erstes Opfer stürzte ein Hirsch mit Vorderlaufschuß ab und konnte nicht geborgen werden. 1947, als Jungjäger noch sehr unbedarft, hatte ich im baumlosen alpinen Gelände die Entfernung unterschätzt, vielleicht auch die Leistung der verwendeten Patrone überschätzt. Hitzig schoß ich mehr aus Verzweiflung, nachdem ich mich vom gewaltigen ungeraden Achter brüskiert fühlte. Eine Bezeichnung, die für ein Tier keine Gültigkeit haben kann, in meiner Phantasie aber bestand. Das klobige Geweih wäre mein bestes geworden. – Eine Gamsgeiß mit Drosseldurchschuß verendete erst nach geraumer Zeit und wurde am übernächsten Tag gefunden, hartgefroren wie ein Stein. Ich wähnte mich todsicher, gefehlt zu haben, schenkte mir im lawinen- und absturzgefährdeten Gelände bei anbrechender Nacht die Nachschau und ging heim. Berufliche Pedanterie stellte ich vor weidmännische Sitte und wurde so moralisch zum Aasjäger. Die Geiß hatte auf den schon etwas schräg von hinten angetragenen Schuß nicht gezeichnet, sie entschwand hinter einer Felsrippe. Dort ging sie ins Wundbett und kugelte in der Nacht herab.

* * *

Da führte ich einmal einen Gast, einen Akademiker aus Innsbruck, auf einen Rehbock. Unweit eines entlegenen Gehöfts sichteten wir einen Bock, frei in einer Wiese äsend. Er „paßte", und wir pirschten ihn an. Doch jetzt, da es ernst wurde, ging in dem Mann eine seltsame Veränderung vor sich. Er begann zu schnaufen und bekam den Tatterich, daß Gott erbarm. Oje, das fing nicht gut an. Dank einer „Goss'n" (eingezäunter Viehtrieb) hatten wir gute Deckung. Als ich dann aus dem Hohlweg auf die taufrische Wiese lugte, sah ich den Bock auf vielleicht 40 Schritt vor mir. Ich deutete dem Gast, und er ging in Anschlag. Dabei stieß er mit seiner Bockbüchsflinte gegen eine „Rantn", eine geklobene Zaunstange, den Klimperer hatte der Bock natürlich vernommen. Er verhoffte, tat ein paar zögernde Gänge, zeigte sich unschlüssig. Brettlbreit stand er da, wie eine Scheibe.

Im Schuß stürzte der Bock, wurde sofort wieder hoch, torkelte mit schlenkerndem Vorderlauf einem verfilzten Graben zu. Mehrmals verhielt er, doch der Schütze schob beim Nachladen die Kugelpatrone in den Schrotlauf – leise sirrend rutschte sie bei der Mündung wieder heraus. Berufsjäger verpönten es damals, in solcher Situation zu schießen. Bis ich zu einem Entschluß kam, deckte den Bock längst der Graben und anschließendes Gestaude. Obwohl auf dem Zaun aufgelegt, hat der Gast saumäßig gepatzt. Ich bereute, den Hund nicht dabei zu haben. Die spätere Nachsuche erbrachte nichts, die wenigen Tropfen Schweiß hörten bald ganz auf. Tagelang behielt ich die Umgebung im Auge – nichts. Eine Woche später kam ein Mann und erzählte mir, daß er vor einer Stunde in den hohen Schmelchen neben dem Weg ein Reh gesehen hätte, das ganz sonderbar humple. Die bezeichnete Stelle lag nur etwa 200 Meter vom Anschuß entfernt, am Rande eines verwilderten Altschlages.

Eiligst begab ich mich dorthin. Drückende Hitze, Fliegen peinigten mich und noch mehr den Hund. Dieser windete, je nach Luftzug, aufgeregt in den brusthohen Grasdschungel; verwies. Da steckt was drin! Langsam, Schritt für Schritt, pflügte ich mich durch die Schmelchen – da wurde vor meinen Füßen der Bock hoch, verhielt einen Augenblick, dann brach er im Feuer zusammen. Er mußte entsetzlich gelitten haben. Ein hoch durchschossener Vorderlauf pendelte, der zweite trug eine Schramme, das Brustbein war tief angerissen. Alle Wunden eiterten, und die am Brustbein wimmelte von Maden. Ich verscharrte den Bock anderntags im nahen Moos.

* * *

Auch Schüsse, die gut sitzen, können gelegentlich „daneben"gehen. „Daneben" dann, wenn aus Sorglosigkeit oder Schlamperei das beschossene Stück nicht konsequent nachgesucht wird. Denn über die Schußzeichen lassen sich – mit wenigen Ausnahmen – keine hundertprozentigen Prognosen stellen. Ich habe mehrmals bei gleichsitzenden Schüssen ganz unterschiedliche Zeichen gesehen.

Ein von mir beschossener Rehbock raste mit nahezu zerrissenem Herzen 100 Meter weit, allerdings steil bergab. Auf freier Alm konnte ich ihn die ganze Strecke gut beobachten. Er raste wie irrsinnig, nach Sturz und Überschlag tat er keinen Rührer mehr.

Ein Tier, auf etwa 130 Schritt mit der 8 x 57 beschossen, flüchtete weg, als hätte ich es gefehlt. Bergab, durch Latschen und Bergerlen, über einen Almboden und Hüttenanger ging die panische Flucht, wohl an die 300 Meter weit. Obwohl ich's nicht begreifen konnte, mußte ich's glauben, gefehlt zu haben. Doch abrupt verhielt das Tier – und tat sich nieder. Das Haupt kerzengerade hoch

saß es mitten auf dem Anger, bis zum Träger im Tiefschnee versunken. Ich wartete, tippte auf einen Pansenschuß. Aber kein einziges Mal nahm es das Haupt zurück, nach dem Wundmal äugend, wie krankes Rotwild das gewöhnlich tut. Es sicherte in alle Richtungen und unterschied sich in keiner Weise von einem gesunden Stück. Die Dämmerung setzte ein, ich mußte was unternehmen. Soweit es das Gelände zuließ, pirschte ich näher. Plötzlich eräugte mich das Stück. Gespannt verhoffte es zu mir her, ich hatte den Eindruck, jetzt und jetzt würde es hoch. Ich hockte mich in den Schnee, zielte auf den Träger, der wie ein Periskop aus dem Schnee ragte – und fehlte! Das Tier wurde hoch, ich schoß nochmals, diesmal aufs Blatt. Aber erst nach weiteren 50 Meter Flucht brach es verendend zusammen. Ich war perplex. Auch der erste Schuß saß, wie abgezirkelt, vier Finger breit hinter der Blattschaufel, das 12-Gramm-Geschoß hatte den Wildkörper durchschlagen. Bei vielen gleichgelagerten Schüssen gingen die Stücke höchstens 50 Schritt weit, oftmals nur wenige Meter. Ehrlich gesagt: Das Tier kam mir fast ein wenig unheimlich vor.

* * *

Ähnlich mag es einem Schützen ergangen sein, der frühmorgens praktisch von seinem Haus aus auf ein Tier schoß, das anscheinend gesund absprang. Er hielt es für müßig, selber Nachschau zu halten. Doch der Reihe nach!

Am Staatsfeiertag, dem 26. Oktober, kam ich gegen Mittag in dem 1200 Meter hoch gelegenen Gebirgsdorf an, um auf Rotwild zu jagen. Der vorgesehene Pirschführer hatte keine Zeit, und es vergingen Stunden, bis sich ein Ersatz fand. Endlich, erst am späten Nachmittag, traf ich mich mit einem 80jährigen Altbauern, der die Führung übernahm. Viel ließ sich in den noch verbleibenden zwei Stunden Tageslicht nicht mehr unternehmen. So schlenderten wir den Trampelpfad entlang, der oberhalb der Umzäunung der kärglichen Wiesen das Dorf im Halbrund umgab. Unternahmen mehr einen Spaziergang. Der alte Mann zeigte mir Wechsel, auf denen nachts das Hochwild vom Schutzwald herunterzog, um auf den teils noch grünen Flächen zu äsen. Mit einer reellen Chance, hier zu Schuß zu kommen, rechnete er wohl selber nicht.

Auf einem Riedel saßen wir an. Vor uns ein Graben, dahinter wieder ein Riedel, schütter bewaldet. Rechter Hand fielen die Wiesen ab, dazwischen lag eine etwa dreiviertel Meter hohe Auffor-

stung. Durch das Holz, von einem Zwangswechsel in den Felswän-
den kommend, ziehe das Rotwild zu Tal. Die Frage nur: Wann! In
der Aufforstung gegenüber fiel mir schon die längste Zeit ein Baum-
gerippe auf, dessen gebleichte Dürräste aus den Fichtenboschen
hochragten. Sonderbar. Schließlich kramte ich doch mein Spektiv
hervor, und die vermeintlichen Dürräste entpuppten sich als vier
Hochwildläufe, die wie anklagend in den Himmel starrten!

Mein sprachloser Pirschführer und ich gingen sogleich hin: Vor
uns lag ein starkes Tier mittleren Alters, mit einem Blattschuß, an
dem sich nichts aussetzen ließ. Das Tier roch zwar schon ein wenig, konnte aber noch nicht lange liegen. „Wilderer", tippte mein
Begleiter: „A poar san do!" Wir zogen es hinunter zu einem Wie-
senweg und tigerten die paar hundert Meter bis ins Dorf. Das Tier
wurde gleich eingebracht. Als wir in finsterer Nacht damit ein-
rückten, stand auch schon der „Wildschütz" da. Er, Mitglied der
dörflichen Jägerei, sah im Morgengrauen auf der Leit'n in der
Nähe seines Hauses ein Rudel Kahlwild. Flugs holte er sein Gewehr, pfefferte hinauf. Vom Schneeflaum, der während der Nacht fiel,
hoben sich die Wildleiber gut ab. Tauch! Das Rudel wirbelte durch-
einander, flüchtete bergauf, das beschossene Stück mit. „G'fahlt." Was
sonst?!

Der Schütze beauftragte seinen halbwüchsigen Sohn, Nachschau
zu halten. Er selbst eilte zu einem wichtigen Termin, es ging um
ein Holzgeschäft. Der Junior fuhr mit dem Moped in Moto-Cross-
Manier die Leit'n ein paarmal auf und ab. Basta. 50 Meter oberhalb
lag bei Föhnwetter das verendete Tier rücklings in der prallen Sonne.
Ob es sich noch hätte verwerten lassen, weiß ich nicht …

* * *

Bei einem der großangelegten Hochwildriegler mußte ein Schütze
einen beachtlichen Umweg machen, um auf einem Hochsattel
einen jagdlich strategischen Punkt zu besetzen. Mein Berufs- und
Stubenkollege, damals gleich jung wie ich, übernahm diese Aufgabe. Er mußte gut eine Stunde früher weggehen als wir, hatte dafür
aber die Erlaubnis, schon beim Aufgehen eventuell antreffendes Wild
zu beschießen.

Der Riegler erwies sich als Flop. Es fiel kein Schuß. Übrigens die
einzige einer Reihe von Treib- und Drückjagden, bei denen kein
Stück fiel. Siegi, mein Stubenkamerad, hatte beim Anmarsch einen
Hirsch gefehlt. Dies kam vor, und es wurde deswegen nicht weiter

darüber gesprochen. Nach Beendigung des Rieglers sammelten sich alle auf der anderen Bergseite. Bald wurde es duster, für eine Nachschau blieb keine Zeit mehr. Daheim schilderte mein Kollege den Vorfall. Er habe zwar nicht weit, aber sehr hastig geschossen, dem Hirsch fehle nichts. Er hielt es für müßig, nochmals nachzusuchen.

Ich machte mir so meine Gedanken, kannte Siegi als sicheren Schützen. Wie ich, erlegte auch er in diesen Wochen fast jeden zweiten Tag ein Stück. Bei einer Gesamtstrecke von bisher nahezu 30 Stück Hochwild gab es keine einzige Nachsuche, das sagt doch einiges aus. So ähnlich dürfte auch der Revierleiter gedacht haben. Beim Ausrücken am nächsten Morgen sagte er zu mir: „Weilst eh scho in der Nahend (Nähe) bist, schau noch amal, wo gestern da Siegi patzt hat!" Das hätte ich sowieso getan!

Siegis Spur zu folgen, stellte im wadenhohen Pulverschnee kein Problem dar. Ich konnte mich in seine Situation so richtig hineinleben, fand die Stelle, von der aus er im lichten Hochholz den Hirsch in Anblick bekam und auch schoß; schräg aufwärts auf einen Schlag hinaus. Seine Spur führte zum Anschuß, dort gab es absolut keine Pirschzeichen. Den Hirsch hat es zwar gewaltig herumgerissen, wie deutlich erkennbar, doch kein Haar, kein Tropfen Schweiß. Auch nicht in der Fluchtfährte hinein ins Holz, der Siegi etwa 100 Meter folgte. Vom Ende seiner Spur sah man noch relativ weit in den Hochwald hinein. Nichts.

Auch ich blieb stehen. Daß er auf nur wenig mehr als 100 Schritt gefehlt haben sollte, ging mir nicht ein. Er befand sich in Zeitnot – ich folgte weiter der Fährte. Nach 50 Schritt fand ich den ersten Schweiß, nach weiteren 50 Schritt lag der Hirsch, mit einem sauberen Treffer am Blatt, allerdings ohne Ausschuß. Siegis Mannlicher-Schönauer im Kaliber 6,5 x 54 ergab bei Hochwild nur selten einen Durchschuß. Eigenartigerweise überraschte mich der Ausgang dieser Nachsuche nicht sonderlich. Überrascht hat mich allerdings der Hirsch selbst: Vor mir lag ein ungerader junger Zwölfer, wie er nicht geschossen werden durfte. Wie Siegi das passierte, konnte er nie plausibel erklären, aber niemand hat ihm, diesem lustigen Kampel, der Musik und Gesang liebte, das je nachgetragen. Nun deckt ihn schon viele Jahre der grüne Rasen.

* * *

Beinahe „daneben"ging auch ein Schuß, der kurioserweise zwei

Hirsche streckte, wovon den einen nur ein glücklicher Umstand vor dem Verludern bewahrte. Einer meiner Lehrmeister, der seinerzeit in der „Grünen Mark" weitum populäre Oberjäger Müller, schoß auf einen Hirsch, der in Jagdhausnähe seinen Sommereinstand hatte. Der Hirsch fiel etwas aus der Rolle: Das extrem steile und felsige, mit Latschen und Erlen verbuschte Gelände war alles andere denn „hirschenfreundlich". Tatsächlich hätte man dort, unter dem Aufbau der mächtigen „Löscherwand", nie Hochwild vermutet. Da der Hirsch nicht dem Hegeziel entsprach, wurde sein Abschuß beschlossen.

Auf dem Heimweg von einer Morgenpirsch kam der Außenseiter wieder einmal in Anblick. Die beste Gelegenheit, dem 12jährigen Töchterlein seinen sehnlichsten Wunsch zu erfüllen, bei der Erlegung eines Hirsches einmal dabei sein zu können.

Von einem Brückerl aus beschoß der Jäger den Hirsch, der auf den Schuß nach links wegbrach. Das Mädchen jedoch behauptete, der Hirsch sei nach rechts geflüchtet. Wie dem auch sei, er kletterte, vom Dirndl eingewiesen, zum Anschuß hoch, fand bald den Hirsch. Doch das Mädchen gab nicht nach: „Du mußt nach rechts, mehr nach rechts suchen", rief es immer wieder. Um dem Fratzen Genüge zu tun, sah er sich doch ein wenig in die angegebene Richtung um und – fand Schweiß! Schließlich stieß er auf einen zweiten, noch nicht verendeten Hirsch.

Fazit: Dieser Hirsch stand unmittelbar hinter dem ersten, die Kugel erreichte auch ihn und verletzte ihn tödlich; wohl eine äußerst seltene Konstellation. Ohne Beisein seiner Tochter wäre der Hirsch zweifellos verludert.

Der zweite „Elch-Gams"

Den ersten von meinen zwei im Tauschweg gegen einen Elchabschuß erworbenen Gamsböcken erlegte ich vor drei Jahren, er ging als der „G'hakelte" in das Repertoire meiner Erinnerungen ein und ich erzählte im Kapitel „Der erste ‚Elch-Gams'" davon schon. Beim zweiten verlief alles einfach, um nicht zu sagen programmgemäß. Und doch, wenige Tage nach dieser Gamspirsch schlug das Schicksal zu und raffte meinen Freund hinweg; diese Durchschnittskrucke kann ich nur mit Wehmut betrachten, die Jagd selbst verblaßt im Gedenken an den Kameraden.

Oktober. Im Hochgebirge hatte es bereits ausgiebig geschneit und ich bekam noch immer kein Aviso betreffs Gamsjagd. Dann endlich der Anruf: „Am Sonntag pack' ma's, wenn 's Wetter tuat!" Dies als Voraussetzung. Ich erfuhr, daß man die Hochlagen wegen der Schneemassen, vor allem aber der Lawinengefahr, nicht begehen konnte; jetzt sei der Schnee größtenteils wieder dahin. Und der Sonntag machte sich. Wolkenloser Himmel, leicht föhnig, ein Tag zum Gamsjagern wie geschaffen. Zu zweit verließen wir den Bergbauernhof. Selbst die Anfahrt bereitete mir schon einen Genuß. Weniger jedoch dem Wagen, der steinige Karrenweg erforderte höchste Konzentration, um nicht „aufzusitzen". Doch das Auto, auch von mir am Berg nicht gern gesehen, ersparte uns einen stundenlangen Hatscher – zum Gehen würden wir ohnehin noch genug kommen.

Droben auf dem Riedel, bei der einsamen Zirbe zwischen den Latschen, hockten wir uns hin. Von diesem markanten Punkt hielten Karlheinz und ich Ausschau ins weitläufige Revier, das uns wie ein Panorama zu Füßen lag. Wie von einem Götterthron aus beherrschten wir die Szenerie, doch die Akteure, sprich Gams, ließen vorerst auf sich warten. Dann, mit dem Zartrosa der ersten Sonnenstrahlen, schoben sich dort und da schwarze Punkte hin und her. Größere „Wuzel" lösten sich aus einer felsigen Rinne schräg ober uns und zogen durch niedriges Erlengesträuch auf den freien Hang hinaus. „Dös is das Scharl, bei dem die kapitale Altgeiß steht", resümierte Karlheinz, und die Spannung stieg. Doch die Gesuchte fehlte.

Ungefähr zehn Gams, alles Scharwild, tummelten sich auf dem Gipfelhang. Wir hofften, die Geltgeiß würde irgendwann aus dem Geklüft folgen und wieder aufschließen. Mein Begleiter hatte mir die Kapitale zuvor schmackhaft gemacht, ihre Krucke sollte in Höhe und Auslage sogar manchen Einser-Bock distanzieren. Ich glaubte ihm, weiß ich doch um die Priorität alter Geißen. Stunden verrannen, die Kapitale ließ sich nicht blicken. Mittag ging vorbei, das Scharwild verzog sich wieder in die Felsen. Ein paar Jung-böcke wechselten unweit an uns vorbei, drüben im G'wänd unter der Sonntager-Höhe krebste ein einzelner Gams herum. Im Spektiv entpuppte er sich als braver Bock. Den hätten wir angehen kön-nen, doch Karlheinz winkte ab. Dies sei der „Jubiläumsbock", re-serviert als Geschenk für einen langjährigen treuen Gast.

Am späten Nachmittag verließen wir unseren Auslug und pirsch-ten tiefer zu einem Gamssitz, mit idyllischem Ausblick ins G'wänd und in eine wilde Geröllschlucht. Einen jungen Bock bekamen wir in Anblick, hoch über uns schnellte der Jubiläumsgams auf eine Felsnadel. Im letzten Sonnenlicht äugte er von hoher Warte aus über sein Reich. Ein unvergeßliches Bild!

„Am Mittwoch tuan ma weiter", sprach Karlheinz, als ich mich auf seinem Hof verabschiedete. Sein Vater drängte, er hatte Beden-ken wegen des Wetters. „Heuer schneibt's früh zua", meinte er. Und akkurat, als ich zwei Tage später von zu Hause wegfuhr, nie-selte es. „Inner' Gebirg'" zeigte sich dann das Wetter freundlicher, und nach weiteren 50 Kilometern hob sich der Nebel. „Oben is hoater", begrüßte mich Karlheinz; er sollte recht behalten.

Doch der Nebel stieg mit uns. Er troff von den Bäumen und kit-zelte unsere Nasen. Sicht gleich Null! Ein Haselhuhn burrte vor uns weg, urweltliche Düsternis lauerte im Wald. Nahe der Baumgrenze wurde es etwas heller – das Blau lag nicht mehr fern. Wieder steu-erten wir den Auslug bei der Zirbe an, und zugleich mit ihr er-blickten wir durch ein Loch im Nebel das Firmament. Erleichtert sahen wir einander an, richteten uns auf ein längeres Bleiben ein.

Nebelfetzen hoben und senkten sich, ein frischer Küselwind brachte Bewegung in das düstere Grau. Für Augenblicke sahen wir wie durch ein Guckloch groß und nah das Felsgeschröf des Zwies-lings, dann fiel der Vorhang wieder. Das wiederholte sich immer

öfter und länger, doch unser „Mekka" lag gegenüber, gegen den Höchstein hin. Dort freilich braute noch voll der Nebel. Dann aber wuchs aus dem diffusen Zwielicht schemenhaft ein rasch sich klärender Buckel, der 2543 Meter hohe Hausberg des Reviers. Wenig später verkrochen sich die letzten Nebelschwaden und wir badeten uns im herbstmilden Sonnenschein. Gams ästen auf den Hängen, von weit her vernahmen wir das Kullern eines Birkhahns.

Das geringe Scharwildrudel vom Sonntag stand diesmal etwas höher, die kapitale Geiß fehlte wiederum. Ich, und wahrscheinlich auch mein Pirschführer, hatten wenig Hoffnung, sie in Anblick zu bekommen. Der gute Bock im Glaschach, im Latschen- und Erlenbewuchs, drüben im Steilg'wänd stand wieder da. Ihn anzupirschen, wäre keine Kunst gewesen. Karlheinz befand sich in einer Zwickmühle: Der Stammgast kam in wenigen Tagen, andererseits hatte ich Anspruch auf einen guten Gams. Es durfte nur ein Einser-Bock erlegt werden, der, jetzt knapp vor der Brunft, wahrscheinlich demnächst seinen Einstand verlassen wird.

Mit Rücksicht auf den Hausgast, der von weit her anzureisen hatte, verzichtete ich auf den Bock. „Notfalls jagen wir nächstes Jahr, wenn das mit der Geiß nicht hinhauen sollte." Karlheinz zeigte sich sichtlich erleichtert. Er meinte zwar, als Jubiläumsgams täte es ein Zweier-Bock auch, doch sein Vater habe da ein Wort mitzureden. Nach dieser Aussprache genossen wir den herrlichen Tag. Es gab immer was zu sehen; Gams, verstreut im Rund unseres Auslugs, Raben, die über uns kolkten, und einmal auch den Steinadler, der über eine Scharte hereinschwebte und dorthin wieder entschwand.

Da entdeckten wir im felsigen Stauderich überm Melkboden einen einzelnen Gams. „Junger Bock", konstatierten wir. Ich befaßte mich nicht näher mit ihm, mein Begleiter beaugapfelte ihn lange durch das Spektiv. Plötzlich sagte er erregt: „Richt' di, den könn' ma schiaß'n, des is da Laufkranke!" Schon vorher hatte er mir von dem invaliden Bock erzählt, der ihm vom Nachbarjäger avisiert worden ist. Vermutlich erhielt er einen Unterlaufschuß, der ihn zum Krüppel werden ließ. „Mach schnell", ließ sich Karlheinz wieder vernehmen. Doch da verschwand der Bock soeben im Gestrüpp aus Zwergerlen und Latschen. Dies verschaffte mir eine Atempause. An einen überwachsenen Felsblock geschmiegt, halb kniend, halb liegend, hatte ich eine gute Position. Und die brauchte ich auch.

„Bis zur markanten Felsplatte, ober der der Gams einwechselte, sind's gemessene 300 Meter", flüsterte mir Karlheinz zu, und ich zweifelte an meinem Können. Die Büchse schoß auf 200 Meter Fleck, auf 300 Meter fällt das Geschoß laut Schußtafel um 18 Zentimeter. Auf einen Gams müßte sich's noch ausgehen.

Da schob sich der schwarze Wuzel auch schon aus den Stauden, überquerte eine Rinne und verhoffte am Rand eines Latschenfeldes. „Jetzt oder nie", dachte ich mir, und fuhr mit dem Fadenkreuz zum Ziemerrand hoch. Im Knall sprang der Bock zurück in die Rinne, und während ich gewohnheitsmäßig repetierte, verlor ich ihn aus den Augen. Auf die große Distanz bemerkte ich kein Zeichnen und sah fragenden Blickes auf meinen Begleiter. „Weidmannsheil!" sagte dieser trocken, „er liegt scho'!"

Ich wollte es nicht so recht glauben, doch Karlheinz sah den Bock in der schmalen und teilweise von Gesträuch verdeckten Rinne herabgleiten und hinter einem Steinblock verschwinden. Gelöst und mit der ganzen Welt zufrieden jausneten wir. Mein Begleiter erzählte von Gamsjagderlebnissen, die sich hier abspielten, auch vom Bartbock, den er auf zehn Schritt schoß: Nach der Brunft hatte sich der Winter breitgemacht. Mit dem Traktor kämpften sie sich zu zweit bis zur Hütte, dann auf Umwegen mit Skiern bis hierher. Die Gams standen hoch, ein Anpirschen durfte wegen der Lawinengefahr nicht riskiert werden. Sie sahen sich bereits als geschneidert, da fuhren die Gams aus unersichtlichem Grund ab und flüchteten direkt auf sie zu. Der Bock hätte sie beinahe überrannt...

Eine dreiviertel Stunde nach dem Schuß mühten wir uns durch sperrige Latschen hinüber zum Melkboden, stiegen auf zum Steinblock in der Rinne. Dahinter lag er, der zweite „Elch-Gams", der Invalid, mit einem Tiefblattschuß, Ausschuß Mitte Blatt. Doch so krank konnte der fünfjährige Bock gar nicht gewesen sein. Er war feist, der eine Hinterlauf am Sprunggelenk verdickt und verknöchert. Es sah mehr nach einem verheilten Bruch als nach einer Schußverletzung aus. Der Krucke nach handelte es sich um einen ausgesprochenen Abschußbock; ungleich hohe Schläuche, miserable Hakelung. Dafür krümmten sich die Schläuche schon von der Basis an, wie bei einem Steinbock-Jüngling. Mir bereitete er trotzdem Freude. Das war Jagd nach meinem Geschmack, mit allem Drum und Dran.

Wir ließen den Bock hinabsausen zum verfallenen Steinhag, Melkboden genannt. Bis zum Zweiten Weltkrieg wurden hier im Hochsommer zweimal täglich vom Halter die Kühe gemolken und die Milch in einer Butte zur Hütte getragen. Ein Weg von eineinhalb Stunden!

Nach dem Aufbrechen genossen wir den herrlichen Spätherbsttag, tranken gemeinsam eine Flasche Bier, die ich im Rucksack hatte, und schmiedeten Zukunftspläne. Karlheinz packte sich den Gams auf, wohlgemut traten wir den Heimweg an. Es sollte der letzte Weg sein, den wir gemeinsam gingen. Wenige Tage später wurde Karlheinz das Opfer eines Verkehrsunfalls, starb auf der Stelle. Als leidenschaftlichem Jäger konnte ihm kein Weg zu weit, kein Felsen zu schroff sein. In der Extremjagd seines Bruders trug er zwei Gams auf einmal herunter, wo manch anderer schon allein mit dem Gehen Schwierigkeiten hat. Es schien, als gäbe es doch ein Schicksal – ihn hat es auf der Straße eingeholt.

„Ich schieß' den Hirsch
im wilden Forst..."

Dieses hehre deutsche Jägerlied ließ schon in alten Zeiten Männerbrüste schwellen. Und erst heute! Uns Älpler rührt es weniger, wir sind mehr für das Stille, Besinnliche; obwohl auch wir die Jagd auf den edlen Hirsch zu schätzen wissen. Damit bin ich schon am Punkt. Edel nach meinem Sinn ist alles Getier in freier Wildbahn, wenn uns auch der Hirsch durch seine imposante Mächtigkeit „edler" erscheint. Es kommt auf die individuelle Betrachtung an. Wie überall. Um so bedrückender ist für mich das Geschäft mit dem Gatterwild, das, zu lebenslanger Haft degradiert, ein kümmerliches Dasein fristet, über das auch angemästete Bizarrgeweihe nicht hinwegtäuschen können. Der Beispiele weiß ich einige. Geschäftstüchtige Unternehmer – Jäger will ich sie gar nicht nennen – erkannten in den Wirtschaftswunderjahren, daß sich mit der Eitelkeit von Auchjägern Geld verdienen läßt. Und gar nicht wenig! Ein paar Magerwiesen eingezäunt, einige Futtertröge um eine Raufe installiert – fertig. Die Schaulustigen strömten von selbst herbei, dann die Abschußnehmer. Die Preise stiegen, das Geschäft boomte. Wo nötig, half man mit etwas verschämten Inseraten in meist ausländischen Jagdzeitungen nach. Und die Interessenten kamen, unter dem Motto: Ich schieß' den Hirsch im wilden Forst...

Gar so wild ging es bei diesen Jagden nicht zu. Das „Revier" lag vor dem komfortablen Gästezimmer, wohlausgerüstet harrte man vor dem Haus auf das Erscheinen des „Jägers". Erwartungsvoll schritten dann Abschußnehmer und „Pirschführer" zur Kanzel im Gatter, warteten auf das Austreten des Kapitalen. Kam dieser nicht sogleich, half ein Betreuer etwas nach, trieb den Gesuchten den Zaun entlang an dem Schützen vorbei. „Rums!" Todesflucht, Ergriffenheit. Dann „Weidmannsheil!", Bruch auf den Hut, ab zum Jägerfrühstück. Vorerst ein paar „Klare" hinter die Kragenbinde – schließlich hat man sich diese verdient –, welch eine Wonne, Weidmann zu sein! Nach der Stärkung nochmals Begutachtung der

Trophäe, Kameras klicken, wohlige Zufriedenheit – beiderseits. Nächsten Tag ab in den Norden, das blankgeputzte Geweih demonstrativ auf dem Autodach. Alle sollten sehen, zu welcher Tat man fähig ist.

Aber manchmal geht's auch schief. Da kam einer, den packte der Tatterich. X-mal passierte der Hirsch den Trampelpfad entlang dem Gatterzaun, bis es dem „Jäger" gelang, ihn an den Platz zu bannen: Er hatte ihm alle vier Läufe abgeschossen! Leichter erreichten hingegen zwei „Nimrode", die auf Steinböcke weidwerkten, ihr Ziel. Das Fahlwild wurde wegen seiner Kletterkünste auf engstem Raum gehalten. Das ließ sich schon nicht mehr Gatter nennen, sondern glich eher einem Stall. Die Schützen brauchten ihre Gewehre nur durch Gitterstäbe zu zwängen und loszudrücken, ein Zielen erübrigte sich beinahe. Das „Weidmannsheil" war ihnen gewiß, weniger das Ambiente. Um dem nachzuhelfen und vielleicht auch, um ein aufkeimendes Jägerehrengefühl zu besänftigen, wurden die Tierleichen schnellstens aus dem Gehege gebracht und vor zu neugierigen Augen gesichert. Nach dem Umtrunk baten die überglücklichen Schützen um eine Gefälligkeit: um eine für solch edles Wild stilgerechte Streckenlegung. Dem konnte entsprochen werden, schließlich hatten die Gäste ja bezahlt. Man transportierte die Böcke eine beachtliche Strecke zum „Fototermin", mit Hochgebirgskulisse usw. Es mußte dokumentiert werden, welche Leistung man vollbrachte, denn – wer schießt schon einen Steinbock, das Wild der Superlative?

„Jagd ist Jagd und Schnaps ist Schnaps", befand schon Walter Henkels; ich aber meine, es gibt doch den Unterschied. Auchjäger obgenannter Sorte sind ein Auswuchs von Renommiersucht auf Kosten der Ethik und schaden dem Ruf -zigtausender Jäger, die sich mit Leib und Seele der Jagd verschrieben. Aber auch die Anbieter, die die Schwächen der Jäger in spe zu Geld machen, leisten dem Treiben Vorschub. Mittlerweile aufmerksam geworden, griff teilweise die Behörde ein, doch bis hin zu ihr versickert manches. Immerhin, die Nachfrage regelt auch hier den Preis. Wie jemand seine Moneten anbringt, ist seine ureigenste Angelegenheit, und dem Nehmer tun sich manchmal ungeahnte Tore auf.

* * *

Da hatte ein Bauer und Wirt in einem Auslauf hinter dem Wirtschaftsgebäude als Attraktion für seine Gäste einen Rothirsch stehen. Überfüttert, entwickelte er sich in einigen Jahren vom niedlichen Kalb zu einem stattlichen Geweihträger, freilich mit allen Merkmalen eines Eingepferchten. Schlußendlich ergab sich die Frage der Endlösung: Was tun mit ihm? Schlachten wie ein Stück Vieh? Irgendeiner hatte die zündende Idee. Man inserierte in einer einschlägigen Zeitung. Mit Erfolg. Ein Jagdvermittler kam, sah und siegte, nachdem er dem Hirschbesitzer eine ansehnliche Summe bot. Das Weitere würde sich ergeben, der schlaue Fuchs von Vermittler wußte aber jetzt schon, was getan werden mußte. Er dachte an einen Kunden, einen Südländer, der erpicht war, *einmal* einen Rekordhirsch zu schießen.

An einem nebligen Spätherbstmorgen ging die Aktion über die Bühne. Noch in der Dunkelheit kamen Manager und Kunde angereist, die Jagd auf den Kapitalhirsch sollte zünftig beginnen. Doch vorher möge man sich stärken, das gehört dazu. Der Hirsch hinterm Kuhstall ahnte von all dem nichts. Oder doch? Sein Besitzer trieb ihn ein Stück den Auslauf entlang zu einer Baumgruppe am Bach, der dicke Nebel verhüllte schamhaft die Szenerie. Die Pirsch begann und endete nach wenigen Minuten. Unverhofft – zumindest für den Gast – bekam das Trio den Kapitalen in Anblick. Schuß, und der Deal hatte sein Ende gefunden. Jetzt bekam's der Vermittler mit der Eile zu tun. Haupt runter, und noch bevor sich der Nebel hob, brausten die Jäger wieder ab.

Der glückliche Schütze ließ es sich nicht nehmen, mit der Trophäe ein Gebirgsdorf anzusteuern, in dem er wiederholt gejagt hatte und wo man ihn als angenehmen Gast schätzte. Er lud die örtliche Jägerei zum Mitfeiern ein, es wurde eine turbulente Nacht. Man ließ den großzügigen Spender hochleben, bestaunte das voluminöse Geweih. Schon leicht beschwipst, ging der Erleger aus der Reserve, nannte auch die Abschußtaxe; im Gegenwert eines neuen VW-Käfers.

Die österreichischen Jagdfreunde schmunzelten – längst hatten sie den Trick durchschaut. Doch Höflichkeit gebot zum Schweigen; ob der „Hans im Glück" jemals seinen Reinfall kapierte, bleibt dahingestellt.

Der Zufall wollte es, daß ich zu dem Gebirgsdorf Kontakt hatte, und bei einer Trophäenschau in der Nachbarprovinz wurde ich Zeuge eines Tischgespräches. Ich spitzte die Ohren: Ganz unbedarft erzählte ein Besucher von jenem Wirt, dem Hirsch und auch von dem Geschäft mit dem Abschußvermittler und dessen südländischen Gast. So erfuhr ich den wahren Sachverhalt und auch die Summe, die der mehr oder weniger ahnungslose Anbieter für seinen Hirsch erhielt: Knapp ein Drittel dessen, was der „Schütze" zu berappen hatte. Wenn das nicht Schule macht!? Doch Glück brachten diese Machenschaften dem rührigen Jagdmakler nicht. Er übernahm sich; Jahre später ging er pleite.

* * *

Wohl im „wilden Forst" wurde ein Abschußnehmer beglückt, seine Beute, ein handzahmer Hirsch, fungierte – muß man sagen – als lebende Zielscheibe. Viele Jahre der unumstrittene Herrscher in einem kleinen Schaugatter neben einer Ausflugsgastwirtschaft nahe der Stadt, war er jetzt alt und senil. Das noch immer massige Geweih konnte nicht darüber hinwegtäuschen, daß seine Tage gezählt sein würden. Kein Wildgatterinhaber hält Tiere aus purem Idealismus, so auch hier. In einer vor Zaungästen sicheren Aktion wurde der Hirsch narkotisiert und in ein Jagdgatter verfrachtet, sozusagen vom Kerker in die Todeszelle transferiert. Doch die „Vollstreckung" zog sich in die Länge – der Hirsch blieb in dem großen, teils dschungelartig verfilzten Gatter für Wochen nicht sichtbar. Ob ihm der Schock der Überstellung so tief saß oder ihn das bisher unbekannte Schwarzwild irritierte? Jedenfalls war er in der neuen Umgebung der einzige Vertreter seiner Art, doch seinem Schicksal entging er nicht...

* * *

Schon unter der Gürtellinie agierte ein Brüderpaar. Beide pachteten Jagden und stiegen ins Abschußgeschäft ein, wobei sie einander ergänzten. Die Voraussetzungen erwiesen sich als günstig – der eine besaß ein Gasthaus, der andere einen Wildpark, für den ihm zwar schon vor Jahren das Öffentlichkeitsrecht entzogen wurde.

Ein Weidmann aus dem hohen Norden meldete sich auf die vielversprechende Anzeige: „Jagd auf Hirsch und Gams in herrlichen, leicht begehbaren Gebirgsrevieren." Der Gastwirt heuerte ihn an, gejagt wurde aber im Revier seines Bruders. Tatsächlich brachte man den Gast zu Schuß. Auf einen Hirsch. Doch dieser kam nicht zur Strecke. Die Meinungen gingen auseinander, reichten von Fehlschuß über „leicht angekratzt" bis hin zu angeschweißt. Verärgert reiste der Gast ab. Kurze Zeit später erreichte ihn die freudige Botschaft, der Hirsch sei inzwischen gefunden worden, das Haupt liege abholbereit. Der Man kam, sah – und staunte. Das Geweih konnte nicht von jenem Hirsch sein, auf den er geschossen hatte! Nein, er hatte „sein" Geweih ganz anders in Erinnerung! Natürlich weigerte er sich, die Trophäe anzunehmen und die vierzigtausend Schilling zu berappen. Doch der Gastwirt nötigte ihn mehr oder weniger, so nahm er das Haupt doch an sich – und ließ es von einem Sachverständigen untersuchen. Sein Mißtrauen bestätigte sich: Der „Knochen" stammte von einem Gatterhirsch, dessen Haupt zudem die längste Zeit eingefroren war! So in seinem Verdacht gestärkt, ging der Geprellte zum Kadi. Er bekam recht.

Die Strafverhandlung gegen die geschäftstüchtigen Brüder glich dem „heiteren Bezirksgericht", sie beschuldigten sich gegenseitig. Der Parkinhaber beteuerte, sein Bruder habe ihn dazu bewogen, dem enttäuschten Gast wenigstens ein Tiefkühlgeweih zu überlassen. Der Gastwirt dagegen behauptete, die umstrittene Trophäe sei ihm mit dem Bemerken übergeben worden, sie stamme tatsächlich von jenem Hirsch, auf den der Deutsche „Dampf" gemacht habe. Die Kernfrage, ob es zu einem Abschuß gekommen war oder nicht, blieb ungelöst; mangels dieses Nachweises sprach der Richter die Angeklagten vom Vorwurf des versuchten schweren Betruges frei...

* * *

Aber auch in vorgeblich weidmännisch geführten Jagdbetrieben geht es nicht immer ganz zimmerrein zu. Zumindest nicht nach meiner Vorstellung. Das jagdliche Geschehen mag in Ordnung sein, aber die finanzielle Abwicklung birgt mitunter Überraschungen, wie ich leidvoll erfuhr. Die Schuld trug ich selbst. Ich bat einen Bekannten um die Vermittlung eines Rehbockabschusses. Im Gebirge. Ich erhielt Nachricht, alles sei in schönster Ordnung. Der Bock koste soundso viel. Nicht gerade billig. Was soll's, ich hatte „Heimweh", wollte wieder einmal im Gebirge auf einen Bock jagen. Pünktlich traf ich ein. Anstatt des erwarteten Bauernhofs stand ich vor einem prunkvollen Jagdhaus, Luxuslimousinen parkten vor dem Gebäude. Hinein kam ich nicht, denn soeben traf mein Begleitjäger ein und stieg zu mir in den Wagen.

Wir fuhren bis zum Talschluß, dann schwitzten wir eineinhalb Stunden in Serpentinen einen Steig hinauf. Es mußte der heißeste Tag seit langem sein, die Nachmittagssonne brannte uns auf den Rücken. Oben ein herrliches Jagdgebiet, grasige Hänge, durchsetzt von zahlreichen Erlen- und Latschenfeldern. Begeisterung ergriff mich. Weniger begeisterte es mich dann, als mir der Pirschführer freistellte, in der Jagdhütte oder in der alten Almhütte übernachten zu wollen. Die Nächtigung in dem Hütterl sei teuer, fand auch er; die auf der Alm, bei den Sennleuten, nahezu gratis.

Natürlich nahm ich den Luxus in Kauf. Ich wollte beim Jäger bleiben. Ein prima Kerl! Doch von Luxus konnte ich in dem uralten Winzighütterl nichts bemerken. Das Inventar bestand aus zwei fix an den Wänden befestigten Bettgestellen, zwei abgelegenen Strohsäcken, zermudelten Decken, einem alten Eisenherd und einem Küchenkastl. Aus. Der Jäger bestätigte mir, was ich mit einem Blick sah: Die Unterkunft wurde nur im Rahmen des Schutzdienstes benützt, Jagdgästen sei sie unzumutbar. Überhaupt: Schon wegen des Anmarsches und teils schwierigen Geländes kämen hier lediglich berggewohnte Abschußnehmer herauf.

Beim Abendansitz hatten wir nur ein paar Gams in Anblick. Der mir zugedachte Rehbock glänzte durch Abwesenheit, wir sahen überhaupt kein Reh. Schweigsam gingen wir der Hütte zu. Der Abend wurde gemütlich. Mein Begleiter, ein Spätberufener, erklärte mir einiges aus dem großen Jagdbetrieb. Vor Jahrzehnten taten hier noch sechs Berufsjäger Dienst, jetzt nur mehr drei. Der ehemals adelige Besitz liegt in bürgerlicher Hand, die Jagd wird kommerziell betrieben. Die Abschußtaxen seien enorm, nur mehr Stammgäste kämen auf einen Brunfthirsch. Mit den Gams ginge es noch, der Zuspruch aus Deutschland sei ungebrochen. Erstmals wurden in diesem Jahr nicht alle freigegebenen Auer- und Birkhahnen erlegt – zu teuer. Als Beweis zeigte er mir eine Preisliste, auf der sich vom Schneehuhn bis zum Auerhahn, vom Knopfbock bis zum Über-100-Punkte-Gams und Neun-Kilo-Hirsch alles penibel aufgelistet fand. Weidwerk nahe der Jahrtausendwende!

Der Morgen zeigte sich klar, aber ungewöhnlich warm. Wir gingen wieder zum selben Sitz, sahen einige Gams und einen Fuchs. Aber kein Reh. Weit drüben in einer Runse zwischen den letzten Fichtenzungen ästen drei Kolbenhirsche, die alsbald wieder verschwanden. Um 8 Uhr herrschte bereits drückende Hitze. Wir gaben auf. Bei dieser Temperatur hatte ein Pirschen wenig Sinn – ab ins Tal. Den Jäger freute das. Die ganze Woche stand er im Bergheu, was man ihm deutlich ansah. Im Dorf gab's Kirchweih, er sehnte sich nach Heim und Familie. Ich zog insgeheim Bilanz: 1mal

Hüttenbenützung zum Preis wie für ein Komfortzimmer, 2mal Pirschführung – noch eine Nacht und zwei Pirschen, und allein die Nebenkosten erreichten die Abschußtaxe! Dabei sahen wir nicht einmal ein Reh, geschweige denn einen Bock.

Ich zahlte und verabschiedete mich von meinem Pirschführer, für den ich vollstes Verständnis aufbrachte. Weniger jedoch für meinen bäuerlichen Freund, der meine Vorstellung kannte, mich jedoch kurzerhand an den gewinnorientierten Jagdbetrieb delegierte. Als zahlender Gast geht man immer ein gewisses Risiko ein, das liegt im Wesen der Jagd. Wo jedoch das Übliche in Nepp ausartet, hört für mich das Jagen auf…

* * *

Nicht so leicht wie ich verschmerzte ein Freund, der geschneidert aus dem Yukon heimkehrte, seine Enttäuschung. „Hunderttausend Schilling so gut wie zum Fenster hinausgeworfen", klagte er mir voll Bitterkeit. Schon von Anfang an stand dieser Trip unter keinem guten Stern, er verstand sich mit seinem Pirschführer, seinem Guide, nicht. Der Frankokanadier nörgelte vom ersten Tag an bis zum Schluß der zehntägigen Bootsfahrt. Morgens stand er nicht auf, ließ seinen Gast darben. „Ihr Europäer versteht vom Jagen sowieso nichts", ließ er voreingenommen wissen. Dabei hatte mein Freund wiederholt erfolgreich in Kanada, Alaska, in der Mongolei und in Afrika gejagt, ist ein blendender Schütze. Sein Landhaus zieren unter anderem Trophäen von Elch, Wapiti, Maral, Dickhornschaf und Schneeziege, als exzellenter Bergsteiger scheute er keine Strapazen. Was er sich zum Abschluß seiner weltweiten Jagdreisen wünschte? Einen Frühjahrsbären, einen Grizzly.

So befand er sich mit dem mißmutigen Führer stromabwärts unterwegs und sie glasten immer wieder die Ufer ab. Schwarzbären sahen sie wiederholt, Elche täglich und sogar Wölfe. Eines Morgens – mein Jagdfreund hatte sich längst aus dem Schlafsack geschält – trottelte unweit des Zeltes gemächlich ein kapitaler Grizzly vorbei. Allein durfte mein Freund nicht schießen, bis er den Guide aus dem Traumland holte, hatte Meister Petz längst das Weite gesucht. Der Mann zeigte sich jetzt noch ungehalten – vor 10 Uhr war er grundsätzlich nicht zu sprechen, denn da begann für ihn der Tag.

Zum Finale kam es erst gegen Ende der Bootsreise. Auf einer Sandbank sichteten sie einen gewaltigen Grizzly, der interessiert, aber gar nicht scheu das näher kommende Gefährt beobachtete Noch aus relativ großer Entfernung riet der Guide zum Schuß Leicht gesagt! Das Boot schwankte wie verrückt, der Schütze konnte das Ziel nicht halten. Indes kamen sie immer näher an die Sandbank – für einen Moment fühlte sich mein Freund gut drauf und ließ fliegen! Der Bär zeichnete, brüllte und tobte, daß die Steine nur so flogen. Dann planschte er ins Wasser, nahm das Boot an Der Guide schrie „Schießen! Schießen!", und auf kurze Distanz setzte mein Freund dem Grizzly eine Kugel auf den massigen Halsansatz. Der Grizzly sackte zusammen, waberte für kurze Zeit, dann erfaßte ihn die Strömung und er schaukelte davon. Der Guide fuhr mit dem Boot hinterher, bekam ihn aber nicht zu fassen. Schon nach dem ersten mißglückten Versuch steuerte er ans Ufer, stieg aus. „Auf der nächsten Sandbank schwemmt es ihn an", verkündete er gleichmütig, „jetzt kochen wir erst einmal Kaffee!"

Auf der bewußten Sandbank vom Bären natürlich keine Spur. Auch nicht auf der übernächsten. Und so fort. Dem Gast ist im wahrsten Sinn des Wortes das Fell davongeschwommen...

In der Lodge, nach Abschluß der mißlungenen Jagdfahrt zu Wasser, traf mein Freund auf andere Guides. Er erfuhr, daß sein Führer durchaus gute Referenzen besaß, jedoch an einer unheilbaren Krankheit litt. Überhaupt: Dies sei die letzte Führung gewesen, die versuchte Bergung des Bären hätte er allerdings grundverkehrt angegangen. Diese Auskunft tröstete meinen Freund und gelegentlichen Gastgeber auch nicht mehr. Sein Guide hatte das Wort: Der Grizzly galt als erlegt, was die Abschußtaxe fällig machte – und damit seine Provision! Aus, basta!

Interessant, daß der angeschweißte Bär das Boot annahm. Das kommt normalerweise nicht vor. Auslöser der Attacke dürfte der große schwarze Hund des Guide gewesen sein, der ständig obenauf Ausschau hielt. Sein Herrl hatte sommersüber für ihn keinen Kostplatz gefunden, so nahm er das riesige Tier einfach mit, obwohl es bei der Jagd eher störend wirkte. Im Winter, beim Trappen, leistete es ihm gute Dienste, als Zug- und Tragtier – und auch als Wärmequelle.

* * *

„Außer Spesen nichts gewesen", galt auch für einen Abschußnehmer, der einen Hirsch ankratzte. Er wurde von seinem Pirschführer dazu animiert, auf große Entfernung Dampf zu machen. Prompt ging der Schuß daneben; besser gesagt „fast" daneben. Der Hirsch zeichnete nicht, flüchtete weithin sichtbar von der freien Alm hinunter in den Bergwald, anscheinend gesund. Doch am Anschuß lag Schweiß, heller Wildbretschweiß. Nicht viel, aber immerhin. Die Fluchtfährte ließ sich leicht halten, auf der bewuchslosen Alm lag etwas Schnee. Doch der Schweißtröpfchen wurden immer weniger, nahe dem Schutzwald hörten sie ganz auf. Nur einmal noch, auf einer schneeigen Blöße im Holz, fanden die Weidmänner einen roten Tupfen, dann nichts mehr. Ein Hund stand nicht zur Verfügung, so zogen die Jäger ab; außerdem brach allmählich die Nacht herein. Nächsten Tag suchte man nach. Ergebnislos. Inzwischen hatte es geregnet, was auch die Spur vom Vortag verwischte. Der angesetzte Schweißhund faselte, später zeigte er überhaupt kein Interesse mehr. Doch der wortführende Begleitjäger beharrte, der Hirsch habe einen tödlichen Schuß, der nicht unerfahrene Gastjäger behauptete das Gegenteil. Fazit: Laut interner Abmachung (angeschossen und nicht zustande gebracht) mußte die Hälfte des Gesamtpreises berappt werden – immerhin eine beachtliche Summe.

Der Gast zahlte. Wochen später soll angeblich jener Hirsch von einem anderen Gastjäger gestreckt worden sein, wurde von einheimischen Jägern hinter vorgehaltener Hand kolportiert. Der Manager jener großen Gemeinschaftsjagd ließ sich demnach den Hirsch eineinhalbmal bezahlen, was die Genossen zwar schamvoll, aber auch mit Schmunzeln akzeptierten. Schadenfreude ist halt doch die reinste Freude!

Dem Geprellten – er jagte auch in der weiteren Umgebung – kamen diesbezügliche Gerüchte zu Ohren. Er versuchte, einen Zeugen dieser Version, allenfalls auch einen Vorgeschädigten, aufzutreiben. Ähnliches sollte sich in jener Jagd nämlich schon früher zugetragen haben, munkelte man bedeutungsvoll. Der Mann stieß bei seinen Recherchen auf eine Mauer des Schweigens. Eine Art Korpsgeist verschloß die sonst so redseligen Münder – Fremden gegenüber zeigte man sich immer schon zurückhaltend. Doch deren Geld nahm man mit Wohlgefallen – Weidmannsheil; in diesem Fall wohl eher Weidmannspech!

* * *

Pech hatte auch ein Gastjäger im Ungarland. Er schoß auf einen Hirsch der Spitzenklasse, der eben aus einem wirren Dschungeldickicht zog. Der Hirsch brach im Feuer zusammen, schlegelte –

und wurde wieder hoch. Wie benommen stand er da, man hatte den Eindruck, jetzt und jetzt fällt er. Dem Gast, einem erfahrenen Jäger, gefiel die Situation nicht. Er wollte nochmals schießen, der Pirschführer winkte jedoch ab. „Hirsch kaputt", wiederholte er mehrmals. Und der Gast zögerte.

„Die teuerste Dummheit meines Lebens", erzählte er später, „hätte ich nur geschossen!" Zeit zum Überlegen gab es nicht. Wenige Minuten, nachdem sich der Hirsch wieder hochgerappelt hatte, torkelte er die paar Meter zurück ins Dickicht. Bis ins Innerste enttäuscht, sah der Schütze den hochkapitalen Geweihträger entschwinden, und eine böse Vorahnung stellte sich ein. Der Pirschführer, vorher noch so selbstsicher, tat betroffen. Wortlos schritt man zum Anschuß, und dem Gast gingen die Augen über. Schweiß in rauhen Mengen, wie bei einem Kammerschuß. Das kann ein Krellschuß nicht sein, dachte er, und er wurde wieder zuversichtlicher. Doch schon bald kam die Ernüchterung: Der rote Quell versiegte bereits nach wenigen Schritten, auf dem Wechsel fand sich nur noch da und dort ein Schweißtropfen, dann gar nichts mehr.

Dies trug sich abends zu. Am nächsten Vormittag große Nachsuche, aber ohne Hund! Für den Gast deprimierend: In dem traditionsreichen, staatlichen Jagdbetrieb gab es keinen auf Schweiß geführten Hund, und auch keinen in weiter Umgebung! Andere Länder, andere Sitten. Der Hirsch kam nicht zustande. Gesucht wurde nur auf den Wechseln, das übermannshohe Gestrüpp aus Lianen und Brombeerranken vereitelte jedes Eindringen. Zu Mittag gab man auf. Was blieb? Ein flaues Gefühl – und für den Gastjäger die volle Rechnung! „Leicht zwoa hochtragende Küah hätt' i ma für dös Geld kauf'n kenna", klagte der Land- und Gastwirt und beschwor, nie mehr im Ausland zu jagen. Tatsächlich gaben die Schuß- und Pirschzeichen Rätsel auf. Der viele Schweiß am Anschuß – dann nichts mehr. Doch wissen wir, wieviel Lebenssaft so ein 300-Kilo-Auhirsch hat?

* * *

Im Mittelfeld zwischen wildem Forst und Kulturlandschaft jagte auch ein Jagdkartenbesitzer, der wenig Gelegenheit hatte, dieser Leidenschaft zu frönen. Einen Hirsch zu erlegen, diesen sehnlichsten Wunsch wollte er sich ein einziges Mal verwirklichen. Als das sein Sparstrumpf erlaubte, sah er sich nach einer diesbezüglichen Möglichkeit um. Im Heimatland hingen ihm die Trauben zu hoch, so arrangierte er sich mit einem Jagdreiseveranstalter, der mit Ungarn korrespondierte. Zumindest damals kostete bei den Magyaren ein Hirsch gleicher Klasse um die Hälfte weniger als in heimatlichen Gefilden; Nebenkosten gab es so gut wie keine.

Schon zeitlich am Nachmittag traf der Mann am Zielort ein. Ob er noch heute auf den Ansitz wolle? Natürlich wollte er. Und so befand man sich unweit des Jagdhauses auf einem geräumigen Hochstand, in einer Landschaft, die dem Sohn der Berge alles andere denn hirschgerecht erschien. Brettleben, im Rücken ein Laubholzwald mit mächtigen Eichen, die schon einem „wilden Forst" nahekamen. Vor ihnen jedoch ein Kleeschlag, dahinter ein Maisfeld, dessen Dimension sich optisch gar nicht erfassen ließ. Aus diesem Wald von Kukuruzstengeln sollten die Hirsche austreten, ließ der Pirschführer verlauten. Doch es kam anders.

Noch stand die Sonne ein gutes Stück über dem Horizont, da gewahrten sie in einem Streifen halbdürren Rohrgrases die Kronenenden eines Hirsches, der im lockeren Schilf im Wohnbett saß. Hin und wieder bewegten sich die Enden, deren Wucht den Gast erstaunte. Obwohl wenig rotwilderfahren, erkannte er sofort, dies ist ein Hirsch, wie es in der Heimat kaum einen gibt. Lange mußte er sich nun in Geduld fassen. Endlich wurde der Kapitale hoch, stand in voller Pracht in der Abendsonne. Fragender Blick zum Pirschführer. „Soundso viel Tausender", flüsterte der Magyar. Der Gast überschlug seine Finanzen: es ging gerade noch.

Der Hirsch zog vom Schilf in den Klee – der Pirschführer nickte. Auf kaum mehr als 100 Schritt erhielt der Sechzehnender die Kugel, zeichnete mit einer Hochflucht und zog schwerkrank in den Kukuruz. Dort lag er verendet. Nur mit größter Mühe brachten sie ihn die paar Meter zurück ins Freie, dann wurde Totenwacht gehalten.

Übergroß die Freude des Schützen! Sie flaute allerdings bald ab, denn 24 Stunden später befand er sich bereits wieder auf der Heimreise, mit dem Mordstrumm Geweih und mit leerem Geldbeutel. Das hatte er zwar einkalkuliert, doch das erhebende Gefühl, gejagt zu haben, wollte sich nicht einstellen beziehungsweise verblaßte rasch. Das Um und Auf, das für uns Bergjäger soviel ausmacht, fehlte bei dieser Jagd vollkommen. Hingefahren, geschossen, bezahlt, ab mit der Trophäe; das fand nicht seinen Geschmack. Die Umstände ergaben es so, Schwamm darüber.

Später, als er sich in der heimischen Jägerei eingelebt und es sogar zum jagdlichen Funktionär gebracht hatte, erlegte er mehrere Steinhirschl. „Jeder dieser ‚Kramperlinge' bescherte mir mehr Erlebnis als der wuchtige Auhirsch", gestand er mir treuherzig. Ich glaube, mir wäre es ebenso ergangen.

* * *

„Ich schieß' den Hirsch im wilden Forst, im tiefen Wald das Reh ..." Noch gibt es dieses Weidwerk, für den, der es sucht. Doch ohne Moneten geht auch hier nichts. Wie heißt's so schön: „Ohne Geld koa Musi"; dem habe ich nichts hinzuzufügen.

Der „verunglückte" Keiler

Schwarzwild war und ist im Alpenraum nicht autochthon, in keinem, auch noch so alten Bericht über die Bergjagd scheint es auf. Keiner der alten Jäger, die in meinem Vaterhaus ein und aus gingen, erwähnte es. Erst als Schulbub hörte ich erstmals von Wildsauen, doch ich hielt sie für ausgestorben. Im „Steirischen Lehrprinz", einem Lernbehelf für ehemals angehende Jungjäger, wurde das Schwarzwild nur am Rande erwähnt, es zählte zu den „schädlichen Tieren" und durfte damals von jedermann erlegt werden.

Als Jagdpraktikant lauschte ich ein paarmal den Erzählungen eines Revierjägers, der in der Zwischenkriegszeit in den Karpaten Dienst tat. Er berichtete realistisch über dieses urige Wild, das im Sommer dort auch auf den Almen vorkam und wo Keiler mit einem Streckengewicht bis zu 200 Kilogramm keine Seltenheit darstellten.

Ab 1946 häuften sich Berichte, denen zufolge in Ostösterreich vermehrt Sauen bestätigt wurden. Bald danach kamen Meldungen aus Oberösterreich und der Steiermark, aus Gegenden, in denen es seit Menschengedenken kein Schwarzwild gab. Es wurde zu einer kleinen Sensation, als in der Umgebung von Frohnleiten ein Wildschwein zur Strecke kam. Eine Herrschaft kaufte den Schwarzkittel und legte ihn im Jagdschloß zur „Reifung" in den Eiskeller. Ein Wildschweinessen wollte man geben, doch weder die Küchenchefin noch sonst jemand hatte diesbezügliche Erfahrung. Das Essen wurde eine einzige Enttäuschung, über die selbst die Höflichkeit der Gäste nicht hinweghalf. Von der Suppe (!) habe auch ich gekostet, ihr herbsäuerlicher Akzent würgte in der Kehle. Auf das Wildbret verzichtete ich dann; heute, jedoch gebeizt, esse ich diese Spezialität leidenschaftlich gerne.

Ein Jahr später, in einem damals bekannten Hirschrevier der Obersteiermark, meldete ein Keuschler Wildschaden an. Hochwild habe sein Kartoffelackerl umgegraben, lamentierte der gute Mann. Der Oberjäger schickte mich hin, den Fall anzusehen. Tatsächlich: Das Ackerl lag da, als ob jemand die Kartoffeln regelrecht ausge-

graben hätte. Ich konnte mir nicht vorstellen, daß Hirsche zu so einem „Totalumbruch" fähig sein sollten. Aber die Fährten standen da, frisch und unbestechlich. Fährten! Ich sah genauer hin. Schmale Trittsiegel, die Oberrücken deutlich plaziert. Jetzt erst funkte es bei mir: Sauen hatten den Erdäpfeln den Garaus gemacht! Und zwar gründlich! Zur Bestätigung fand ich dann auch noch reichlich Losungsballen, die Rotte dürfte dort bereits einige Nächte „gewirtschaftet" haben.

Wir unternahmen nichts. Was sollten wir bei Neumond auch tun, und die „Pompa", wie die Steirer die Kartoffeln auch gerne nennen, waren sowieso schon beim Teufel. Eine Nacht noch kam die Gesellschaft, aber bereits am übernächsten Abend sah und hörte 20 Kilometer weiter ein Gemeindejäger die Rotte, beschoß sie auch, leider ergebnislos. Ein Beweis dafür, wie rasch Schwarzwild Strecken bewältigt und urplötzlich in Gegenden auftaucht, in denen es niemand vermutet. So wurde 1950 in einem entlegenen Gebirgstal im Salzburgischen eine Wildsau erlegt und niemand wußte zu sagen, woher sie kam und nirgends wurde sie vorher gesichtet oder gefährtet, obwohl reichlich Schnee lag.

Den Clou bildete aber ein Keiler, der, ebenfalls im Salzburgischen, bei einer Gamsjagd „zur Strecke kam". Es klingt wie Jägerlatein, und auch bei tolerantester Betrachtung schien das Geschehen anfangs kaum vorstellbar. In der ersten Dezemberhälfte des Jahres 1979 befanden sich auf dem Tennengebirgsplateau Gamsjaga unterwegs. Die Schußzeit währte nur noch wenige Tage, die Aktivitäten stiegen. Das Plateau, eine riesige Hochfläche in 2000 Meter Seehöhe, läßt sich mangels Deckungsmöglichkeiten schwer bejagen. Weitschüsse sind die Regel, dementsprechend oft knallt's zu bestimmten Zeiten. Gamspirsch im Winter heißt dort oben Schwerstarbeit, bergsteigerisches Können und Erfahrung bilden dazu die Voraussetzung. Nachdem es an diesem Tag bereits eine Male gekracht hatte, stießen die Jäger im Pulverschnee auf eine mächtige Fährte, für einen Gams viel zu enorm. Hochwild hingegen kam um diese Jahreszeit in dem hochalpinen Gelände noch nie in Anblick. Die ausgreifende Fluchtfährte, anscheinend ganz frisch, führte bergab. Die Männer stutzten, folgten ihr. Beidseitig der Hochfläche drohen wilde Felsabbrüche und Wände, teilweise geht's dort hunderte Meter hinab. Auf eine solche Kante zu fixierten sich die kraterförmigen Absprünge – und endeten im Nichts! Das Stück mußte über eine Rampe ins Bodenlose gestürzt sein. Unten, am Fuße einer Felswand, nach mehreren hundert Meter Sturz und Rutsch, lag ein Hauptschwein von 21 Zentimeter Waffenlänge!

Als die Nachricht von der „Keilerstrecke" ein Berggasthaus erreichte, glaubte man an einen Scherz. Erst als nachdrücklich um einen Motorschlitten und einen Fotoapparat gebeten wurde, begann man ernstlich nachzudenken. Auch Schwarzwildkennern erschien es fast unglaublich, daß der alte Basse – noch dazu im Winter – die hochalpine Region angenommen hat. Wie er überhaupt hinaufkam, stellt allein schon ein Phänomen dar. Nahezu rundum auf Steilwänden aufgestockt, kann er das Plateau nur über die Nordostpassage erreicht haben; auch dies ein Weg, den nur trainierte Berggeher bewältigen.

Angenommen wird, daß den Urian, der sich in einer Senke eingelagert hatte, die nahen Schüsse zu einer Hochflucht verleiteten. In der orientierungslosen Schneewüste stürmte er einfach drauflos, blindlings ins Verderben. Im Schild des Keilers steckte ein verkapseltes Flintenlaufgeschoß, er wurde also irgendwann und irgendwo schon einmal befunkt. Wahrscheinlich bei einer Treibjagd in einem Niederwildrevier, denn kein Bergjäger führt solche Patronen mit sich. Gefrischt wurde der urige Basse vielleicht in einem Gestrüpp irgendwo in einer Au, geendet hat er im Hochgebirge. Für ein Wildschwein ein arger Kontrast. Doch wie heißt es: „Beim Jagern lernt man nie aus!"

Blattjagd – einst und heute

Das Blatten ist eine Kunst, sagten die alten Jäger, und so mancher gab sich recht geheimnisvoll. Zur Aktivzeit meines Vaters, vor 75 Jahren, dominierte die Blattjagd; alle Grünröcke übten sie zwar leidenschaftlich, aber mit wechselndem Erfolg aus. Jeder hatte seine Methode – und sein Instrument. Künstliches Gerät die Herrenjäger, Gras-, Flieder- und Buchenblätter die bäuerlichen Nimrode. Mein Vater benützte Blatter aus Weizenstrohhalmen, etwa sieben Zentimeter lang und kunstvoll eingekerbt. Mit dem Taschenfeitl stellte er sie her, und viel Ausschuß gab es dabei. Wurde der Schnitt nicht ganz exakt geführt, ließ sich dem Röhrchen kein oder nicht der richtige Ton entlocken. Stimmte er, kam das zerbrechliche Ding zu seinesgleichen in ein rundes Holzbüchslein, damit sie allesamt während der Lagerung und im Einsatz keinen Schaden erlitten.

Beim „Stimmen" der Röhrchen zeigte sich Vater sehr heikel. Ich erinnere mich, daß er immer wieder welche ausschied. Manchmal war bei der Erzeugung der Fiepinstrumente auch Oberjäger Hiebler zugegen, und die Diskussion betreffs Tonhöhe zog sich in die Länge. Seinen industriell gefertigten Blatter konnte man, die Tonhöhe variierend, verstellen und damit auch viel lauter als mit Vaters Strohhalmen „musizieren". Doch dieser schwor auf sein Produkt. Tatsächlich ließen sich seinem Erzeugnis nur sehr zarte Töne entlocken, doch auf die, meinte er, komme es gerade an. Er zählte überhaupt zu den Gegnern zu lauten und vor allem zu vielen Blattens. So mokierte er sich einmal über einen Gastjäger, der, seiner Meinung nach, im „Bromach" (einem Revierteil) droben alle Rehböcke vergrämte. „Viel zu laut und anhaltend", entrüstete er sich.

Vaters Weidmannsheil bei der Blattjagd setzte sich aus vielen Komponenten zusammen. Eine maßgebende war, daß er an verschiedenen Zeichen, wie Schwendlingen, Plätzstellen usw., erkannte, wo ein guter Bock seinen Einstand hatte; nur dort blattete er. Kaum einen dieser Böcke kannte er, und alle durfte man, gemessen am heutigen Durchschnitt, als nahezu kapital bezeichnen. Unbeschwert aller neuzeitlichen Fußangeln, brauchte er nicht lange anzusprechen, wozu bei der Blattjagd im Holz auch kaum Gelegenheit besteht. Laut Weisung des Jagdherrn durften nur gut aufhabende Böcke erlegt werden, und diese ließen sich auf den ersten Blick ansprechen. Daß die Jagd mit dem Blatter seinerzeit solche Popularität genoß, lag vielleicht darin begründet, daß es viel weniger Rehwild gab. In den waldreichen Revieren mußte mit Können und den Launen Dianas gejagt werden. Daß die Böcke zu Zeiten unserer Altväter lieber sprangen, halte ich für Unsinn – oder auch nicht. Bei dem regionalen Geißenüberhang heutzutage haben es die Herren Böcke nicht mehr nötig, sich ins Ungewisse zu begeben. Ehedem gab es viel weniger Damenvolk, die Natur sorgte für den Ausgleich.

Mit Inkrafttreten des Reichsjagdgesetzes auch in Österreich mußte man der Blattjagd ade sagen. All die fragwürdigen Erkennungsmerkmale der zu klassifizierenden Rehböcke führten diese Jagdart ad absurdum; in den wenigen Augenblicken zwischen Erscheinen des Bockes und der Chance eines Schusses konnte man die Skala der administrativen Empfehlung einfach nicht bewältigen. Ich habe nur einmal einen Bock geschossen, der mir aufs Blatten zustand. Möglichkeiten hätte ich gehabt, doch ich scheiterte an den soeben genannten Auflagen. Aber erzählen will ich von meinen – wenigen – Blatterlebnissen, denn ich hielt es für unfair, einen liebestollen Rehbock unnötig zu ärgern.

Lange zweifelte ich, einem Bock akustisch imponieren zu können. Vaters Fieptöne lagen mir zwar in den Ohren, doch ich versuchte es nicht einmal. Erst als ich mir vornahm, Berufsjäger zu werden, hielt ich es für meine Pflicht, mich dieses Metiers anzunehmen. Auf der „Hochalm" – damals als Jagdarbeiter auf der rangniedrigsten Stufe – erfuhr ich, daß die Blattjagd doch noch praktiziert wurde. Während der alljährlichen Blattsaison im Jagdschloß rückte die herrschaftliche Jägerei mit den zugeteilten Gästen in die umliegenden Reviere aus, um zumeist auf Tagespirschen zu blatten und anzusitzen. Fünf bis acht Böcke lagen allabendlich auf der Strecke, ein Beweis für das Können der Berufsjäger. Natürlich gab es auch Fehlabschüsse, die gingen drunter.

Als Lehrling wurde ich einem Revier zugeteilt, in dem nur Hirsche den Ton angaben. Rehwild blieb unbeachtet und unbejagt. Bis der Förster meldete, in dem einzigen Kulturgatter stehe ein Rehbock, der die gehätschelten Laubholz-Jungbäumchen „zur Sau mache". Fernmündlich kam die Anweisung, den Missetäter sofort zu erlegen. Übrigens das einzige Mal, daß das Revierpersonal Erlaubnis erhielt, einen Rehbock zu schießen. Doch es ergaben sich Schwierigkeiten. Der Nadelholzanteil der riesengroßen Einzäunung stand vielfach schon mannshoch. Wie sollte man da zu Schuß kommen?

Der Oberjäger hielt sich aus dem Dilemma heraus. Er beauftragte den Hilfsjäger und mich, den Fall zu lösen. Wie, das blieb dahingestellt. Schließlich sah ich mich so ziemlich allein, die vertrackte Aufgabe zu lösen und kam nach mehreren aussichtslosen Ansitzen auf die Idee, es mit dem Fiep zu versuchen. Die Zeit paßte, und so hockte ich eines Spätnachmittags im Gatter und fiepte nach Eigenkomposition, denn keiner meiner Lehrherren hatte mich je darin unterrichtet. Ich glaubte nicht ernstlich an einen Erfolg – da vernahm ich ein Geräusch, knapp hinter mir. Viel zu hastig wendete ich meinen Kopf und starrte dem Bock ins Gesicht. Er äugte mich ebenso verdutzt an wie ich ihn überrascht ansah, dann empfahl er sich. Immerhin: Ganz so falsch konnte meine „Musik" nicht gewesen sein. Ich schwieg über dieses Erlebnis wie ein Grab, und der Bock verschwand von selbst wieder aus der hochwildsicheren Umzäunung. Wie er diese überwand, blieb uns ein Rätsel; wir fanden keine Lücke im Zaun.

Später versuchte ich mich wiederholt als Blattjäger; mit wechselndem Erfolg. Mir ging es dabei nicht ums Erlegen, sondern ich wollte sehen, wie die Böcke auf meine Darbietung reagieren. Um ehrlich zu sein: die wenigsten standen zu. Böcke, die bei einer Geiß standen, warfen wohl auf, zogen aber keinen Schritt näher. Ein Gast erzählte mir glaubhaft, er erlegte einmal einen Bock, den sein Pirschführer – ein alter Bauer – von der Geiß „wegblattete". Ich kannte jenen Mann, er war ganz nach Art meines Vaters und der ihm Gleichgesinnten; ich verneigte mich in Ehrfurcht vor seinem Können.

Suchende Böcke reagierten auf mein Fiepen fast immer, doch nur etwa jeder zweite stand wirklich zu. Aber nur wenige Male erlebte ich, daß ein Bock wirklich „sprang", um dem Wort gerecht zu werden. Das Angstgeschrei habe ich nie versucht, auch nicht den Kitzfiep – so kann ich mich nicht erinnern, daß mir jemals eine Geiß zustand, wohl aber turnte einmal ein Edelmarder flugs im Geäst heran.

Über die beste Zeit zum Blatten wurde schon viel geschrieben. Morgens und abends habe ich es nie versucht, und auch nicht bei Regenwetter. Ich hielt mich an die Empfehlung der Alten: zwischen 9 Uhr und 11 Uhr und nicht vor Jakobi, also dem 25. Juli. Doch der Weisheit letzten Schluß entbehr' auch ich. Obwohl meiner Ansicht nach „alles paßte", sprang kein Bock; ein andermal, unter gleichen Bedingungen, sprangen sie wie verrückt. Solche Blatt-Tage, auch während der Hauptbrunft, sind rar, ich schätze sie auf höchstens zwei bis drei pro Jahr. Was mir dabei auffiel? Es handelte sich ausnahmslos um windstille, heiße Sonnentage, aber nicht schwül, wie oft zitiert.

Auf der Klettenalm stand mehrere Jahre ein angeblich kapitaler Rehbock. Zur Brunft jedoch wechselte er stets über die Schneid ins Lungauische, und dem sehr human eingestellten Jagdpächter kamen nun doch Bedenken. Er gab mir den Bock frei. Am 1. August traf ich im Revier ein. Der Jäger eröffnete mir sogleich, den Bock schon seit Wochen nicht mehr gesehen zu haben, „er is scho' dahin", meinte er. Tatsächlich sahen wir von ihm, der seinen Sommereinstand hoch in der Gamsregion hatte, keine Granne. So trösteten wir uns auf einem in eine mehrstämmige Urfichte gebauten Hochsitz unterhalb der Hütte. Drüber dem verbuschten Steingraben die „Foam-Seitn", eine große, steile Almfläche, mit Erlach und Farnkraut durchsetzt. „Dort steht ebenfalls ein guter Bock", ließ mich der Jäger wissen, und wir sahen ihn auch, mehrmals sogar. Doch er schien noch jung.

Hinter uns steilte rauhes, vom Hochsitz aus unüberblickbares Gelände auf. Als ich um 9 Uhr aus Langeweile zu blatten begann, vernahmen wir von dort her Geräusche, die rasch näher kamen. Mein Begleiter, des Blattens unkundig, sah mich ungläubig an. Da stand ein Rehbock auch schon bei der Fichte und wußte nicht, wie ihm geschah. Wir rührten uns nicht. Der Bock schrittelte ein paarmal hin und her, nur drei Meter unter unseren Spiegeln. Zwischen den Bohlen durch konnten wir ihn nicht ansprechen, ich wagte darum eine Bewegung. Sofort hatte er mich weg, sprang aber nur widerwillig ab. Und dann geschah das Unglaubliche: Der Vorgang wiederholte sich noch zweimal, obwohl ich den Bock – im Erkennen seiner Jugend – vorhin regelrecht weggejagt hatte!

Lois, dem Jäger, verschlug's die Red', und auch mir ist weder vor- noch nachher ein so „narrischer" Rehbock untergekommen.

Wer aber meint, es sei ein Jahrling gewesen, der irrt! Um einen zwei- oder gar dreijährigen miesen Gabler handelte es sich; zwei Tage später schoß ich ihn frühmorgens vom Hüttenanger aus. Der Kapitalbock fiel übrigens auch in jenen Tagen – drüben im Nachbarrevier.

Wer erfolgreich blatten will, muß mit dem Revier vertaut sein. Im Bestand kann man „originales Fiepen" nicht weit hören, auch der Bock vernimmt es nicht auf große Distanz. Hochstände sind denkbar ungeeignet, ein gewiefter Galan kapiert sofort, daß da etwas faul ist!

Ein wohl einmaliges Blatterlebnis hatte ich vor drei Jahren in einem Flachgauer Revier. Mich juckte es, meine Fiepkunst wieder einmal zu trainieren. Die Vorbedingungen dazu fand ich geradezu ideal, der auserkorene Platz entsprach dem Klischee deutscher Jagdgemälde der Jahrhundertwende: Ein mächtiger Fichtenstamm in einem schütteren Mischwald, schlanke Laubholzjugend, verkrautete Bodenvegetation. Dazwischen moorastige Freiflächen, nebenan eine finstere Fichtendickung, Tageseinstand mehrerer Rehböcke. Ich kam vom Morgenansitz. 9 Uhr. Die Luft stand. Sonnenkringel marmorierten den Waldboden. Vogelwispern im Geäst. Bei der Fichte drückte ich mich an den Stamm, intonierte ein paar schüchterne Fieper. Ich hatte den Blatter noch nicht vom Mund, trollte bereits ein Bock auf mich zu, halbrechts neben einem zusammengesunkenen Kulturzaun. Zugleich sah ich etwas weiter vor mir ebenfalls etwas Rotes – da zottelte doch tatsächlich im Gekräut ein zweiter Bock an, nicht ganz direkt, aber stetig auf mich zu.

15 Schritt vor mir trafen die Interessenten aufeinander, äugten sich gegenseitig enttäuscht an. Der erste, ein jugendhafter Sechser, schlug sich beiseite, wartete. Der zweite, ein jagdbarer Sechser, verhoffte vor dem Stamm, an dessen Rückseite ich mich drückte. So nahe stand mir Wild noch nie gegenüber. Nach einer bangen Minute tat der Bock einen Schritt, und wir starrten einander auf eineinhalb Meter an. Ich erwartete, daß er entsetzt abspringen würde, doch nein, er stutzte nur, ging nach wenigen Stechschritten in normales Ziehen über und entfernte sich, wie mir schien, etwas nachdenklich.

Der schwächere Sechser rumorte noch rechter Hand im Farn und Gesträuch; als ich hinsah, stand dort – ein mir bisher unbekannter ungerader Gabler, der neugierig aus den Pletschen äugte! Drei

Böcke quasi auf einen Streich – ich konnte es fast nicht glauben. Doch wie zur Bestätigung sah ich den jungen Sechser noch abwartend drüben beim Zaun, von woher er ursprünglich angewechselt kam. Den weißhäuptigen ungeraden Gabler hätte ich gerne geschossen, es wäre auch möglich gewesen. Doch in dieser Klasse hatten wir das Abschußsoll bereits erfüllt. Ich grämte mich nicht, im Gegenteil, so eine Huld Dianas hat man nur einmal im Leben, und ich schätzte sie. Wie schrieben den 5. August, für mich ein Meilenstein.

Vom tragischen Ausgang einer Blattjagd erzählte mein Vater aus seiner Knabenzeit. Das muß vor mehr als hundert Jahren gewesen sein. Im Zirbitzkogelgebiet trug es sich zu. Ein Sonntagsjäger blattete nahe einer Alm. Da gewahrte er unter einer Schirmfichte, vom hohen Gras teilweise verdeckt, ein rotes Etwas. Seiner übersteigerten Phantasie nach konnte es nur ein Rehbock sein, der verstohlen heranschlich. Der Mann wartete nicht ab, bis der vermeintliche Bock frei stand, sondern schoß aufs Geratewohl. „Erlegt" hat er einen schlafenden Handwerksburschen, der, auf Arbeitssuche, über das Gebirge wollte. Seine rotbraune Joppe, mit der es sich zugedeckt hatte, wurde ihm zum Verhängnis. Der Unglücksschütze gab an, der Gedanke, daß das durchschimmernde Rotbraun ein Mensch sein könnte, sei ihm erst gar nicht gekommen; zu sehr hatte er sich auf Rehbock fixiert. Der Handwerksbursch muß aber schon vorher dort geschlafen haben, nur entdeckte ihn der Jäger nicht sogleich. Heute benützen wir Ferngläser, um Zweifelhaftes zu definieren, damals gab es sie noch nicht. Wohl aber galt der Spruch: „Was du nicht kennst, das schieß' nicht tot!"

In meinem nicht gerade engen Bekanntenkreis spielt die Blattjagd keine Rolle mehr. Ganz ehrlich gesagt, ich kenne keinen, der dieses Metier noch exzellent beherrscht. Bei den Jungjägern ist sie auch nicht mehr gefragt. Bis die Rehbrunft beginnt, liegen die Einser-Böcke zumeist schon auf der Decke. Manche Länder verbieten die Jagd zur Brunftzeit überhaupt, was sicherlich eine gewisse Berechtigung hat. Mir würde es schwerfallen, nicht mehr blatten zu dürfen, obwohl ich dabei erst einmal einen Schuß abgab. Die Romantik, das intensive Erleben mit dem nahen Wild wird sonst bei keiner Jagdart auf den „Hirsch des kleines Mannes" erreicht, zumindest nicht für mich. Nostalgie hin, Nostalgie her – in einem aufs Blatt springenden Bock sehe ich einfach das Urbild pulsierender Wildheit. Diese Art zu jagen verbindet uns noch ein wenig mit den Mannen der Steinzeit, die dem Höhlenbären auflauerten und den grimmen Schelch, den Riesenhirsch, aus dem Bestand lockten. Beim Blatten kann ich mich mit ihnen identifizieren.

Sternstunden

Im Zusammenhang mit der Jagd ist das Wort „Glück" verpönt. Wer es trotzdem gebraucht, hat sich hinreichend disqualifiziert. Das Vokabular der Weidmannssprache – vom Ursprung her Geheimkommunikation – hatte den Zweck, den Unterschied zwischen Jäger und Nichtjäger zu manifestieren, sich auszuweisen. Diese „Zunftsprache" überdauerte Epochen und ist, kaum zu glauben, heute noch Prüfungsgegenstand der Grünen Gilde. Dagegen läßt sich nichts einwenden, wenn das auch manchem lächerlich erscheint. Dem toten Gams ist's egal, ob er „verendete" oder „starb", nicht aber mir, als ich diesen Schnitzer einer Lektorin serviert bekam.

Genug davon. Ich will von seltenem Weidmannsheil berichten, das Jägern beschert war, und da sei mit die Bezeichnung „Sternstunden" wohl gestattet. Selbst durfte ich nur deren zwei erleben, wovon die eine im doppelten Sinn dieser Benennung entsprach, obwohl ich ohne Beute heimkam … Um Sebastiani schlenderte ich spätabends, so um 21 Uhr, den Bretsteiner Bach entlang; hinein zum Wehr, um nach einer drohenden Vereisung zu sehen. Eine Winternacht der Superlative umgab mich: bitterkalt, sternenklar, der Mond voll. Ich genoß trotz beißender Kälte diese magische Nacht, „träumte" vor mich hin. Beim Wehr angelangt, erblickte ich bacheinwärts ein sonderbares Tier, das sich seltsam kriechend auf dem teils schneeigen Ufereis bewegte. Ich dachte an einen Marder, doch irgend etwas irritierte mich an ihm. Stellenweise „rauchte" der Bach, dann konnte ich das Tier nur schemenhaft ausnehmen. Hastig schlüpfte es im Ufergebüsch hin und her, glitt elegant über das Randeis und – verschwand im offenen Wasser! Jetzt erst klingelte es bei mir. Das konnte nur ein Otter sein, ein Fischotter! Hurtig machte ich kehrt, lief am Sägewerk vorbei in meine Unterkunft, berichtete verstört dem Friedel, der sich sogleich aufraffte, und im Eilschritt trabten wir bachaufwärts, beide mit Gewehr. Vom Otter sahen wir nichts mehr.

Auch in den folgenden Mondnächten pirschten wir abwechselnd zu jener Stelle, in der Hoffnung, das seltene Wild noch einmal in

Anblick zu bekommen. Oder gar zu erlegen. Umsonst. Wir fanden auch keine frische Spur mehr. Ein schon sehr betagter Jägersmann, der uns manchmal besuchte und mit Ottern Erfahrung hatte, meinte, der sei längst anderswo. „Er steigt sogar über die Alm", erklärte uns der asketische Nimrod, ein ehemaliger Sensschmied, der noch mit Neunzig laufen konnte wie ein Junger.

Heute bin ich froh, daß der Otter damals, wie schrieben das Jahr 1947, unbeschossen blieb. Natürlich habe ich seither in freier Wildbahn keinen mehr gesehen, wohl aber bei einer Wanderung in einem verschwiegenen Seitental einen gespürt. Noch heute erinnere ich mich an den plastischen Brantenabdruck im weichen Letten, die Schwimmhäute zwischen den Zehen deutlich gesiegelt. Ich geriet beim Anblick der verräterischen Spur in helle Aufregung und Begeisterung, so daß mich meine Angetraute erstaunt ansah.

Leichter hatte es dagegen ein Forstmann, der, ebenfalls in einer Mondnacht, gleich zwei Fischotter schoß. Das muß in der Zwischenkriegszeit gewesen sein, denn als er mir Anfang der fünfziger Jahre davon erzählte, führte er schon längst sein wohlverdientes Pensionistenleben. Der Mann befand sich auf dem Heimweg, nachdem er mit den Holzknechten in einem Grabenwirtshaus ein wenig gezecht hatte. Sein Weg, einen größeren Bach entlang, führte in vielen Windungen um Felszungen, die vom Hang herab bis zur Talsohle reichten. Als er wieder einmal um eine Kurve bog, schoß sein Hund davon, hin zu einem Querspalt im Konglomerat. Nach kurzem Schnüffeln verbellte er die Kluft, wurde immer heftiger. Kein Zweifel: In der Vertiefung unterm Felsen steckte Raubwild! Was tun? Der Hund, von seinem Herrn ermutigt, gebärdete sich rasend, verweigerte jedoch den Zugriff. Zumindest ein Fuchs, vielleicht sogar ein Dachs dürfte in der Vertiefung stecken.

Der Spalt, das wußte der Forstmann, ging nicht weit in die Tiefe. Mit dem Feuerzeug leuchtete er in das schwarze Loch, sah zwei gelbrote Punkte aufglimmen. Das reichte ihm. Er trug den Hund ab, ging einige Schritte zurück und feuerte mit grobem Schrot in die Kluft; ein nicht ungefährliches Unternehmen. Das Resultat verblüffte ihn, denn er hatte mit einem Schuß – zwei Fischotter erlegt, ein wohl sehr seltenes Weidmannsheil! Über tierschützerische Gedanken zerbrach man sich zu jener Zeit nicht den Kopf. Der Otter galt als arger Fischräuber, sein Balg wurde überbewertet. Heute ist der Indikator einer intakten Bachlandschaft so gut wie ausgestorben, sein Biotop landesweit beeinträchtigt. Sauberes Wasser wird zur Rarität – der Fischotter wurde es schon.

* * *

Ähnlich verhält es sich mit dem Uhu, dem Buhvogel. „Bubo bubo" heißt er auf lateinisch. Ob die Wissenschaft bei seiner Namensgebung auf dessen Paarungsruf zurückgriff, ist mir unbekannt; bekannt hingegen das abgrundtiefe „U-hu, u-hu", manchmal auch nur ein gedehntes, dumpfes „Buh, buh", das der geheimnisvolle Nachtgreif in spätwinterlichen Föhnnächten hören ließ.

„Kinder, rasch ins Nest – sonst kimmt da Buhvog'l!" So wurde noch meine Mutter gerufen, wenn sie und ihre Geschwister abends allzulange im Freien umhertollten. Den „Buhvog'l" habe sie oft gehört, nachts durchs Fenster und auch später, als sie schon erwachsen war. Ihr gruselte bei dem schauerlichen Ruf, erzählte sie uns. Das unheimliche „Buh, buh" klang wie aus einer Gruft, wie eine Mahnung aus dem Jenseits.

Seither sind fast hundert Jahre vergangen. Der Uhu muß damals noch zahlreich vorgekommen sein, denn auch in alten Hahn-Jagdgeschichten findet er sich regelmäßig erwähnt, ohne besonders hervorgehoben zu werden. Heute stellt der „Auf", wie ihn passionierte Greifvogeljäger nannten, eine Rarität dar. Aber noch der alte Oberjäger Hiebler verwendete einen halbzahmen Uhu, den er selbst ausgehorstet hatte, zur Hüttenjagd. Auf dem Penz-Bichl stand die ominöse Hütte, freilich nur eine Vertiefung im Erdreich, ummantelt mit abgewitterten Stangen und Brettern. Als Schulbub zog's mich ein paarmal dorthin. Es gehörte sozusagen zum Pflichtfach eines Berufsjägers, mit einem lebenden Uhu als Lockvogel auf alles Jagd zu machen, was Fänge oder krumme Schnäbel besaß.

Ich selbst hörte einen Uhu nur ein einziges Mal. Zumindest bildete ich mir dies ein. Mit einem Schulfreund ging ich nachts zu seiner elterlichen Almhütte, um dort Tee zu kochen, zu jausnen und zu – singen, jawohl! Dies taten wir heimlich. O selige Bubenzeit! Es muß zeitig im Frühjahr gewesen sein, denn im Bergwald lag stellenweise noch Schnee. Beim Anmarsch, etwa gegen 21 Uhr und schon hoch droben nahe der Alm, vernahmen wir vom gegenüberliegenden Waldrücken her den eintönigen dumpfen Ruf, der so gar keine Ähnlichkeit mit einem tierischen Laut aufwies. Es klang, als riefe man in ein leeres Faß. Stets von derselben Stelle her begleitete uns das schaurige „Buh-hu" fast bis zur Hütte. Es harmonierte mit den riesigen Wäldern, die die Hänge bedeckten, mit dem fahlen Weiß des Firns auf den Gipfeln, vor allem aber mit der an sich bedrückenden Stille dieser lauen Nacht. Erst Jahre später, im Gespräch mit meinem erfahrenen Lehrherrn, wurde mir klar, daß dies ein Uhu gewesen sein mußte. Als Jäger zwar nachts viel im Wald unterwegs, vernahm ich aber nie mehr diesen bis ins Innerste aufwühlenden Laut. Sternstunde?

Der Vater eines Jagdfreundes, beide schon lange unter der Erde, erlegte beim Hahnjagern rein zufällig einen Uhu. Während des Aufstiegs zum Auerhahnbalzplatz rastete er auf einer Blöße, als nah eine große Eule aufhakte. Trotz der noch herrschenden Finsternis hob sich die Silhouette des gespenstigen Vogels gegen das Firmament deutlich ab. Er schoß und hatte einen „Buhu" erlegt, von denen man annahm, es gäbe sowieso keine mehr. Im Jagdstüberl meines Freundes, vereint mit anderen Stopfpräparaten, Geweihen und Krickeln, verstaubte der Nachtgreif, längst klebrig und unansehnlich geworden.

Ansehnlich und frisch hingegen sah ein Uhu aus, der, meisterhaft präpariert, in einer Gaststube der „Kreuzbergmaut" thronte. Er erregte sofort mein Interesse, und der Wirt, den ich flüchtig kannte, erzählte mir gerne von dessen Erlegung. Nicht weit vom Gasthof unternahm er nach einer betriebsamen Samstagnacht im Gemeindejagdrevier einen bewaffneten Spaziergang. Da fiel ihm eine Sippschaft Krähen auf, die zetermordio schrie. Er pirschte sich an, sah, daß die Galgenvögel immer wieder ins schwarze Wipfelgeäst einer Randfichte haßten. Auch mit dem Fernglas konnte er im buschigen Zweiggewirr nichts Genaues ausmachen, sah aber einmal kurz den Schattenriß eines größeren Tieres. Ein Marder, dachte er sich, und schoß eine Schrotladung ins Geäst. Dem Geprassel folgte das etagenweise Fallen eines gewaltigen Federballs, der sich schlußendlich als Uhu entpuppte! Einigermaßen belemmert besah der Schütze seine Beute, die ihm Schwierigkeiten mit der Behörde erahnen ließ. Er erstattete Selbstanzeige – und kam straffrei davon. Es stellte sich heraus, daß der Vogel schon vorher eine Kleinkaliber-Schußverletzung hatte und an deren Folgen alsbald eingegangen wäre.

Verunglückte Uhus bezeugen, daß diese größte heimische Eule doch noch stärker vertreten ist als allgemein angenommen. Stromleitungen und Autobahnen wurden ihr wiederholt zum Verhängnis.

So setzte ein Uhu vor Jahrzehnten für viele Stunden die Tauern-bahnstrecke außer Betrieb – er kröpfte auf der Oberleitung eine kapitale Forelle (!) und löste dadurch einen Kurzschluß aus. Dies kostete ihn das Leben und der Bahn Umleitungen sowie Schienen-ersatzverkehr.

Vor nicht allzulanger Zeit fand ein Bauernbursch – übrigens nahe jener Stelle, wo der Hahnjäger dazumal „seinen" Uhu schoß – einen schwerkranken „Bubo bubo". Dieser prallte gegen einen Stacheldrahtzaun und verletzte sich dabei tödlich. Auch diesmal Erstaunen bei den Jägern und Naturfreunden: Niemand hatte je einen Uhu gesehen oder gehört!

Unter Jägern ins Gerede kam ein Uhu, der auf einen im Schirm hockenden Berufsjäger stieß. Dessen keck aufgesteckter Schildhahnhaken ragte aus dem Schirm hervor, der Greif packte zu. Sein Schlag fiel so derb aus, daß der Jäger augenblicklich betäubt hinsank, über den ganzen Kopf blutete und unter schwierigen Bedingungen von der Bergrettung zu Tal getragen werden mußte. Wäre nicht ein Jagdgast zugegen gewesen, hätte es noch schlimmer enden können. Der meinte, ein Adler habe zugeschlagen. Doch anbetrachts der frühen Stunde – die Jäger erwarteten den Birkhahneinfall und es herrschte noch stockfinstere Nacht – ließ sich eher ein Uhu als Täter vermuten. Wie dem auch sei, es gibt ihn noch, den „Buhu", den lautlosen, gespenstischen Gleiter über einsame Bergwälder und Felsschluchten. Kein Tier sieht sich wie er von Mystik umgeben, nur einem Sonntagskind gewährt er Audienz.

* * *

Gleich zwei Sternstunden hatte ein Bauer und Wirt im steirischen Salzkammergut, wenn auch etwas fragwürdige. Er schoß vom Hofgatter aus einen Kapitalhirsch und neben einer Hauptstraße einen Gamsbock, der sich sehen lassen konnte. Beide Trophäen hingen in seiner Gaststube und erregten meine Aufmerksamkeit. Der Wirt, ein hagerer Mann um die Sechzig, bemerkte mein Interesse, ein Wort gab das andere, und so erfuhr ich die Erlegungsgeschichten. Bei einigen Vierteln Roten kam der Mann sichtlich in Fahrt und nicht ohne Stolz ins Schwärmen. Ich auch, denn ich liebte solche Zweisamkeiten in heimeligem Milieu, Urquell seltsamer Geschichten.

Den Hirsch schoß er gleichsam als Einlage während einer Tanzpause in seiner Wirtschaft, derweil die Musiker sich stärkten und

Liebespaare dunkle Winkel aufsuchten. Denn, so unglaublich es auch klingt: Während Quetschen (Harmonika) und Klarinette sowie das Publikum einen nicht unbeträchtlichen Lärm produzierten, äste auf dem abgeräumten Krautacker hinterm Obstgarten der Hirsch! Die zurückgebliebenen Rübenstrünke und Rübenblätter hatten es ihm angetan – den Krawall ignorierte er! Das wurde ihm zum Verhängnis. Im Mondlicht und bei Spurschnee ließ er sich gut anvisieren; was er aufhatte, zählte vorerst nicht. Der Wirt holte seine Büchse, schoß den Hirsch und befand sich Minuten später wieder in der Gaststube. Eine ganze Korona junger Burschen brachte den Hirsch ein, und um Mitternacht – so erzählte mir der Wirt – saßen sie bereits bei der gerösteten Leber. Weidmannsheil!

Nicht ganz so einfach, aber immerhin abstrakt genug, verhielt es sich mit dem Gamsbock. Ein Einheimischer berichtete dem Wirt, drunten beim Steinbruch, nächst der Straße, stehe ein Gams. Etwas ungläubig nahm er diese Mitteilung entgegen, denn bis dato wurde dort noch nie ein Gams gesehen. Der an sich kleine, bewaldete Hügel mit dem alten Steinbruch straßenseitig, steht gottverlassen allein mitten in der Ebene, vom nächsten Gamsbiotop viele Kilometer entfernt. Doch die Botschaft bewahrheitete sich. Mit dem Wirt fuhr deren Überbringer zurück zum Steinbruch, und im letzten Tageslicht sahen sie den Gams einsam und verlassen im Fels stehen.

Der Wirt, Mitjäger in der Gemeindejagd, überlegte. Direkt von der Straße aus schien ein Schuß zu weit, ein Anpirschen unmöglich. So ließ er sich am nächsten Morgen von einem Pendler bis in Höhe des Steinbruchs bringen, stieg aus, und im toten Winkel eines Heuschupfens pirschte er vor. Beim Schupfen wartete er das Schußlicht ab, während hinter ihm der Berufs- und Überlandverkehr vorbeiströmte. Dann ein Blick nach vorne oben. Der Gams, ein „Trumm Bock", stand im Bruch, als hätte er über Nacht keinen Schritt getan. Er blieb im Feuer.

Der Bock, alt aber gesund, kam von weit her gezogen. Im Schnee ließ sich seine Fährte ein gutes Stück zurückverfolgen. Was ihn bewog, sein Bergdomizil zu verlassen und ins Ungewisse zu ziehen, wissen wir nicht.

Abnormales Verhalten von Wildtieren kommt mitunter vor, wobei ein Gewöhnungseffekt den Ausschlag gibt. So wurde ein Fall bekannt, wo ein Hirsch längere Zeit hindurch abends noch während der Stallarbeit einen Bergbauernhof aufsuchte und nur unwillig den Leuten auswich. Er knabberte unter anderem an der Heuisolierung zwischen den Bienenfässern und „blockierte" so den ausgeschaufelten Weg zwischen Haus und Stallgebäude. Extremer noch als der „Krautgartenhirsch" des musikbeflissenen Wirtes hatte er sich an Lärm und Menschenwittrung gewöhnt.

* * *

Vermutlich die Sternstunde seines Lebens hatte ein Berufsjäger, der mit einem Schuß drei (!) Rehböcke schoß. Absichtlich, wohlgemerkt, denn seine Hauptaufgabe während der Schußzeit bestand darin, möglichst viel Wild zu erlegen. Den Jagdherrn interessierten die Gebirgsböcke nicht, er erlegte seine Böcke anderswo. Maßhalten kannte man zu jener Zeit, vor gut hundert Jahren, nicht. Nur jenen nannte man einen guten Jäger, der reiche Beute machte. Daß das Wild trotzdem nicht ausstarb, hatte seine Gründe: Die hohen Jagdherren walteten nach Gutdünken und Laune, vereinigten in sich Brotgeber und Gesetz. So durften in einem Fall nur Sechserböcke erlegt werden, weibliches Rotwild bloß ausnahmsweise, Hirsche erst, wenn der Herr sein Soll erfüllt hatte. Das Jagdrevier war riesig, erstreckte sich über weite Teile des südöstlichen Zirbitzgebietes.

„Franzschmied-Franz" wurde der Drei-Böcke-Schütze genannt. Ein Original von einem Mann! Mein Vater hatte ihn noch gekannt. Wie sein Wild, vegetierte der Junggeselle ständig im Wald. Man traf ihn überall und nirgends an. Plötzlich tauchte er auf, wie aus dem Boden gewachsen, erschreckte Beerenweiber und Holzklauber.

Das mit den drei Böcken klingt sehr nach Jägerlatein, dürfte aber wahr sein. Der wortkarge Naturmensch gehörte nicht zu den Aufschneidern, im Gegenteil, er untertrieb. Die Böcke, die gestaffelt halbspitz hintereinander standen, streckte er mit Posten, überdimensionalen Schroten, wie sie auch mein Vater noch verwendete. Theoretisch liegt das durchaus im Bereich der Möglichkeit. Gerade bei Rehböcken, um deren Streitsucht man weiß. Einen Mordsdusel stellte es allemal dar, mit den wenigen, erbsengroßen Weichbleirundkugeln alle drei gleichzeitig auf die Decke zu legen.

Wiesehr sein Jagdherr den Franzschmied-Franz schätzte, geht daraus hervor, daß er ihn zu einer Großwildsafari nach Afrika mitnahm. Dieses lokale Großereignis gab Gesprächsstoff landauf, landab. Fast 100jährig, ist er anfangs der vierziger Jahre gestorben. Ich erinnere mich, daß ihm die „Murtaler Zeitung" einen Nachruf widmete, in dem auf sein einsiedlerisches Jägerleben eingegangen wurde. Überraschung löste die Sichtung seines Nachlasses aus: Da kamen persönliche Effekten zum Vorschein, die wegen ihres Alters Erstaunen hervorriefen. Auch alte Münzen – Geschenke vom Jagdherrn und von Gästen – sowie hundert Jahre alter Tabak und ähnliches mehr.

Nach dem Krieg kehrte ich in Obdach in einem renommierten Gasthof ein, bewunderte die hochkapitalen Hirschgeweihe an den Wänden. Der betagte Hausherr, ein ehemaliger Gewerke, trat hinzu. Wir kamen ins Gespräch und er erwähnte den Franzschmied-Franz sowie dessen Weidmannsheil mit den drei Rehböcken – also auch hier noch in Erinnerung. Und weiter erzählte der würdevolle Herr, daß es seinerzeit rund um den Zirbitz, als dort noch Urwälder standen, viel Rotwild gab. Bei nur einer Treibjagd, und das sagte er ganz präzise, kamen über 20 „Hornerte" zur Strecke, davon mehr als die Hälfte Kronenhirsche, der Rest Zehnender, der geringste Hirsch ein Achter!

Doch der Segen währte nicht lange. Aus mir unbekannten Gründen verschwand das Hochwild in den Folgejahren fast zur Gänze, der Jäger Franz ist zur Legende geworden. Abergläubische schrieben ihm geheimnisvolle Kräfte zu, die drei Rehböcke trugen dazu das Ihre bei. Sternstunde hin, Sternstunde her: In meinem langen Jägerleben habe ich von einem gleichrangigen Weidmannsheil weder gehört noch gelesen.

Der „Gamshuaberl"

Aus der Erinnerung eines Jagdfreundes

1992 wurde von einer Laienspielgruppe in einem Ort des oberen Ennstales recht erfolgreich das Theaterstück „Der Gamshuaberl vom Freienstein" aufgeführt. Kaum jemand der jungen Darsteller wußte jedoch, daß dem Stück wahre Begebenheiten zugrunde lagen und das „Drehbuch" schon vor 66 Jahren geschrieben wurde, allerdings mit Blut.

„Huaberl" – das klingt etwas geringschätzig; eine Bezeichnung für einen Menschen, der nicht ganz ernstgenommen wird. Im konkreten Fall verhielt es sich eher umgekehrt, dieser „Huaberl" wurde gefürchtet und begehrt zugleich; ersteres von den Jägern, letzteres von den Dirndln. Der rührseligen Herz-Schmerz-Geschichte folgten Mord und Selbstmord, vier Menschenleben verloschen; ein Drama ohne Romantik, voll Grauen. Jäger, Wilderer, Gendarm und ein Weib waren die Einheit nicht nur auf der Bühne, sondern auch in der Realität.

Der Spitzname „Huaberl" beruhte auf dem Familiennamen, dem „Schreibnamen", des so Benannten. Er hieß Franz Huber, stammte aus der Ramsau und arbeitete als Knecht bei einem Bauern in Pruggern. Der Zusatz „Gams…" ist leicht erklärt – er wilderte. In den zwanziger und dreißiger Jahren wilderten in den Gebirgsgegenden viele Bauernburschen, in Donnersbach probten sie sogar den Aufstand gegen die Allüren des gräflichen Jagdherrn. Die Behörden, dem einflußreichen Aristokraten gefällig, installierten 1920 eine Gendarmeriestation. Erster Bericht: „Fast alle Bauern der Gemeinde sind mit ihren Dienstboten der Wilderei verfallen!" Der Gamshuaberl bildete insofern keine Ausnahme, doch er verfiel ins Extrem. Er wilderte im Gebiet des Freiensteins, des Stöckelberges und des Stoderzinkens. Später, als ihm die Jäger der Herrschaft Voith doch zu sehr auf den „Zahn" fühlten, verließ er die Stoderberge und wilderte im Donnersbachtal und auf dem Triebener Tauern.

Seine Untaten hinterließen eine deutliche Handschrift. Er muß mehr ein Wilderer aus Leidenschaft als aus finanziellen Gründen gewesen sein, denn er nahm vom Wildbret nur die besten Teile mit, immer aber die Trophäe. Verludertes Wild, dem beispielsweise beim Hochwild nur die Keulen fehlten, wurde permanent gefunden. „Der Gamshuaberl war's", hieß es dann voreilig, obwohl auch genug andere Schwarzgeher die wildreichen Gebiete unsicher machten. Allmählich bildete sich bei der Landbevölkerung um den verwegenen „Schütz" eine Art Flair, das ihm so manche Tür und auch so manches Fenster öffnete, wie sich später herausstellte.

Im September 1926 wurde der 26jährige Berufsjäger Karl Steiner erschossen aufgefunden. Er ging vor drei Wochen in sein Revier „Triebener Gatterl" und kam nicht mehr zurück – jetzt bestand Gewißheit. In einem Loch notdürftig verscharrt und mit Reisig zugedeckt, fand man den Jäger. Sofort wurde der Gamshuaberl des Mordes verdächtigt, die Gendarmerie hatte Hinweise erhalten. Man suchte ihn zwar „nachdrücklichst", doch der gerissene Wilderer blieb unauffindbar, über zwei Jahre lang! Dafür ereignete sich gleich nach Auffindung des Leichnames etwas Schreckliches: Die Gattin des ermordeten Revierjägers erschoß sich vor den Augen ihrer zwei kleinen Buben, zwei und drei Jahre alt!

Dieser Folge-Selbstmord bildete im ganzen Oberland für lange Zeit das Tagesgespräch. Man munkelte, der Tod des Gatten könne nicht die Alleinursache der Verzweiflungstat gewesen sein, und die Fama erging sich in allerlei Vermutungen. Von heimlicher Liebschaft wurde geredet, ja sogar vom Mitwissen zu Wildererkreisen.

Am Abend des 15. November 1928 beobachtete ein Bauer, daß zwei verdächtige Männer zwecks Übernachtung im Triebental die leerstehende „Bodenbauer-Hube" aufsuchten. Jäger und Gendarmen umstellten spätnachts das Objekt, man nahm an, es handle sich um Wilderer. Das Unternehmen befehligte der Triebener Gendarmerie-Postenkommandant Heinrich Riegerbauer. Insp. Riegerbauer öffnete – seine Taschenlampe an die Brust geheftet (!!) – das Scheunentor. Er vernahm ein Rascheln im Heu, sagte noch „Da sind sie ja!", dann krachte ein Schuß, und der Gendarm brach tot zusammen. Eine Kugel aus Gamshuaberls Büchse, einem umgearbeiteten Karabiner Mod. 95, traf den 39jährigen Inspektor mitten ins Gesicht.

Ein Riesentumult entstand. Beamte und Jäger feuerten in den Sta-

del, bis sie aus dem Innern nur noch ein Jammern und Stöhnen vernahmen. Jetzt erst wagte man sich in die Scheune und entdeckte zur Überraschung aller den Gamshuaberl, von den Kugeln schwerstens verletzt. Auf seinen Komplizen vergaß man in dem Wirbel glatt. Er muß sich zu Beginn der Schießerei zutiefst im Heu vergraben haben, entkam unverletzt und unbehelligt. Es handelte sich um den gleichnamigen Franz Huber, angeblich sogar mit dem Gamshuaberl verwandt. Huber II dürfte der Schock gehörig in die Knochen gefahren sein, er ging nie wieder „büchseln". Noch relativ jung, verstarb er unbescholten in Aich.

Beim Abtransport des schwerverletzten Wilderers habe man aus emotioneller Situation heraus noch etwas nachgeholfen, ihn in die Ewigkeit zu befördern, verlauteten Teilnehmer der Aktion. Der Wildbratler Franz Huber nahm als Todesschütze und geziehener Mörder ein unrühmliches Ende.

Sechzehn Jahre nach diesem Drama bewarb sich ein junger Rekrut für die Offizierslaufbahn bei der Deutschen Wehrmacht. Den Gepflogenheiten zufolge, mußte er den arischen Nachweis erbringen. Seine Mutter, Ziehtochter bei einem Bauern, war eine Schönheit, und so mancher redliche Bursch blitzte bei ihr ab. Man erfuhr nie, wen ihr Sprößling zum Vater hatte, obwohl viele es vermuteten. Im Zuge dieses Nachweisverfahrens sah sich die Frau in die Enge getrieben und gab an, daß ein gewisser Franz Huber der leibliche Vater ihres unehelichen Kindes sei – niemand anderer als der Gamshuaberl.

Zu dem schon erwähnten Theaterspiel beehrte man den Wilderernachkommen mit einer Freikarte. Ob er tatsächlich anreiste, entzieht sich meiner Kenntnis.

Die nordwestlichen Ausläufer der Wölzer Tauern standen wegen ihres Wildreichtums auch bei den Schwarzschützen hoch im Kurs. Die Wildererhochburg war zweifellos das Donnersbachtal, im Gebiet um Donnersbachwald kamen in den zwanziger Jahren fünf Berufsjäger ums Leben. Bis auf einen wurden alle Morde aufgeklärt, die Täter erhielten zum Teil erstaunlich geringe Strafen. Einer, der einen Jäger von hinten (!) erschoß, wurde nur wegen Notwehrüberschreitung verurteilt. Er gab an, auf der Flucht vom verfolgenden Jagdschutzorgan beschossen worden zu sein; tatsächlich wies er auf dem Rücken Verletzungen durch einen Schrotschuß auf.

Zu einem Eklat kam es vor dem Kreisgericht Leoben. Der amtsbekannte Wilderer Augustin Dormann war angeklagt, am 13. Juli 1931 im Kemetgebirge den Revierjäger Johann Höflehner durch einen Kopfschuß von hinten ermordet zu haben. Er gab zu, daß er mit dem Jäger rangelte, dabei habe sich ganz von selbst aus seinem Gewehr ein Schuß gelöst und den Gegner getroffen. Bei dieser Version blieb er auch, obwohl man beim Lokalaugenschein diese These widerlegte. Überhaupt müssen es mehrere Täter gewesen sein, es lagen drei Hirsche – halb zerwirkt – am Tatort. Doch der Beschuldigte deckte seine Komplizen. Was dann geschah, läßt sich nur als Skandal bezeichnen: Dormann wurde in allen Punkten der Anklage freigesprochen, er verließ den Gerichtssaal als freier Mann! Er hatte einen Staranwalt, einen Juden namens Spiegel. Der wortgewaltige Mann verunsicherte die Geschworenen total. Die Hauptfrage auf Mord und die Eventualfrage auf Totschlag verneinten sie einstimmig, die Nebenfrage auf Gewalttätigkeit beantworteten sie mit 3 Ja- und 9 Neinstimmen.

Mein Gewährsmann, Försterssohn und zeit seines Lebens Jäger, saß in der Zuhörerschaft. Nach dem Urteil brach im Saal ein Tumult aus, erzählte er. Die Jäger empörten sich, die Wildererclique feierte den Verteidiger. Er soll zwanzigtausend Schilling gekostet haben, zur damaligen Zeit ein enormer Betrag. Komplizen und Freunde des bereits mehrfach vorbestraften Angeklagten brachten die Summe auf.

Im Jahre 1934 wurde für das beeidete Jagdschutzpersonal das erweiterte Waffengebrauchsrecht eingeführt. Dadurch fühlten sich die Herren der schwarzen Gilde sehr gestört und so mancher von ihnen drückte sich. Vier Jahre später trat auch in der „Ostmark" das Reichsjagdgesetz in Kraft, davor „kapitulierte" selbst der harte Kern der ehrenwerten Gesellschaft. Göring kannte keinen Pardon.

Hielten vorhin die Wildschützen die gräflich Bardeauschen und später Voithischen Jäger auf Trab, so entstand für den Jagdleiter der großen Pachtjagd ein völlig neues, weit größeres Problem. Durch „Kapitalfütterung", wie sich dessen Sohn mir gegenüber ausdrückte, entstand eine Überhege größten Ausmaßes. Gewaltige Schälschäden traten in der Folge auf, und als Förster mußte sein Vater auch die Interessen der Waldbesitzer vertreten. Der Kahlwildabschuß lag im argen, doch der Jagdherr weigerte sich energisch, den Bestand zu verringern. Eine Schadenskommission wurde eingesetzt, Herr Voith mußte tief in die Tasche greifen. Es kam zu einem Zerwürfnis zwischen dem Förster und den Waldbesitzern. Die Misere mit dem Gamshuaberl, mit dessen anrüchigen Hinterlassenschaften sich der Jagdleiter oftmals konfrontiert sah, steckte er weg. Weniger den Vertrauensverlust bei der Waldgenossenschaft; zwei Jahre später ging er in Pension.

Die „Todesschlucht"

Diesen Namen habe ich ihr gegeben, in Anlehnung an die makabren Ereignisse, die sich dort innerhalb weniger Jahrzehnte abspielten und heute nahezu in Vergessenheit gerieten. Mir liegt es fern, gruselige Schauergeschichten aufmacherisch zu kolportieren, anderseits denke ich, sollen die Menschen, die dort ihr Leben ließen, und ihre Schicksale nicht ganz dem Vergessenwerden anheimfallen. Ich will nicht alte Wunden wieder aufbrechen lassen – Betroffene jener Ereignisse gibt es ja kaum noch –, sondern den so tragisch Dahingeschiedenen ein geistiges Marterl setzen.

Die Schlucht selbst hat eigentlich keinen rechten Namen, Einheimische, Holzer und Jäger, bezeichnen sie unterschiedlich. Sie erstreckt sich vom Tobel einer Flußklamm bis hinauf zur Baumgrenze, unheimlich steil, felsig und wild. Wasser gischtet im unteren Teil in Kaskaden über riesige Felsblöcke herab, Baumleichen sperren den Graben. Sie ist in der Länge unbegehbar, aber die eine Grabenkante entlang führt in Serpentinen ein Jägersteig empor, und an zwei Stellen querten Horizontal-Pirschsteige die Schlucht. Diese aber ließen sich nur bedingt begehen, denn Muren und kleinere Erdrutsche zerstörten immer wieder die Übergänge. Der Serpentinenaufstieg hinauf zur Höhe aber galt als sicher, er bildete einen der wenigen Aufstiege in dem extrem zerklüfteten und steilen Berghang.

Berggeher mieden die Schlucht. Sie benützten einen weit abseits gelegenen Alpweg hinauf zu den paar Almhütten, die „Direttissima" blieb dem Jäger vorbehalten. Sie wurde ihm zum Schicksal; nicht durch Absturz, wie man annehmen möchte, sondern – durch Mord! Die Details des Geschehens und sogar das vermutliche Tatmotiv ähnelten dem Mord an meinem Halbbruder sehr, auch zeitmäßig fielen die Verbrechen ungefähr zusammen. Doch da handelte es sich um Zufälligkeiten, die Tatorte liegen einige hundert Kilometer auseinander.

Der Jäger – seinen Namen weiß ich nicht mehr, zu lange ist es schon her, daß mir der alte Klammwirt die Geschichte erzählte – war eines Tages überfällig. Zuerst wähnte man ihn auf der Hütte, doch so lange blieb er noch nie aus. Es lag bereits Schnee, was sollte er in der Bergeinsamkeit? Man benachrichtigte den Verwalter der Bauerngüter und Wälder des Jagdherrn. Doch dieser nahm's nicht tragisch. „Der wird schon wieder auftauchen", meinte er. Dadurch verzögerte sich die Suche um einen weiteren Tag. Dann brachen ein Gendarm und mehrere ortskundige Männer auf, den Verschollenen zu suchen. Auf der Jagdhütte fand man ihn nicht, er war aber laut Eintragung dort gewesen. Die Hütte sah aufgeräumt aus, die halb verschneite Spur führte von der Hütte weg entlang der „Todesschlucht" bis ins Tal.

Man sah sich vor einem Rätsel. Der Gendarm machte sich seine Gedanken und vermittelte diese seinem Vorgesetzten. Ihm kam vor, als wäre die Spur etwa ab der halben Schluchthöhe eine andere, unregelmäßige gewesen. Auch habe er von den Mitsuchenden Andeutungen vernommen, die zu denken gaben.

Der Postenkommandant ordnete daraufhin für den nächsten Tag eine zweite Suche an, ohne Zivilbegleitung. Der vom Vortag her zwar gründlich zertrampelten Spur schenkte man weniger Aufmerksamkeit, achtete diesmal mehr auf die Umgebung. Und akkurat, ungefähr an jener Stelle, wo nach Meinung des Beamten die Spuren nicht mehr vom selben Mann stammten, wurde man fündig. Im Duster des Hochwaldes und der anbrechenden Abenddämmerung rumpelte man tags zuvor vorbei; jetzt sah man die verschneite unregelmäßige Fußspur, sie führte seitlich aus dem Bestand heraus. Jeder zweite Schritt zeigte sich etwas kürzer, demnach mußte der Verursacher ungleich lange Beine haben, was für den Abgängigen keinesfalls zutraf! Den Gendarmen dämmerte es: Hier muß außer dem Jäger noch jemand gewesen sein! Die Spur führte zu einem Reisighaufen; als man das Reisig auseinanderschlichtete, lag darunter der Jäger – erschossen.

Das Verbrechen mußte schon vor Tagen, während eines heftigen Schneefalls, begangen worden sein. Der Täter hatte vermutlich damit gerechnet, daß alle Spuren restlos verschneit würden – ein Irrtum! Der Tathergang ließ sich leicht rekonstruieren: Dem Jäger wurde auf dem Heimweg aufgelauert und kaltblütig eine Kugel verpaßt, dann schaffte man ihn zur Seite und deckte ihn zu. Hätte es noch einen Tag länger geschneit, wäre die Rechnung des Täters vielleicht aufgegangen und der Leichnam erst im Frühjahr, zerfleddert, aufgefunden worden.

Die Gendarmerie ermittelte in allen Richtungen. Der allseits beliebte Ermordete hatte keinen Zusammenstoß mit Wilderern und dergleichen, wer konnte sich so furchtbar an ihm gerächt haben? Rätsel über Rätsel. Einen ganz wesentlichen Anhaltspunkt bildete die ungleichmäßige Fußspur. Es gab in der Gegend mehrere, die hinkten, bis auf einen schieden sie schon rein von der Konstitution her als Täter aus, ganz zu schweigen von einem Motiv. Der eine aber war der Verwalter, quasi des Jägers Vorgesetzter, doch dieser Gedanke schien geradezu absurd. Und doch kamen die Beamten von dem Verdacht nicht los, sosehr sich die Logik auch dagegen wehrte.

Der Verwalter, ein Einheimischer, hatte sich vom Wirtschafter ohne jede Fachausbildung zur gegenwärtigen Position emporgearbeitet, er genoß das volle Vertrauen seines Herrn. Irgendwie glichen die beiden einander, der unbeliebte Verwalter hatte herrische Manieren angenommen; wortkarg gab er sich ja schon immer. Die Vertrautheit zu seinem Chef überschritt das übliche Maß bei weitem, es hieß, die beiden konspirierten miteinander. Tatsächlich hat der Verwalter einige Bauernlehen „reif gemacht", die dann sein Herr aufkaufte.

Der „Herr", ein Fabrikant, besaß neben seinen land- und forstwirtschaftlichen Besitzungen in Böhmen eine Tuchfabrik, die in besseren Zeiten sogar für die österreichische Armee Uniformstoffe lieferte. Außerdem soll er zumindest Teilhaber einer Waffenfabrik gewesen sein, doch darüber wurde nur gemunkelt. Und gemunkelt wurde auch, der stets grantige Herr verstehe sich nicht mit seiner um einiges jüngeren, bildschönen Frau. Die Besserwisser aber, die es immer und überall gibt, tuschelten. Sie, die noble Frau, hätte mit dem Jäger was gehabt...

Das kam auch den Gendarmen zu Ohren. Recherchen ergaben, daß an dem Gerücht etwas Wahres dran sein könnte. Sollte gar der mißmutige, womöglich eifersüchtige Gatte seinen Vertrauten und Intimus beauftragt haben, den Rivalen zu beseitigen? Diese ungeheuerliche Annahme wagte selbst der Postenkommandant kaum auszusprechen. Aber diese Version ließ ihn nimmer los, dem Verwalter traute er einiges zu. Und überhaupt: dessen Hinkefuß war ihm ein Dorn im Auge.

Der Tatzeitpunkt ließ sich, den letzten Schneefall und eine Notiz im Hüttenbuch zugrunde legend, ziemlich genau feststellen. Mal

sehen, was der Herr Verwalter an jenem Tag machte, überlegte der Postenchef. Tatsächlich konnte jener, aufs äußerste empört, für den kritischen Tag kein Alibi erbringen. Er verwickelte sich in Widersprüche und gebärdete sich so auffällig, daß er schließlich festgenommen und dem Gericht eingeliefert wurde.

Die Bevölkerung hatte ihre Sensation. Auf einmal glaubten viele zu wissen, der Verwalter habe im Komplott mit seinem Herrn den Jäger erschossen, doch der Beschuldigte schwieg ehern. Dem Gericht müssen aber schwerwiegende Verdachtsmomente vorgelegen haben, denn es behielt den Verdächtigen in Untersuchungshaft. Bei der aufsehenerregenden Hauptverhandlung wurde der Angeklagte freigesprochen. Sein Chef hatte ein in Fachkreisen bekanntes Anwaltsteam mit der Verteidigung betraut, das sich bewährte. Das Fehlen des Tatmotivs rettete den Beschuldigten vor einer Verurteilung. Ein Eifersuchtsdrama beziehungsweise eine Verschwörung, bei deren Offenlegung es auch dem Fabrikbesitzer an den Kragen gegangen wäre, kamen bei der Verhandlung gar nicht zur Sprache. Ein Zeuge, der sich zuerst brüstete, am fraglichen Tag den Verwalter in Reviernähe gesehen zu haben, fiel um. Von den Anwälten verunsichert, gab er zu, den Mann doch nicht hundertprozentig erkannt zu haben.

Ab dem Freispruch ließ sich der Fabrikant in jener Gegend nicht mehr blicken. Er verkaufte seine Liegenschaften samt Waldbesitz, bis auf ein Lehen, das schönste. Dieses schenkte er – seinem ehemaligen Verwalter, für geleistete „treue Dienste". Eine solch total unübliche Geste gab Anlaß zu weiteren Spekulationen. Der „Verwalter" aber ließ sich nichts anmerken. Allen Zweiflern zum Trotz trat er in die Öffentlichkeit, werkte als selbständiger Bauer und übernahm sogar eine Funktion in einem örtlichen Verein. Beliebt wurde er nie, und die Fama hielt ihn weiterhin für den Mörder.

Die Ehe des Fabrikanten soll in die Brüche gegangen sein, die Frau wurde später einmal am Grabe des Jägers gesehen. „Muß doch zwischen ihr und dem einfachen Weidmann was gewesen sein", mutmaßten die Tratschweiber und -männer.

* * *

Knappe zwanzig Jahre später forderte die Schlucht ihr zweites Opfer, wobei ich aber eingestehen muß, nicht genau zu wissen, ob sich das Unglück tatsächlich in jenem Teufelsgraben zugetragen hat oder in dessen unmittelbarer Nähe. Die Angaben darüber klaffen auseinander, jedenfalls spielte sich das Geschehen am selben Gebirgshang ab, und zum Opfer fiel ihm – wie auch die nächsten Male – wieder ein Jäger. Vier sind es insgesamt, die hier ihr Leben lassen mußten, davon zwei Brüder, knapp hintereinander. Man könnte den wilden Graben getrost die „Schlucht der toten Jäger" nennen, dies käme der Wirklichkeit am nächsten; indes, diese Bezeichnung klingt doch zu makaber. Der Berg kann ja schließlich nichts dafür.

Ein Adeliger hatte Besitz und Jagd erworben, dessen heranwachsende zwei Söhne zeigten sich traditionsgemäß jagdlich interessiert. Der ältere sollte seinen ersten Gams schießen, was auch gelang. In den Bergen herrschte bereits Winter, es lag etwas Schnee, und die Rinnen waren vereist. Der überglückliche Schütze ließ es sich trotz Einwand des Begleiters nicht nehmen, seinen ersten Gams eigenhändig ins Tal zu tragen. Als die beiden den steilen Graben überquerten, rutsche der Jüngling auf einer Eisgalle aus, und ab ging die Todesfahrt. Durch den am Rücken festgezurrten Gams hatte der Stürzende keine Chance, Halt zu finden. Sich oftmals überschlagend, sauste er die vereiste Schlucht hinab. Unter Lebensgefahr stieg dann sein Begleiter seitlich zum Verunglückten ein, jener lag bereits im Sterben.

Ein halbes Jahr nach dieser Tragödie traf die Familie ein weiterer Schicksalsschlag: das Familienoberhaupt kam bei einem Tieffliegerangriff ums Leben. Die Russen standen vor den Toren Wiens, da versuchte der Ökonom und Forstwirt, den Viehbestand seines im Gefahrenbereich liegenden Meierhofes in den Westen zu retten. Tiere und Hausrat kamen an, er nicht. Zwanzig Kilometer vor seinem alpenländischen Domizil wurde der Eisenbahnzug von Flugzeugen angegriffen, der Ökonom und der Lokführer mußten dabei – als einzige Opfer – ihr Leben lassen.

Doch nicht genug damit. Gottes Ratschlüsse sind unerforschlich. Es hat den Anschein, als solle für manche Menschen die Prüfung kein Ende nehmen. Wenige Monate nach dem Tod des Vaters folgte ihm auch der jüngere Sohn. Nach dem Ende des Zweiten Weltkrieges irrten Strandgüter des Völkerringens in den Wäldern und Bergen umher. Versprengte SS-Angehörige, die Gefangennahme fürchtend, schlichen auf heimlichen Pfaden; skrupellose Elemente fremder Nationalitäten zogen gelegentlich plündernd und auch mordend durch die Lande. Gesindel aller Schattierungen, durch das Chaos des Zusammenbruchs aktiviert, machte die Wälder unsicher. Der einzige noch lebende Mann des vornehmen Geschlechts, erst im jugendlichen Alter stehend, hielt sich mit einem Jäger einige Tage auf der Hütte auf. Eines Nachts bekamen sie ungebetenen Besuch: Einbrecher rumorten um die Hütte. Gespannt horchten die beiden, griffen nach ihren noch nicht legalisierten Gewehren.

Der Jäger riet zur Besonnenheit, sprach sich fürs Abwarten aus. Sollten die Kerle – offenbar mehrere – Brachialgewalt anwenden, konnte man sich immer noch bemerkbar machen und notfalls einen Warnschuß abgeben. Nicht so der junge, heißspornige Gutserbe. Er öffnete das Giebelfenster, streckte den Kopf hinaus und schimpfte hinunter. Bald darauf krachte ein Schuß und er sackte tödlich getroffen zurück in die Dachkammer. Als der Jäger hinzukam, lebte er nicht mehr. Einer der Gangster hatte ihn mit einer großkalibrigen Pistole durch die Stirn geschossen.

Das Schicksal der Familie war unfaßbar. Die Adelige hatte innerhalb zweier Jahre Mann und Kinder verloren – ob sich so etwas verkraften läßt? In erstaunlicher Würde trug die Frau ihr Schicksal. Nach außen hin wirkte sie immer gefaßt, doch wer kennt die quälenden Stunden eines vereinsamten Mutterherzens? Ihr Kummer prägte sich allmählich in ihr Antlitz, verhärmte es zwar nicht, aber es erhielt die Züge einer Dulderin. In ihrem Herzen schien kein Platz mehr zu sein, weder für das eine noch das andere. Später ließ sie eine ihrer Hütten ausbauen. Von der Aper bis zum Frühwinter, so lange sich der Alpweg begehen ließ, hauste sie auf der Alm. Ohne größere Haushaltshilfe, nur mit dem Nötigsten versorgt. Oben in der Bergeinsamkeit, bar jeden Trubels, fand die Leidgeprüfte vermutlich noch am ehesten Trost. Ihre Spaziergänge dürften sie auch oft zur „Todesschlucht" geführt haben, deren oberer Rand mit der nahen Hütte niveaugleich liegt.

Einmal, anläßlich einer Bergtour, etwa zehn Jahre nach dem Tod ihres zweiten Sohnes, sah ich die Gräfin dort oben in ihrer Eremitage. Unser Weg führte an der Hütte vorbei, die wir bereits ganz früh am Morgen passierten. Da ging die Tür auf, und auf die Veranda heraus trat eine große, hagere Frauengestalt mit schlohweißem Haar. Sie grüßte zu uns herüber, wir dankten etwas befangen. Ohne daß mich meine Begleiterin erst darauf hätte hinweisen müssen, wußte ich, dies konnte nur die so schwer geprüfte Frau sein. Im noch nicht ganz versiegten Dämmer kam sie mir in ihrem weißen Morgenmantel vor wie eine Fee, die soeben dem Waldesgrund entstieg.

Ein Jahr nach dieser Begegnung schlug der Schicksalsteufel wieder zu. Es konnte schon gar nicht anders sein: Auch diesmal hauchte ein Jäger, Berufsjäger, in der „Todesschlucht" sein Leben aus. Im tiefen Winter meldete sich der Berufskollege vom Nachbarrevier und fragte, ob der Sepp zu Hause wäre. Sie hätten auf seiner Hütte eine Zusammenkunft vereinbart, doch der Sepp sei nicht gekommen. Entsetzen bei dessen Eltern. Der Sohn hatte zu Hause von dem Treff erzählt, nun war er überfällig. Eine Suchaktion aus bergerfahrenen Männern wurde gestartet. Das Gelände ließ sich zu dieser Jahreszeit stellenweise äußerst schwierig begehen, einige Passagen machten es ausgesprochen gefährlich. Doch der Schnee hatte auch sein Gutes – man brauchte nur der Spur zu folgen. Und die Spur des Abgängigen fand sich bald. Von seiner Hütte führten die Fußstapfen weiter bergauf und dann den Kamm entlang, Richtung Nachbarrevier. An heiklen Stellen vorbei, über Abgründe hat der junge Weidmann seinen Weg gesucht.

Plötzlich endete die Spur. Als man sich suchend umsah, entdeckte man, daß sie rechtwinkelig bergab führte, schnurstracks hinab in den Abgrund. Was, in Dreiteufelsnamen, fiel dem geländekundigen Mann ein, da hinunterzusteigen? Ferngläser flogen an die Augen. Kein Zweifel, der Pucher-Sepp ist da hinunter; mit Entsetzen sah man aber auch weiter unten eine Rutschspur, hinab in die Schlucht. Steigeisenarmiert arbeitete sich ein Retter hinunter, doch es gab nichts mehr zu retten. Der Verunglückte lag tief drunten in der Klamm, vom nachrutschenden Schnee halb zugedeckt. Auch die Ursache des unerklärlichen Abstieges entdeckte man: Auf einem Absatz lag ein verendetes Gamskitz – zu dem wollte der Jäger hinunter und stürzte dabei ab.

Die Schlucht ist seitdem nur noch wilder geworden. Der Steig ihr entlang hinauf zur Höhe besteht nicht mehr, heuten fahren die Jäger auf Umwegen mit dem Geländewagen ins Revier. So extrem gelegene Winkel werden kaum noch aufgesucht; was auch sein Gutes hat. Seit damals kam in dem verwunschen Graben niemand mehr zu Schaden, die einstigen Opfer geraten in Vergessenheit.

Aber alte Talbewohner sprechen noch mit leisem Schauder von den Ereignissen in der „Todesschlucht", von der einsamen Gräfin und der unglücklichen Fabrikbesitzersgattin.

Der Versager

In der Umgangssprache wird als Versager gebrandmarkt, wer die in ihn gesetzten Erwartungen bei weitem nicht erreicht, sei es beruflich oder privat. Aber nicht von weniger erfolgreichen Mitbürgern will ich berichten, sondern von der technischen Variante des Versagers, speziell im Schießbereich. Selbst war ich nur selten damit konfrontiert, doch umso nachhaltiger.

Die Büchsflinte meines Vaters war mir von klein auf vertraut. Nur die Patronen weggesperrt, hing sie jahraus, jahrein in der Bauernleutstube auf ihrem Haken neben dem Weihbrunnkessel. Wenn Vater sie in die Hand nahm, zum traditionellen Probeschuß am Nachmittag des Karsamstages oder zum Pirschgang auf den roten Bock, war ich oft dabei. Und wenn die Luft ganz rein war, hantierte ich lustvoll mit ihr, schlug auf imaginäre Ziele an und ließ sogar die Hähne schnellen. Das zweite Gewehr in meiner Nähe war das Flobertgewehr meines erwachsenen Halbbruders. Der war jagdlich wenig interessiert, mehr an Waffen. Aus einem Katalog bestellte er sich das Gewehrchen, es kam per Post, und die Freude war groß, jedoch weniger für mich. Aus durchaus berechtigter Vorsicht vor meiner Zuneigung zum Gewehr verschloß er dies in seinem Kasten, das Schlüsselversteck wechselte er. Manchmal entdeckte ich dennoch den Schlüssel, sperrte den Kasten auf, bestaunte mit gierendem Blick das mattglänzende Ding. Es anzufassen, wagte ich nicht, aus Angst, mein Bruder könnte es merken.

Sonntags, wenn mein Bruder ab und zu auf die Scheibe schoß, erteilte er mir Unterricht im Zielen. „Gestrichenes Korn" und dergleichen waren mir bald ein Begriff, auch durfte ich – welch ein Erlebnis – mit Rundkugeln schießen. Bald hatte ich das Laden kapiert, zielte vom „oberen Gang" ewig lang auf den Steinblock, der die Kalkgruben-Abdeckung sicherte und ließ es tuschen. Das heißt, es war nur ein dumpfer Schnalzer, den das Patrönchen von sich gab; aber manchmal staubte der Steinmugel auf, wenn ich traf. Die winzigen Rundkugelpatronen hatten einen Nachteil. Die Geschosse saßen nur sehr locker in den kurzen Hülsen, bei längerem Manipulieren fielen sie manchmal heraus. Man drückte sie wieder hinein, fertig. Pulver war ohnehin keins drinnen, ein weißes Plättchen am Hülsenboden war Zündsatz und Treibmittel zugleich. Und so ein Plättchen hätte mich um Haaresbreite mein linkes Augenlicht gekostet. Die ausgeschossenen Hülsen bereicherten meinen kärglichen Besitz. Eines Sonntags, ich weiß es noch heute, kam ich auf die geistreiche Idee, die kupfernen Hülsen zu schmieden. Wir hatten eine Schmiede gleich ober dem Haus, auf dem Amboß schlug ich die Dinger zu glänzenden Scheibchen. Diese seien mein Geld, bildete ich mir ein. Wieder setzte ich eine Hülse auf den eisernen Koloß, schlug mit dem Hammer drauf. Einmal, zweimal, dann ein Knall, Blitz und Rauch – ich stürmte ins Freie, die Händchen wie schützend vor das Gesicht haltend. Vater und Mutter saßen gleich nebenan auf der Bank unterm Apfelbaum, sie kamen angerannt und nahmen mich in Obhut.

Was war geschehen?

Unter den leergeschossenen Hülsen befand sich eine, der das Kügelchen herausgefallen war. Der Zündsatz, jenes ominöse Plättchen, war noch drin; die Explosion war vorprogrammiert. Ich Taferlklaßler hatte den „Blindgänger" nicht erkannt und fest drauflosgehauen.

Ein Splitter drang durch das Hemd und blieb in der Bauchhaut stecken; ein kleinerer, spitz wie eine Nadel, bohrte sich in den Lidrand des linken unteren Augendeckels. Drei Millimeter höher, und er hätte den Augapfel erwischt. Meine Schwester zog ihn heraus, den am Bauch entdeckte ich erst später und entfernte ihn selbst. Mein Vater wollte mir an den Hosenboden, besann sich aber. Er schimpfte auf das Glumpert, und über meinen großen Bruder entlud sich dann das Donnerwetter.

Dieser „Versager" meinerseits lehrte mich, welch gewaltige Kraft in einer so winzigen Treibladung schlummert – welche dann erst in einer Patrone „lang für Büchsen". Diese Patronen betrachtete ich sehr respektvoll, wog sie in meinen Händen, stellte mir vor, was damit alles zu erlegen wäre. Mein Vater hielt von diesen Patronen nichts, doch mein großer Bruder meinte, diese „Granaten" reichten auch für einen Rehbock.

Ein oder zwei Jahre später – ich bildete mir ein, inzwischen ein perfekter Schütze geworden zu sein – schritt ich zur Nagelprobe.

Mein Waffenembargo war etwas mürber geworden, ich vorsichtiger. Den Mechanismus des Flobertgewehrs glaubte ich zu beherrschen, doch dies war ein Irrtum.

Da kam ich einmal von der Schule heim. Haus und Hof waren verwaist, alle Leute waren auf dem Feld Hafer binden. Das nur mehr lauwarme Essen im Rohr war rasch vertilgt, und ich wollte schon zum Garbentragen.

Als ich am Sauangerl vorbeikam, mankelte mir auf dem Wiesensteig ein Mordstrumm von einem Kater entgegen. Sein Schädel war breit wie der eines Tigers. Der Kater sah mich sofort, machte kehrt. Aber nur unwillig räumte er den Steig, äugte immer wieder zu mir. Ich, ganz Jäger, duckte mich, eilte zurück. Dies war der fremde Kater, der kurz vorher den gesamten Wurf einer unserer Miezen totgebissen hatte!

Ich hastete in Bruders Kammer, langte nach dem Flobert, schob eine „Granate" hinein, eilte durch den Stall hinaus zum Angertürl. Da schlich der Kater schon wieder daher, vorbei am Lederbirnbaum, dem Staketenzaun entlang.

Jetzt galt's. Ich spannte das Schloß, mit lautem Klick rastete der Hahn ein. Dies vernahm mein auserkorenes Opfer, stutzte, machte kehrt. Ich brachte den Schuß nicht an.

Der Kater verschwand hinterm Bühel. Ich hockte blamiert bei der Torsäule, das gespannte Gewehr in Händen.

Gespannt? Jawohl. Lange dachte ich nach und kam schließlich zu der Erkenntnis, daß ich nicht wußte, wie das Schloß zu entspannen ist. Sicherung besaßen diese Sportgewehre keine, und so war ich mir der prekären Lage wohl bewußt. Ich nahm den Finger aus dem Abzugbügel, wartete, ob der Kater nicht wiederkäme.

Und akkurat: Da mopste über den Kamm des Wiesensteiges was Grauweißes herauf, ich ging erneut in Anschlag – doch zum Vorschein kamen das Kopftuch und Gesicht meiner Schwester, die angewiesen war, die Kühe zum Melken heimzuholen!

Auf das hin wurde es mir noch flauer im Bauch. Doch der Groschen, wie das Gewehr zu entspannen ist, fiel bei mir noch immer nicht.

Längst hätte ich auf dem Feld sein sollen. Die Kühe kamen an, trotteten in den Stall. Sefa, meine Schwester, hintendrein. Vorwurfsvoll musterte sie mich und das Gewehr, mit dem ich zwischen den Tieren jonglierte, immer noch geladen und gespannt. Dann kam mir die Erleuchtung, einfach in den Misthaufen nebenan zu schießen!

Bis dorthin waren es nur wenige Schritte. Schon unterwegs, blickte ich nochmals den Angerlzaun entlang – da kam der Kater erneut im Paßgang angezottelt, direkt auf mich zu.

Eine Obstbaumumfriedung deckte mich. Ich ging in die Knie, legte an. Da wackelte der Riesenkater auch schon heran, stutzte. Auf vielleicht 20 Meter drückte ich ab – patsch!

Blitzartig sank der Kater in sich zusammen, tat keinen Rührer mehr. Ich traute mich nicht hinzu, konnte es nicht fassen, daß er mausetot war. Mit einer Leggenstange stupste ich ihn an – aus ihm war alles Leben entflohen.

Der Schuß saß mitten im Schädel, mehr sah ich vorerst nicht. Empörte Rufe meines Vaters rissen mich aus der Betrachtung, ich gab Fersengeld. Er hatte den Schuß gehört, fürchtete, ich hätte auf ein Reh geschossen. Als er dann aber fast über den Kadaver stolperte, dürfte ihm ein Stein vom Herzen gefallen sein. Mir auch.

Danach habe ich lange kein Gewehr mehr angerührt. Von meiner Not, nicht entspannen zu können, erfuhr niemand. Ich mimte Gelassenheit, so nebenbei und unauffällig ließ ich mir den Vorgang aber zeigen. Es war kinderleicht.

Nun zu den technischen Versagern. Sie sind zumeist harmlos, denn wenn ein Schuß nicht losgeht, ist dies kein Malheur, höchstens ärgerlich. Mir passierte dies erstmals nach 47 Jahren praktischer Jagd, genauer gesagt im vorletzten Herbst. Ich brach eine Schachtel Patronen an, die ich ein Jahr vorher gekauft hatte. Schon der erste Schuß war ein Versager, der zweite ging los, der dritte wieder nicht. Der Büchsenmacher tauschte die Packung anstandslos um. Schuld an dem Versagen dürften die Zündhütchen gewesen sein, trotz neuerer Fertigung und sachgerechter Lagerung. Ein Berufskollege verwendete nach dem Krieg jahrelang deutsche Infanteriemunition, die nachweislich von Mai bis Allerheiligen 1945 frei in einem Bach gelegen war, jeder Schuß ging los. Die Messinghülsen und Kapseln hatten sich schwarz verfärbt, dies tat der Funktion keinen Abbruch. Von einem Friedenserzeugnis könne man ähnliches erwarten – sollt' man meinen.

Tragisch hätte ein Nachbrenner enden können, der meinem Freund Hans widerfuhr. Seine eingefleischte Disziplin, auch in aufregender Situation die Gewehr-Handhabung nicht zu vernachlässigen, rettete seiner späteren Frau möglicherweise sogar das Leben. Und das kam so: In einer Pachtjagd in Hinterglemm saß er auf einen Feisthirsch an. Es war noch früh am Nachmittag, als er sich in einer Windwurfmulde, mitten auf einem Kahlschlag, niederließ. Seine Braut war mit dabei. Als er wieder einmal über den Kraterrand spähte, stand auf dem Schlag ein Lackl von einem Hirsch, ganz unzeitmäßig und unerwartet. Er griff zum Stutzen, entsicherte, drückte ab. Der Schlagbolzen schnellte – nichts! Hastig griff er zum Kammerstengel – da brach der Schuß, und die Kugel schlug in den Erdwall – ein paar Armlängen neben seiner Liesel!

Hans war so verdattert, daß er erst mit Verspätung mitbekam, daß der Hirsch unschlüssig hin und her schrittelte. Er repetierte, und mit dem zweiten Schuß erlegte er den starken Zwölfer.

Dies war in den vierziger Jahren. Kriegsbedingt gab es für seinen Schönauer keine Patronen, ein Zeller Büchsenmacher improvisierte und lud Patronen nach mit Material, wie er es eben zur Hand hatte.

Lebensbedrohliche Folgen hatte ein Versager, der einen Bärenjäger arg in Bedrängnis brachte.

Ein Bekannter von mir, ein Kärntner Bergbauernsohn, schwärmte für den kanadischen Busch, wie dort die Wildnis generell benannt wird. Mit seinem Erbteil kaufte er sich eine Ferlacher Bockbüchsflinte Kal. 7x57 R–16/65 und die Schiffsreise ins gelobte Land. Über eine Auswanderungsorganisation sicherte er sich „drüben" vage einen Arbeitsplatz, denn er gedachte, länger zu bleiben. Sechs Jahre sind es dann auch geworden.

Der Arbeitsplatz erwies sich vorerst chaotisch. Ein riesiger Flecken Urwald an der Küste wurde niedergemacht, die herrlichen Fichtenstämme mit Bulldozern zu Wällen zusammengeschoben – und verbrannt! Draußen auf der See ankerten die Schiffe, pumpten über Pipelines Rohöl auf die Wälle, wochenlang brannten, rauchten und stanken die Haufen. Fertigteilhäuser wurden errichtet – alle mit Ölheizung –, riesige Bergbaumaschinen angeliefert und zusammengebaut. Geologen hatte in der Erde ein seltenes Mineral entdeckt.

Ein Jahr lang schuftete der Kärntner bei dieser Erschließung. Dann erst durften er und sein Kamerad aus Schladming laut Gesetz mit dem Gewehr in den Busch. Übrigens: Die Einfuhr von Jagdwaffen war damals, vor 45 Jahren, problemlos; mit der österreichischen Jagdkarte kam er anstandslos durch!

Den Steirer hat es gleich erwischt. Er schoß abends auf einen Schwarzbären, ging der Schweißfährte nach, wurde vom Bären angenommen und übel zugerichtet. Er überlebte nur, weil seine Schreie im Lager gehört wurden.

Nicht ganz so dramatisch, doch ernst genug, erging es Jahre später seinem Kumpel. In den letzten Jahren seines Kanadaaufenthalts verbrachte er jeden Herbst ausschließlich im Busch, als freier Jäger, ohne irgendwelche Beschränkungen. Es war ein paradiesisches Jagen, ohne Grenzen, aber hart. Bis über den Kopf aufgepackt, schleppte er Zelt, Schlafsack, Bratpfanne, Axt und Kamera in den Busch; entlang an Flüssen und auf Elchwechseln, ausgetreten wie Viehtrails. Wo ihm die Gegend zusagte, errichtete er ein Hauptlager. Von dort aus unternahm er Tagespirschen, erlegte Bär und Elch, Wapiti und Schneeziege, auch Wölfe und einen Vielfraß. Alle streckte er mit der 7x57 R; am härtesten jedoch waren die Wapitis, aufs Blatt getroffen „verbrauchten" sie mehrere Schüsse. Elchen setzte er die Kugel auf den Vorschlag, Bären aufs Haupt.

Die Kugelpatronen für seine Büchse hatte er aus Europa mitgebracht. Drüben waren sie nur auf Bestellung und nach langer Wartezeit zu haben. Davon immer genug bei sich, wurde die Munition oftmals feucht und naß, dies ließ sich einfach nicht vermeiden. Doch nur einmal kam es zu einem Versager, mit Spätfolgen.

Auf einer Schotterbank hatte mein Freund einen Elch erlegt. Er schnitt die Nierenbraten heraus und trug diese zu seinem Notlager. Am nächsten Vormittag gedachte er, das Haupt abzuschlagen und näherte sich vorsichtig dem Gestreckten. Nichts rührte sich, kein Wolf oder Bär war am Schaufler. Er war aber mächtig angeschnitten, nachts mußten Bären dagewesen sein.

Der Mann ging an die Arbeit. Doch bereits nach dem ersten Axthieb wurden hinter einer Grasbülte zwei niedliche Jungbären hoch und äugten ihn erstaunt an, Sekunden später richtete sich eine mächtige Grizzlybärin auf, keine 30 Schritt entfernt. In maßloser Wut steigerte sie ihr Brummen, dann nahm sie ihn auch schon an. Die Bärin nicht aus den Augen lassend, ergriff mein Freund seine Büchse, schob die Kugelpatrone in den Lauf, legte an. Der Riesenschädel wogte auf und ab, trotzdem erfaßte er das Ziel drückte ab. – Nichts geschah – das Gewehr versagte! Die rabiate Bärin im Rücken, hechtete der Unglücksschütze – welch eine Fügung – zu einem mannshohen Wulst aufgestauten Schwemmholzes, verkroch sich im sperrigen Gestämm. Fast zugleich kam auch die Bärin an, stutzte. Bei dem Sprint kam sie ihm so nahe, daß von ihren Branten aufspritzende Sandkörner auf seinen Rücken prasselten!

Er hatte mit seinem Ende gerechnet. Mucksmäuschenstill kauerte er in seinem Versteck, drei Meter von der erbosten Angreiferin. Ihr stoßweiser Atem rasselte, die kleinen Seher funkelten heimtückisch. Es wäre der Bärin ein leichtes gewesen, ihn herauszuangeln, doch das sperrige Zeug irritierte sie, pustend und schnaubend kehrte sie zu ihren Sprößlingen zurück.

Etwa zwei Stunden, schätzte mein Freund, verharrte er in dem Gewirr. Instinktiv fühlte er, daß die Bärin noch da war, denn ein Grizzly läßt sich von seinem Fraß nicht vertreiben. Vorsichtig kroch er vor, ergriff die fallen gelassene Bockbüchsflinte, brach sie. Die Delle am Zündhütchen der sonst intakten Patrone sagte ihm alles – zugleich kam ihm ein skurriler Verdacht. Rasch lud er eine andere Patrone nach, dann fingerte er die restlichen aus der Joppentasche: Die gesuchte Patrone fehlte!

Tage vorher hatte er einen Versager gehabt und die Patrone nicht gleich weggeworfen – ausgerechnet die hatte er in der Eile erwischt! Nach dieser Erkenntnis wurden ihm doch die Knie etwas weicher.

Aber ein Versager kann auch Leben bewahren, so absurd dies auch klingen mag. So ist mir ein Fall bekannt, wo ein Wilderer mit einer Pistole auf einen Jäger schoß, das vermutlich ölfeuchte Pulver jedoch nicht abbrannte. Das Geschoß blieb im Lauf stecken, der Übeltäter wurde überwältigt und wegen Mordversuchs verurteilt.

Abstrakter noch ist die Geschichte um einen Versager, der einem Berufskollegen passierte – zu seinem Glück.

Er war der Sohn eines Berufsjägers, der bei einem Schweizer Konzern angestellt war. Aus welchen Gründen auch immer: Der Vater war ein überzeugter Nationalsozialist, hatte in der NSDAP einige Ämter inne – und Feinde. Als der Krieg verloren war, wurde er bei den Besatzern denunziert, eingesperrt und zwecks politischer Umerziehung auf ein Jahr in ein berüchtigtes Lager gebracht. Von seinem Brotgeber wurde er entlassen.

Die Not im Land war groß. Für die Familien politisch Verfolgter gab es keine Unterstützung; die Jägersfrau, hochschwanger, mußte selbst sehen, wie sie zurechtkam. Das Ersparte wurde entwertet, total. Die Frau hatte nicht einmal das Geld, die wenigen Lebensmittel der Normalverbraucherkarte kaufen zu können. Von den Nachbarn wurde sie verhöhnt, niemand half.

Der Sohn, mein späterer Kollege, war damals ein Bub von vierzehn oder fünfzehn Jahren. Er übernahm die Rolle des Familienerhalters, verrichtete Gelegenheitsarbeiten gegen Eßbares. Als die Delogierung drohte, wußte auch er nicht mehr aus und ein. In ihrer Verzweiflung machten sie sich auf den Weg ins Nachbartal, um bei Verwandten Hilfe zu finden. Wie einst Josef und Maria auf der Herbergssuche, wanderten Mutter und Sohn stundenlang einen Almweg entlang, unweit von Peter Roseggers Waldheimat. Ihre Bitte wurde abschlägig beschieden, entmutigt machten sie sich wieder auf den Heimweg. Da geschah es. Die Frau wurde von den Wehen befallen, konnte nicht mehr weiter. Fern von jeder menschlichen Behausung gebar sie das Kind im Beisein des Vierzehnjährigen, der seine weinende Mutter nicht verlassen wollte! Wie ein Irrsinniger hastete er dann hinab ins Tal, barmherzige Leute nahmen sich der Mutter an und brachten sie in Sicherheit. Für den Buben war aber kein Platz, noch in der Nacht marschierte er heimzu. Daheim wurde ihm die triste Lage erst so richtig bewußt. Geschockt von dem für ihn schrecklichen Erlebnis sah er keinen Ausweg. Er holte Vaters Stutzen aus dem Versteck, lud eine Patrone, setzte sich die Mündung an die Kehle. Lange zögerte er, dann drückte er doch ab – die Patrone versagte! Auf das hin gab er den Suizidgedanken auf, ja, jetzt grauste ihm davor. Er fand es als Wink des Schicksals, daß die Patrone nicht losgegangen war. Später wendete sich alles wieder zum Guten. Sie mußten nicht ausziehen, aber gehungert haben sie wohl. Mein späterer Kamerad trat als Jägerlehrling in einen Forstbetrieb ein.

Seitdem ist fast ein halbes Jahrhundert hinabgetropft, mein ehemaliger Stubenkollege schon lange tot. An die Patrone, die er mir damals gezeigt hatte, erinnere ich mich, als hätte ich sie erst gestern gesehen. Sie muß schon alt und strapaziert gewesen sein, denn die Messinghülse war schon grau und fleckig. Die unscheinbare Delle am Zündkapsel gemahnte an den Tod, aber auch, daß man ein Leben nicht voreilig aufs Spiel setzen soll.

Der Oberjäger

Karl hat er geheißen, er war mein Lehrmeister, ein Berufsjäger, wie es sie zeitbedingt heute nicht mehr gibt. Über vierzig Jahre ist es her, daß wir ihn zu Grabe getragen haben – viel zu früh. Hager von Gestalt, das Gesicht wie von einem Grödener Bildhauer geschnitten, war er sozusagen der Prototyp des altösterreichischen Bergjägers, markant von Kopf bis Fuß. Zaundürr, aber groß, kam er kerzengerade daher, das Hütl mit dem Gamsbart und dem Schildhahnhaken, immer etwas keck in den Nacken geschoben. Auch beim Gehen hatte er die lange Röhrlpfeife stets im Mund. Die Hannoveraner Hündin zur Seite, war er eine imposante Erscheinung, die Respekt erheischte.

Am ausdrucksvollsten waren seine hellblauen Augen, die groß und forschend in die Welt blickten, überdacht von buschigen Brauen. Dieser durchdringende Blick war nicht jedermann angenehm, besonders nicht den Wildschützen und manchem Talbewohner. Seiner Persönlichkeit unterwarf sich sogar der Förster und erst recht dessen Adjunkt, vom Hilfsjäger, Jägerknecht und den Lehrlingen ganz zu schweigen. Von zwei Dutzend ihm zugeteilten Jägerlehrlingen warfen die meisten nach kurzer Zeit das Handtuch, nur fünf oder sechs hielten durch. Dabei war der Oberjäger kein Tyrann, sicher aber auch kein Pädagoge. Er war nur unerbittlich streng und unnachsichtig.

Mir erging's da besser. Ich hatte schon die Grundpraxis hinter mir, war im Krieg gewesen und wollte mich nicht schikanieren lassen. Meinen Dienst versah ich korrekt, mitunter sogar pedant. Vielleicht auch deshalb, weil ich wußte, daß ich heimlich kontrolliert wurde. So kamen wir prächtig miteinander aus. Seine Voreingenommenheit gegen meine bäuerliche Herkunft schwand, als Sprößling einer Herrschaftsjäger-Dynastie war ihm ja schon von Kindheit an eine solche eingeimpft worden. Tatsache war, daß vor allem sein Vater sich mit wildernden Bauern und -knechten herumzuschlagen hatte, was auf den Sohn abfärbte. Der Oberjäger selbst hatte es hauptsächlich mit Wilderern aus der Arbeiterschaft zu tun.

Als er das väterliche Revier übernahm, war soeben der Erste Weltkrieg zu Ende, Hungersnot brach aus. Die Arbeiter vom nahen Erzberg – fast alle Kriegsteilnehmer – fackelten nicht lange herum. In Banden gingen sie wildern, hielten sogar Treibjagden ab. An Militärgewehren war kein Mangel, man hatte sie aus dem Felde mitgebracht. So knallte es sonntags in den umliegenden Bergwäldern gehörig, doch der Erfolg war mäßig. Zu dilettantisch ging man die Sache an, der Großteil des beschossenen und getroffenen Wildes verluderte.

Die Staatsautorität stand den Auswüchsen hilflos gegenüber. Sie konnte den Hungernden nicht genügend Brot zuweisen, geschweige denn Fleisch. Die Kleinjagdbesitzer resignierten, die Großherrschaften forderten ihr Personal zum Handeln auf.

Der frischgebackene Revier-Oberjäger, damals Anfang Dreißig, nahm die Herausforderung an. Vom nordöstlichen Kamm seines Aufsichtsgebietes verfolgte er das mitunter turbulente Treiben. „Geknallt hat's manchmal wie im Krieg", erzählte er, „aber bis zur Schneid sind s' nia auferkemm'!"

Wahrscheinlich hatte es sich unter den Schwarzen herumgesprochen, daß drüben ein hantiger Wind wehte, denn der Karl war schon bekannt als ein scharfer Jaga. Unterstrichen hatte er dies schon vorher, als er einem Mitglied einer Wilderergruppe, die der Reviergrenze zu nahe gekommen war, kurzerhand durch dessen auffallend hellen Gewehrschaft geschossen hatte. Dieser Gruß sprach sich bei den Schwarzen herum. Sie wagten es nicht, geschlossen in Karls Revier einzufallen, so verlockend der riesige Almkessel mit seinen hundert Hirschen und vielen Gams auch war.

Aber Einzelgänger riskierten es. Sie waren sozusagen die Elite des schwarzen Vereins, und prompt kam es zur Eskalation. Aus sicherem Versteck heraus beobachtete der Jäger den Wilderer, als dieser von der Schneid kommend in den Kessel abstieg, die Büchse quer über dem Rücken. Als er nahe genug war, schrie ihn der Jäger an, doch der Schwarze blieb weder stehen noch warf er sein Gewehr weg. Hochflüchtig lief er schräg den Steilhang hinaus, kam in noch steileres Gelände und stürzte schließlich ab. Karl sah die Tragödie voraus, lief ihm ein Stück nach, rief, er möge doch stehenbleiben. Es war umsonst.

Klopfenden Herzens stieg der Jäger nach, blickte über eine Hangrippe; vom Wilderer war nichts zu sehen. Die kirchturmsteile Wand konnte er nicht bewältigt haben, folglich mußte er unter der Ranftmauer liegen. Dort lag er auch, bis zur Unkenntlichkeit zerschlagen. Es war kein Bergarbeiter, sondern ein Bauernsohn aus der Gegend von Eisenerz.

Für die Wilderergarde war dies Öl ins Feuer. Sie sprengten aus, der Jäger habe im Zweikampf den Wildschütz in die Tiefe gestoßen, also vorsätzlich dessen Tod herbeigeführt. Rache wurde geschworen – und auch praktiziert.

Einige Zeit später erhielt der Jäger per Post einen Brief, worin ihm die Wilderer den Tod ankündigten. Man werde ihn, den „gemeinen Hund", erschießen, sobald man seiner im Berg ansichtig werde. Dies war ernst zu nehmen.

Die Gendarmerie nahm die Drohung ebenfalls ernst, sah sich aber außerstande, den Bedrohten zu schützen. Wie sollte sie auch. Schließlich „antwortete" der Jäger brieflich (die Gangster hatten sogar um mehrere Ecken einen Absender angegeben, den die Gendarmerie nicht zu knacken vermochte!). Auch er werde ohne vorherigen Anruf jeden Wilderer abknallen, den er in seinem Revier antreffe. Die Wirkung war verblüffend: Fortan mieden die Schwarzen sein Revier wie der Teufel das Weihwasser.

„Aber Leben war dies auch kein's mehr", erzählte der Oberjäger. „Immer nur in der Finster fort und wieder heim", er fühlte sich seines Lebens nirgends mehr sicher, auch zu Hause nicht. Tagsüber hockte er in irgendeinem Latschenbusch oder in einer Felskluft, ständig Ausschau haltend. Auf keiner Jagdhütte getraute er sich zu nächtigen, er fürchtete den roten Hahn. Am ärgsten litt seine Frau – sie beschwor ihn sogar, er solle seinen Beruf aufgeben, doch dies kam für ihn nicht in Frage.

Bei dieser unwürdigen Belagerung ist es zu einem Zwischenfall gekommen, der gerade noch glimpflich verlief. Auf dem Heimweg vom Schutzdienst, sprich Vorpaß, prallte er im stockfinsteren Hochwald auf einem Steig mit einem Individuum zusammen, das nur ein Wilderer sein konnte. Instinktiv schlug er sein Gewehr an, entsicherte, der Finger lag am Abzug. Akustisch vernahm er dasselbe von seinem Gegenüber – es war der Forstmeister, der entgegen aller Abmachung in dem kritischen Revierteil auf Ansitz war!

Mehrere Lumpen (vom Oberjäger stets so benannt) hatte er dingfest gemacht und der Behörde übergeben. Der Festnahme gingen zumeist Handgreiflichkeiten voraus, bei denen nach alter Tradition sein Bergstock zum Einsatz kam, der dabei auch manchmal in Brüche ging. Ein gefährliches Unterfangen, das leicht schiefgehen konnte.

Einen tragischen Vorfall hatte er mit einem einheimischen Jagdgast zu bestehen. Dieser sollte einen Sommergams schießen, und zu zweit pirschten sie in jenem Almkessel, in dem sich die Wilderertragödie abgespielt hatte. Zwei Horizontalsteige durchzogen die mächtigen und teilweise steilen Grashänge, querten viele Felsgräben und Runsen. Auch ich habe viele Male die Steige frequentiert; der Gedanke, hier abstürzen zu können, ist mir nie gekommen. Wahrscheinlich auch dem Oberjäger nicht.

Die Morgenpirsch blieb erfolglos. Auf dem Rückweg ließ der Oberjäger seinen Gast für eine knappe halbe Stunde allein, er wollte einen Salzbrocken zu einer nahen Gamssulze bringen. Er trug ihm noch auf, den Steig nicht zu verlassen, er wäre bald wieder zurück.

Als der Jäger wieder zurückkam, war der Mann nirgends da. Büchse und Rucksack hatte der Jagdgast abgelegt, von ihm fehlte jede Spur. Beunruhigt ging der Jäger ein Stück vor, dann in die entgegengesetzte Richtung – der Mann blieb verschwunden!

Etwa 50 Schritt vom Rastplatz entfernt führte der Steig über eine steile Runse, die nach unten hin immer steiler wurde und in einem Abbruch endete. Hier, einmal zu Sturz gekommen, konnte man sich nicht mehr halten.

Schon aufs äußerste besorgt, stieg der Jäger in die Runse ab, spähte mit dem Fernglas voraus. Da entdeckte er weit unten auf einer hellen Felsplatte einen großen, leuchtend roten Fleck – dies konnte nur Blut sein!

Auf Umwegen gelangte er hinab zum Felsabbruch, sah unten im Geröll den Gast liegen, reglos, tot. Den Rest dieses Sonntags verbrachte der Jäger wie in einem Delirium.

Angehörige des Verunglückten strengten gegen den Pirschführer einen Prozeß an. Er wurde freigesprochen, ein lebenslanger Verdruß blieb. Der Jäger konnte von dem ortsansässigen Gast erwarten, daß er sich berggerecht verhielt. Wie es zu dem Absturz kam, blieb ungeklärt. Der Mann hatte den Rastplatz verlassen, wollte vielleicht in der Rinne nach Wild spähen. Trotzdem: Der Steig war an der kritischen Stelle bretteleben und eineinhalb Meter breit, für einen auch nur halbwegs trittsicheren Geher keine Ursache zu stürzen.

Merkwürdig fand der Oberjäger, daß er den Rumpler nicht vernommen hatte, auch keinen Schrei. Er befand sich nur wenige Höhenmeter etwas seitlich ober der Unglücksstelle, allerdings in einem Latschenhorst. „Ich glaub's net, daß eahm schwindlig worn is'; i moan, er stand in der Rinn' und vo' obm hat'n a Stoa troff'n", kommentierte der Oberjäger. So dürfte es wohl gewesen sein.

Nachdem die gröbsten Nachkriegswirren überwunden und halbwegs wieder Ordnung und Recht eingekehrt waren, verbrachte der Oberjäger mehr oder weniger ruhige Jahre. Sie waren ausgefüllt mit der Betreuung seines großen Reviers, in dem einige hundert Stück Hochwild standen. Er entwickelte sich zu einem exzellenten Rotwildkenner, der seine Spitzenhirsche auch noch nach dem Abwerfen einzeln erkannte. Trotz des wirtschaftlichen Chaos im Ständestaat mit dem sozialen Tiefstand der Arbeitermassen blieb sein Revier von Wilderern nahezu verschont, seine Persönlichkeit und sein rigoroses Eingreifen waren der beste Garant für Ordnung in jenem Schutzbereich.

Einen moralischen Dämpfer erlitt er nach dem Anschluß ans Reich. Deutsche Gründlichkeit setzte Reglementierung voraus – aus dem Oberjäger wurde ein Hilfsjäger. Bis zu dieser Zeit hatte es in Österreich für Jäger keine vorgeschriebene Berufsausbildung gegeben, nur die sogenannte freiwillige Jägerprüfung. Auch die hatte er nicht abgelegt, und so wurde ein Hilfsjäger, der diese Prüfung vorweisen konnte, sein Vorgesetzter. In der Praxis freilich blieb alles beim alten, und das Gehalt änderte sich nicht. Dafür sorgte sein Gutsherr, dessen Lieblingsjäger der „Karl" war. Bei rund fünfundzwanzig angestellten Jägern und den Launen des Jagdherrn hieß dies schon was.

Nur der Karl durfte sich gewisse Freiheiten herausnehmen. Mit dem Gutsherrn war er im gleichen Jahrgang, als Buben hatten sie im Jagdhaus zusammen gespielt. Wenn sie alleine waren, duzten sie sich gegenseitig; wie der Herr Baron überhaupt alle seine Jäger mit du anredete. Diese Ehre wurde sonst keinem Angestellten zuteil und führte zu Eifersüchteleien.

Das Vertrauensverhältnis zwischen Herr und seinem Jäger führte so weit, daß dieser sogar bei wichtigen Personalentscheidungen Einfluß hatte. So wurde während meiner Betriebszugehörigkeit ein erst eingestellter Forstmeister bald wieder entlassen, weil er unter anderem auch mit dem Karl Differenzen hatte.

Diese Vertrauensbasis strich der Oberjäger bei Gelegenheit heraus, und das machte ihn nicht gerade beliebt. Nahezu alle Talbewohner waren irgendwie von der Herrschaft abhängig, bangten zum Teil um ihren Job. Einmal aber war es umgekehrt, da mußte sich der Gutsherr für ihn verwenden.

Ein hoher Parteigenosse war zur Hirschjagd angesagt, der Oberjäger – offiziell jetzt Hilfsjäger – sollte ihn führen. Zu allererst stieß sich der Preuße daran, daß sein Begleiter keine Uniform trug und war entsetzt, daß er kein Parteimitglied war. „Ich staune, ich staune", rief der einflußreiche Bonze immer wieder aus, bis es dem Pirschführer zu dumm wurde. Als g'rader Michl sagte er dem hohen Herrn seine Ansicht und hätte sich dabei bald um Kopf und Kragen geredet.

Nach dem Zweiten Weltkrieg traf ihn familiär ein schwerer Schlag. Es zeigte sich, daß in seiner rauhen Schale ein weicher Kern steckte, und er wurde in vielem umgänglicher. So kam auch ich prächtig mit ihm aus, und er erzählte aus seinem reichen Erfahrungsschatz. Der Berufsjägerei sagte er schon damals keine Zukunft voraus, und er hielt uns Jungen vor, überhaupt noch Jäger werden zu wollen. „Zu viel Papierkram", lamentierte er und lobte die gute alte Zeit, in der das Jägerleben noch lustig war. Bei den großen Gamstreibjagden etwa kamen sie oft nächtelang nicht ins Bett, tagsüber wurde gejagt, abends gefeiert und getanzt bis in den Morgen.

Er erzählte vom Wildreichtum um die Jahrhundertwende, als er noch ein Knabe war, und von illustren, oft auch kauzigen Gästen, die er zu führen hatte. Einer ließ sich, noch zu Zeiten seines Vaters, zur Hirschjagd auf die Alm tragen, obwohl er nicht gebrechlich war. Aber Trinkgeld gab er, dies war schon sagenhaft. Ein anderer, der aus irgendwelchen Gründen allein den Heimweg antreten sollte, fürchtete sich am hellichten Tag vor einem Brunfthirsch, der im Bereich des Reitsteiges tobte.

Aber auch von weniger lustigen, ja tragischen Begebenheiten wußte der Oberjäger zu berichten. Eine davon war das plötzliche Einstellen der Wildfütterung während des Ersten Weltkrieges, alles Heu mußte dem Ärar abgeliefert werden. Mit Proßbäumen versuchte man, sich zu helfen, mit wenig Erfolg. Massenhaft verhungerte das Rotwild. Eine Holzknechtpartie war tagtäglich damit beschäftigt, im Spätwinter Fallwild einzugraben. Nicht zuletzt war dies auch eine Folge der enormen Überhege.

Die übertriebene Hege führte zu seltsamen Blüten. Ein Großjagdinhaber im weiteren Umkreis hatte für seine Hirsche eine Bäckerei eingerichtet, in der aus Roggen-, Gersten- und Hafermehl Brote hergestellt wurden. Das Volk darbte bereits, die Hirsche schlemmten. Nachts stahlen Familienväter die Brocken aus den Futtertrögen, dann wurde der Unfug von der Behörde eingestellt.

Früh alterte der Oberjäger. Sein Elan schwand, er ging weniger ins Revier. Auf seine Mitarbeiter konnte er sich verlassen, er gab die Befehle aus. Ein-, zweimal im Jahr packte es ihn, dann zechte er im Ort mit einem Berufskollegen gleich mehrere Tage und Nächte lang. Schon Wochen vorher baute er vor: Dies und jenes Formular etc. etc. brauche er aus dem Forstamt, usw. und so fort. Wir, der Unterjäger, Lehrling, Jägerknecht (offiziell: Jagdarbeiter) und meine Wenigkeit, sahen uns verstehend an. Seine Gattin, vor der er einigen Respekt hatte, nahm dies mit eiserner Miene zur Kenntnis.

Mir blieb es dann vorbehalten, den „Vati" heimzuholen. Es beanspruchte einige Überredungskunst, ihn aufs Steirerwagl oder den Schlitten zu bringen. Zumeist erst in der Nacht trabte unser Rößlein grabeneinwärts, und zwischen den Schlafpausen vertraute er mir sehr private Themen an. Nach so einer Tour war er stets einige Tage schlecht beisammen, manchmal sehr.

Am spätherbstlichen Kahlwildabschuß beteiligte er sich nur mehr wenig – und wenn, schoß er miserabel. Er, der unglaublich viel Wild erlegt hatte, war plötzlich überfordert. So kam er von Pirschen nach Hause, sagte, daß er geschossen habe und beauftragte uns mit der Nachsuche. Auf unsere dosierten Fragen, wo der Schuß sitzen könnte, wußte er oft keine Antwort. Wir Jungen waren schockiert, tatsächlich trafen wir kranke Stücke mit den unglaublichsten Schüssen an. Sein abrupter Leistungsabfall war wohl krankheitsbedingt, doch Näheres wußte niemand.

Manchmal hatte ich den Eindruck, daß er innerlich vereinsamte. Freunde hatte er keine gehabt, seine Forschheit und Autorität fielen ihm jetzt auf den Kopf. Im Haus eines Holzmeisters hielt er sich gerne auf, doch auch dieser, in seinem Fach eine Kapazität, war kein echter Freund. Er hinterging den Oberjäger auf eine Art und Weise, die ich kaum für möglich hielt.

Gleich oberhalb des besagten Hauses war eine Fütterung, an der etwa 40 Stück Rotwild standen. Unter der vielköpfigen Holzknechtschar, der der Meister vorstand, war auch ein Schlitzohr. Dieses animierte die anderen, sich von „dem Haufen Fleisch" doch ein Stück zu holen. So geschah es auch.

Mit einem Kleinkalibergewehr, das dem Holzmeister gehörte, erlegte das Schlitzohr direkt am Futtertrögl ein Tier, während der Oberjäger, schon leicht angesäuselt, in der Stube vom Meister und dessen vollbusiger Frau unterhalten wurde.

Der Gipfel der Frechheit war, daß man noch während seiner Anwesenheit im Schutze der anbrechenden Nacht das Stück durch die Haustür hievte und im Keller verschwinden ließ.

Dieses Husarenstück ist aber nicht erst zu Zeiten der oberjägerlichen Stagnation, sondern schon viel früher geschehen. Nicht ohne Stolz, den selbstherrlichen Lokalpascha ums Haxl g'haut zu haben, erzählte der Holzmeister von der dreisten Eskapade später sogar einem Berufsjäger. So erfuhr auch ich davon. Das Ende des Oberjägers kam rasch. Im Spätwinter erkrankte er an einer schweren Grippe und erholte sich nicht mehr. Ich war damals bereits eigenverantwortlich in einem anderen Revier, besuchte ihn noch im Krankenhaus. Ich erschrak – der einst so agile Mann, erst Mitte Sechzig, war nur mehr ein Schatten dessen, wie ich ihn von früher kannte. Höhepunkt und Abstieg lagen bei ihm eng beisammen, dirigiert von einem noch Höheren.

Aberglaube?

Schon als Dreikäsehoch wurde ich damit infiziert – mit bleibender Wirkung. Vorteile sind mir daraus zwar nicht erwachsen – zumindest keine erkennbaren –, aber auch keine Nachteile. Gestärkt hat mich in einigen Fällen vielleicht der unerschütterliche Glaube, so zum Beispiel gegen das Kriegsende hin, als ein Menschenleben kaum mehr eine Feldpostkarte wert war. Ich trug – in ein Pappkärtchen eingenäht – ein Soldatengebet bei mir, das mir ein Veteran des I. Weltkrieges geschenkt hatte; er hatte im Glauben an dieses Amulett die Stahlgewitter der Isonzoschlachten unbeschadet überlebt. Doch der Reihe nach.

Meine Eltern bewirtschafteten einen Bauernhof im Stubalmgebiet, 850 Meter hoch gelegen. Sie waren Selbstversorger im wahrsten Sinn, außer Bekleidung und Gewürzen wurde absolut nichts zugekauft. Zu essen hatten wir nur, was selbst erzeugt wurde, dementsprechend ehrfürchtig wurde mit den Gottesgaben umgegangen. Eine Mißernte, Unglück beim Vieh konnten Hunger bedeuten; dies war uns allen bewußt. Ein Hagelgewitter, Trockenheit im Vorsommer oder der Schneeschimmel konnten alles Mühen und Hoffen zunichte machen. Das waren Ereignisse, auf die der Mensch keinen Einfluß hatte. Wen wundert's, daß man im Mystischen Zuflucht suchte, betete und an Mirakel glaubte – und hoffte.

Das Antlaß-Ei, von der Mutter im Garten vergraben; die Steckkreuzln am Ostermorgen auf den Saaten; das Wetterbeten und die mit Weihwasser angefeuchteten Salzbrote am Leonharditag für das Vieh waren für mich schon als Knirps eine Selbstverständlichkeit.

Abends, wenn uns der erzählfreudige Nachbar beehrte, wurden oft geheimnisvolle Geschichten zum besten gegeben, die ich allerdings nicht unbedingt glaubte.

Geglaubt, sogar mit Überzeugung, habe ich seine Geschichte vom weißen Hirsch, die meine Phantasie beflügelte. Wenn wir auf der Tennbrücke standen, war an klaren Tagen, gegen Norden hin, hoch im Seckauer Zinken, für scharfe Augen ein winziges weißes Pünktchen zu sehen: Maria Schnee. Dies ist eine Kapelle in 1800 Meter

Seehöhe, vor mehreren hundert Jahren von einem Edelmann errichtet. „Er hatte sich bei der Jagd auf einen weißen Hirsch verirrt, fand nicht mehr ins Tal, irrte tagelang im Nebelgebräu umher und war dem Ende nahe. Erschöpft gelobte er, ein Kirchlein zu stiften, falls er jemals lebend dem Unglück entkommen sollte. Und siehe da: Die Gottesmutter erhörte seine Gebete, der Nebel hob sich, und der erschöpfte Rittersmann fand zurück in die Geborgenheit. Er hielt sein Versprechen, ließ die Kapelle erbauen, gab ihr den Namen Maria Schnee. Auf den weißen Hirsch versuchte er sich nicht mehr, dieser hatte ihn beinahe das Leben gekostet."

Soweit unser Nachbar, der viele alte Geschichten wußte und sie auch zu interpretieren verstand. Mir blieb die Fama vom weißen Hirsch, der, wie alles weiße Wild, seinen Verfolgern Unglück bringt, wenn nicht gar den Tod innerhalb eines Jahres.

Paradebeispiel dieser These war der österreichische Thronfolger Erzherzog Franz Ferdinand d'Este. Er war übrigens ein übler Schießer, der als Meisterschütze bei der Jagd auf alles schoß, „was da kreucht und fleucht." In 36 Jagdjahren erlegte er 280.000 Stück Wild, davon in „einer Saison" (Balzzeit) 57 Auerhahnen, 1894 an einem Tag 25 Rehböcke!

Am 27. August 1913 schoß Franz Ferdinand im Blühnbachtal einen weißen Gamsbock. Keinen echten Albino, nur einen annähernd weißen; aus einiger Entfernung dürfte er aber tatsächlich wie ein solcher ausgesehen haben. Der Thronfolger wußte von dem diesbezüglichen Aberglauben. Scherzend erwähnte er dies seiner hinter ihm sitzenden Gattin. Zehn Monate später waren beide tot, ermordet!

Auch Kronprinz Rudolf, durch Suff und Krankheit gezeichnet, erlegte vor seinem Freitod einen weißen Hirsch, im königlichen Wildpark bei Potsdam. Der Zehnender rächte sich allerdings erst nach Jahren, doch immerhin.

Als Erwachsener nahm ich die Mär vom weißen Hirsch nicht mehr so ernst, wenn auch ein Quentchen dieses Aberglaubens in mir hängenblieb. Ich verdrängte derartige Gedanken, die Wahrscheinlichkeit, mit so einem mysteriösen Wild zusammenzutreffen, ist gleich Null. Tausende Hirsche werden jährlich in Europa erlegt, darunter vielleicht alle Jubeljahre ein weißer, und ausgerechnet mir soll ein solcher vor die Büchse laufen?

Doch das Mirakel war nicht so fern. Anfang der sechziger Jahre schoß unser Hegeringleiter, ein Oberförster, ein nahezu weißes Tier. Das war eine Sensation. Bis die Kunde über mehrere Täler hinweg meinen Jagdherrn erreichte, war von dem Tier nur mehr die Decke da, „weiß wie ein Schaf", erzählte er mir. Ein halbes Jahr später, bei der Trophäenschau, machte ein Foto die Runde: Das Tier war tatsächlich weiß, obwohl es kein klassischer Albino war. Mit einigem Stolz reichte der Oberförster das Bildnis herum, in der Wirtsstube wurde es andächtig betrachtet. Keiner der anwesenden Jäger wagte es, es wäre auch unschicklich gewesen, auf den alten Aberglauben hinzudeuten. Doch wohl allen ging der gleiche Gedanke durch den Kopf.

Im folgenden Sommer, an einem Sonntag, kam der Forstmann und passionierte Jäger nicht zum Mittagessen heim. Dies war gegen seine Gewohnheit; normalerweise war er sonntags immer schon am frühen Vormittag vom Reviergang zurück. Man ahnte Schlimmes. Der Adjunkt machte sich auf, seinen Chef zu suchen. Beiläufig wußte er, wohin dieser gegangen war und tippte richtig. Er fand den Oberförster abgestürzt von einem Hochsitz, er war tot.

Es blieb offen, ob der etwas korpulente Mann einen Herzinfarkt erlitten hatte oder durch Unachtsamkeit abgestürzt war. Der ziemlich luftige Hochsitz war, wie die meisten im Gebirge, nicht gegen Absturz gesichert, jedoch intakt. Hunderte Mal war der Forstmann auf diesem Sitz, ein dreiviertel Jahr nach dem Weidmannsheil auf das weiße Tier wurde er ihm zum Verhängnis. Schicksal, Bestimmung, wie man dies auch nennen mag. Der Aberglaube hatte jedenfalls wieder frischen Aufwind bekommen.

Der Erleger des einzigen weißen Hirsches, von dem ich weiß, lebt aber heute noch. Seltsamerweise wurde dieser im gleichen Bezirk gestreckt, in dem sich das Unglück mit dem Oberförster ereignete, und – fast zeitgleich. Vom Jägerischen her betrachtet ein Zufall, der seinesgleichen sucht.

Der Schütze des weißen Hirsches befand sich in der Jagdhütte. Gegen den Abend hin, zur Ansitzzeit, begann es heftig zu regnen. „Da bleib ich noch a weng'l in da Hüttn", dachte sich der Jäger.

Doch es schüttete weiter. Schon begann es sachte zu dämmern, da sah er durch das Hüttenfenster einen hellen Fleck, weit drüben am Schlagrand. Er dachte an eine weiße Ziege, die von der Höh' heruntergekommen sein mußte. Doch allein? Er griff um sein Glas, öffnete das Fenster. Dann stockte ihm fast das Blut: Die Optik ließ ihn einen geringen Hirsch erkennen, weiß wie ein Gespenst, aber es war ein Hirsch! Der Jäger mußte erst ein paarmal tief durchatmen, um die Realität zu erfassen, dann hob er wieder das Glas. Das war keine Fata Morgana; drüben, trotz der Regenschleier einwandfrei erkennbar, äste ein weißer Hirsch. An die gängige Mär dachte er im Augenblick nicht. Er ergriff seine Büchse, eilte hinaus, überquerte ein Graberl und trug dem Hirsch die Kugel an. Der sprang ab, kam ins Wanken, brach zusammen. Die Sensation war perfekt.

Das präparierte Haupt ziert heute einen Gastbetrieb. Mit dem Erleger habe ich nie gesprochen, so weiß ich auch nicht, ob ihn wegen der Erlegung jemals trübe Gedanken plagten. Ich weiß nur, daß er sich bester Gesundheit erfreut, obwohl seit dem Ereignis mehr als drei Jahrzehnte vergangen sind.

Öfters schon habe ich darüber nachgedacht, wie ich reagieren würde, sollte Diana mir ein weißes Wild vor die Büchse bringen. Das sind Gedankenspielereien, doch glaube ich, ich würde schießen. Ein weißer Gams oder gar Hirsch wäre mir das Risiko wert, denn einmal komme ich sowieso dran.

Der Wilderer

Ein Tag, der gleichermaßen für Jäger und Wilderer tabu war, ist der Heilige Abend. Das soll nicht heißen, daß ich beide in einen Topf werfe, aber ein ungeschriebenes Gesetz verbat an diesem Tag das Töten. Wer dagegen handelt, dem stößt ein Unglück zu, drohte der (Aber-)Glaube.

Wilderer waren schon immer dem Übersinnlichen zugänglich, dies beweisen die sonderbaren Rituale, die sie praktizierten. Vom Kreuzschnitt auf dem Bleigeschoß bis hin zum Schlürfen vom Gamsschweiß war da alles drin, um sich imaginäre Vorteile zu verschaffen. Doch wer am Vorabend der Erlösung den Tieren nachstellt, hat seine Gunst verwirkt. Daran hielten sich auch die Jäger. Nicht respektiert hat dies ein Wilderer, der um die Jahrhundertwende im steirisch-kärntnerischen Grenzgebiet gelebt hat. Ein alter Bauernjäger hat mir gleich nach dem Zweiten Weltkrieg von ihm erzählt, er hatte den Mann sogar noch gekannt und war auch einmal bei ihm zu Gast. Der Wilderer, ein schon älterer Mann, hauste in einer Keusche in einem entlegenen Tal. Er war ein Außenseiter, mied den Umgang mit seinen Nachbarn, lebte von dem kargen Ackerl und den Geißen, seinen Milch- und Butterlieferanten. Fleisch besorgte er sich aus dem Wald; ein Reservoir, das nie versiegte. Umliegende Bauern vermißten zur Erntezeit Getreidegarben von den Feldern, Äpfel von den Bäumen und Wasserrüben vom Krautgartl. Der Wilderer war wieder mal da, sagten sie, dabei blieb es. Denn dem verschlossen wirkenden Mann wurden geheimnisvolle Kräfte nachgesagt. Er verstand sich angeblich aufs Verwünschen, und sein Weib legte Karten. Mein Gewährsmann konsultierte in jungen Jahren mit seinen Freunden auch heimlich die Wahrsagerin, er war verblüfft. Zum Schluß der Sitzung trug sie ihm auf, an etwas zu denken, das er gern erfüllt sähe. Sie werde ihm sagen, ob sein Wunsch aufgeht oder nicht. Als Jüngling dachte er natürlich an ein Mädchen, das ihm unerreichbar schien. „In drei Tagen, drei Wochen oder drei Monaten werde sein Wunsch in Erfüllung gehen", prophezeite sie, und so war es dann auch. Drei

Wochen später, fast auf den Tag genau, geschah das erträumte, unrealisierbar gehaltene Glück, wenn auch ohne Dauer: Sie, eine reiche Bauerntochter, er ein armer Häuslersohn. „Und nach der Sitzung bekamen wir ein Rehgulasch, das sich sehen ließ", schwärmte der alte Mann.

Der Wilderer aber g'frettete sich durch. Das Wild, das er stahl, ging niemandem sonderlich ab. Die Jagdpächter kamen nur zur Hahn- und Bockzeit, zur Hirschbrunft und eventuell auf einen Bartgams ins Revier, die bäuerlichen Reisjäger schwiegen. Sie fürchteten die Rache des Mannes mit dem flirrenden Blick, der Unbehagen auslöste.

Seine Masche war das Schlingenstellen. In dieser lautlosen, tierquälerischen Methode, Wild zu fangen, war er angeblich ein Spezialist. Im Winter fing er die Hasen mit dem Tellereisen, angeködert mit einem Büschel Heu. Einmal ging mein Informant morgens an der Keusche vorbei, da zappelte ein Mümmelmann noch im Tellereisen – der Wilderer hatte es verabsäumt, ihn rechtzeitig wegzuschaffen.

Erwischt, genauer gesagt bestraft, wurde der Übeltäter nie. Einmal fanden die Reisjäger ein geschlingtes Reh, wohl oder übel hielten sie Vorpaß. Der Wilderer kam prompt mit seinem Köter. Das Hundl schnüffelte zum strangulierten Reh, sein Herrl rief ihn ab. „Laß nur sein, laß nur sein, gehört net unser", sprach tadelnd der alte Fuchs und ging vorbei. Natürlich hatte er die vorpaßhaltenden Jäger bemerkt und tat, als käme er rein zufällig hierher.

„Derg'längt" hat es den alten Spitzbub dann aber doch. Nicht der Arm Justitias war es, der ihn erreichte, sondern seine letzte Missetat rächte sich auf ihre Art. „Das war Gottes Strafe", munkelten die Leute – vielleicht hatten sie recht.

In der Christnacht – es war mondhell – hörten Mettengeher einen Schuß. Von der Wilderer-Keusche her kam der Knall, ein Weihnachtsschuß? Wohl nicht, denn es war hierorts absolut verpönt, die Heilige Nacht durch Lärm zu entweihen. Der Wilderer war zwar ein Antichrist, doch so herausfordernd gab er sich doch wieder nicht. Am Weihnachtstag wurde allmählich laut, der Keuschler sei verstorben – verblutet.

Nachbarn, von seinem Weib gerufen, bahrten ihn auf. In der Hüftbeuge hatte er eine klaffende Wunde, offenbar war die Hauptvene durchtrennt. Beim Fleischzerteilen sei es passiert, mit dem

Messer abgeglitten, sagte das Weib. Den Helfern ist aber einiges aufgefallen. Einer ging in den Keller, dort hing ein halbzerwirkter Hirsch, das Objekt des Unglücks. Eine Schleifspur führte von den Obstbäumen her; an deren Ende ein Gewühl aus Schnee, Schweiß und Heuresten. Hatte doch der Mensch auf einen Hirsch hinausgeschossen, der sich an den für Hasen bestimmten Grummetbüscheln gütlich tat – und das in der Christnacht!

Wenige Stunden nach dem Tod des futtersuchenden Hirsches verblutete der Übeltäter innerhalb kürzester Zeit. Man könnte sagen, er hat sich selbst gerichtet. Er mißachtete gröblichst das Gebot dieser heiligen Nacht. Schicksal oder Rache der erzürnten Gottheit, was wissen wir? Die Bevölkerung war aber davon überzeugt: Er hat es zu weit getrieben.

Die „g'weihten" Böck'

Bei diversen Hubertusfeiern war und ist es heute noch der Brauch, gestrecktes Wild segnen zu lassen; immer ist dies ein Hirsch, dem diese besondere Ehre zuteil wird. „Hubertushirsch", mit Pomp und Trara in die Kirche getragen, ist in traditionsreichen Gebieten ein Begriff – wenn auch in neuerer Zeit nicht mehr so aktuell. Wohl einmalig hingegen ist eine Begebenheit, wo vor gut sechzig Jahren zwei Gamsböcke ganz unverdient in den Genuß einer priesterlichen Weihe kamen und auch die Erleger – zwei Wilderer!

Im Gebiet meiner Schwiegereltern hatte nicht nur die Jagd, sondern mehr noch das Wildern Tradition. Das klingt übertrieben, ist es aber nicht. Einheimische Jäger gab es wenige, aber Wilderer sonder Zahl. Man kannte einander und lebte in Eintracht, die dörfliche Harmonie funktionierte. Nur drei Bauern waren eigenjagdberechtigt, doch mit der Büchse gingen viele, zumeist ins Ärarische, wo es Gams zum „Herbrocken" gab. Die fürstlichen, herzoglichen und gräflichen Jagdpächter kamen nur zur Hahnbalz und zu den großangelegten Gamsjagden im Herbst, dazwischen war „Hahn in Ruh" für die Jäger, weniger für die Wildschützen.

Mein Schwiegervater hatte als Halbwüchsiger an den Gamstreiben teilgenommen, noch im hohen Alter schwärmte er von dem jährlichen Großereignis. Die Treiber wurden für ihre mehrtägige, oft auch gefährliche Tätigkeit gut entlohnt, das Wildbret äußerst kulant an die Bevölkerung abgegeben. Doch die Elite der Bauernburschen dankte dies den Herrschaften nicht, im Gegenteil. Sie wilderten aus Leidenschaft.

Es waren die beiden „Hoisen" (Matthias), die unverhofft den kirchlichen Segen erhielten, der ihnen bei aller Christlichkeit doch sehr ungelegen kam. Sie hatten überhaupt einen ungünstigen Tag erwischt. Schon am Morgen, bei der Erlegung der beiden Gams, hatten sie Zuseher. Von der benachbarten Eigenjagd aus wurden sie beobachtet, als sie das Wild anpirschten, sich zum Schießen zurechtlegten. Das Rudel spritzte auseinander, zwei Gams stürzten – dann erst schnalzten die Schüsse. Doch der beobachtende Reviernachbar, ein Wirt und dessen Neffe, verhielten sich diskret, Ehrensache!

Am Nachmittag dieses Tages wurde der Dorfpfarrer zu einem Versehgang gerufen. Begleitet von einem Ministranten machte er sich mit dem Allerheiligsten auf den Weg ins Nachbartal, um einem lebensmüden Pfarrkind die letzte Ölung zu geben und Trost zu spenden. Dies war in Gebirgsgegenden bis noch vor wenigen Jahrzehnten so üblich: voran der Ministrant mit dem Seelenglöckchen, dahinter der Hochwürden mit Stola, Kelch und Hostie. Begegnete man einem solchen priesterlichen Duett, warf man sich pflichtschuldigst auf die Knie, bekreuzigte sich und klopfte sich als Zeichen der Verehrung an die Brust. Der Geistliche segnete mit dem Allerheiligsten den oder die Niedergesunkenen, dann ging man wieder seines Weges, gestärkt und frei von Sünden.

So auch diesmal. Am Schoberberg, unweit des Gehöfts meiner Schwiegereltern, begegneten dem Priester auf einem Waldsteig zwei sonderbare Gestalten. Halb vermummt, mit prallgefüllten Rucksäcken, fielen sie auffällig tief in die Knie, unter ihren Umhängen spießten sich längliche Dinger. Vor lauter Gottesfürchtigkeit senkten sie auf das Bimmeln des Glöckchens ihre Gesichter so tief, daß ein Erkennen schwierig wurde, dafür aber an Haaransatz und Ohrwascheln Rußspuren zum Vorschein kamen. Es waren die beiden Gamswilderer, die sich völlig überrascht der Geistlichkeit gegenübersahen.

Ob der Hochwürden die geschwärzten Schäflein seiner Herde erkannt hatte, bleibt dahingestellt. Die Situation hatte er jedenfalls erfaßt, rascher als sonst schritt er nach der Segnung weiter. Der Ministranten-Schlingel jedoch hat die gottesfürchtigen Missetäter trotz Ruß richtig zugeordnet, es waren zwei geachtete Gemeindebürger. Später haben sie von sich aus von der tragikomischen Begegnung erzählt. Den einen, den „Moar-Hois", kannte auch ich noch, er war ein sakrischer Mann. Sein profiliertes Äußeres hätte gut zu einem Berufsjäger gepaßt, tatsächlich war er Moarknecht beim Postwirt mit eigenem Hausstand, nach dem Krieg machte er die Jagdprüfung. Einmal zechte ich mit ihm beim Postwirt. Zu schon sehr fortgeschrittener Stunde lud er mich ein, seine Trophäen zu besichtigen. Ich war so uncharmant und folgte ihm in sein Haus. Ungeniert erklärte er mir dies und jenes, auch in der Schlafstube, während seine Alte sich unter die Decke verkroch. Viele Gamskrucken zierten die Wände, die – es war um Weihnachten – reichlich mit Tannenreisern geschmückt waren. Von seinen auch damals schon längst verjährten Schwarzgängen kam ihm wenig über die Lippen. Nur über einen kapitalen Rehbock äußerte er sich ausführlich. Er schoß diesen bei sintflutartigem Regen nahe einer Almhütte.

Es goß in Strömen, als er eines Sonntagnachmittags sich der Hütte näherte. Diese stand auf einem Boden, knapp ober der Waldgrenze, gleich daneben ging's steil bergab in einen verwachsenen Graben. Noch vom Hochwald aus – über den Graben hinweg – vernahm er Gejohle und Gestampfe. In der Hütte gab's eine zünftige Gaudi, die das Rauschen des Regens übertönte. Trat jemand aus, hörte er durch die offene Tür Musik und den Schwall einer ausgelassenen Gesellschaft.

Umso erstaunter war der Hois, als er in der Steile, eine Schrotschußlänge unterhalb der Hütte, einen niedergetanen Rehbock gewahrte. Der Bock mußte doch den Lärm mitbekommen haben, und noch dazu saß er völlig frei zwischen Plotschen und Almrauschstöcken, im Gußregen! Doch was dem Mann den Puls in die Höhe trieb, war die enorme Stärke des Krickels, mehr als handbreit über die Lauscher und mit wachsgelb blitzenden Enden! Es gab für ihn kein Zögern. Die Büchse zusammengestellt, hinab in den Graben, drüben wieder hinauf und von der Seite her den Bock angepirscht. Ob dieser überhaupt noch in seinem Bett ist? Geländebedingt hatte er ihn außer Sicht bekommen. Wenn überhaupt, würde er auf kürzeste Distanz mit ihm zusammentreffen. So war es dann auch. Als er vorsichtig, Schritt für Schritt, im nassen Gekräut sich der vermutlichen Stelle näherte, sah er plötzlich vor sich das kapitale Gehörn. Entsichern und mit dem Gewehr auffahren waren eins, schon wurde der Bock hoch. Eine Sekunde zögerte er mit dem Abspringen, dies war sein Tod.

Der Schuß ging im Regenrauschen unter, niemand hatte ihn gehört. Das ausgelassene Toben in der Hütte hielt unvermindert an, auch der zuständige Jäger war bei der Lustbarkeit dabei. Jahre später – der Hois jagte inzwischen offiziell – wollte ihm dieser die Geschichte gar nicht glauben. Als er dann das kapitale Krickel sah, wurde er doch nachdenklich.

Kritisch wurde es für die Schwarzschützen, als ein neuer Pächter einen auswärtigen Jäger einstellte. Der war ganz ein scharfer, hatte bereits an seinem vorherigen Wirkungsort einen Wilderer erschossen und versprach, auch hier aufzuräumen. Dies tat er dann auch gründlich, zu gründlich. Fast an der gleichen Stelle, an der die „Hoisen" ihre später mit Segen bedachten Gams erlegten, beobachtete der neue Jäger zwei Wilderer. Er paßte sie auf ihrem Rückweg ab, schrie sie an und daraufhin schoß er in Notwehr. Die Schrotladung traf den Jüngling voll ins Gesicht, er war tot.

An der Version des Jägers tauchten bald Ungereimtheiten auf, trotzdem ging er straffrei aus, zumal der zweite Wilderer nicht eruiert werden konnte. Der Todesschütze wurde alsbald in ein weit entferntes Revier versetzt, da gegen ihn ganz offen Drohungen ausgestoßen wurden, die ernst zu nehmen waren. Nach Jahren des Schweigens sickerte seitens des Mittäters durch, daß sein Kumpan auf den Anruf ganz verdattert dagestanden sei, da habe es auch schon gekracht.

Bezeichnend war, daß der schießwütige Jäger später sogar noch einen dritten Wilderer erschoß.

Trotz des tragischen Vorfalls, der dem 20jährigen Bauernsohn das Leben kostete, hörte das Wildern nicht auf. Jetzt schalteten die Schwarzen auf eine härtere Gangart, es kam zu mehreren Konfrontationen. Leidtragender war ein Berufsjäger, der eher gemäßigt war, aber seine Pflicht zu erfüllen hatte.

Im felsigen Gelände stellte er zwei Wilderer. Es kam zu einem Handgemenge, bei dem der Jäger unterlag. Man drohte ihm, ihn über die Wand hinabzuwerfen. Schließlich einigten sich die Gewalttäter, ihm zu den Prügeln nur einen Denkzettel zu verpassen: Sie fädelten dessen Stock durch die Rockärmel quer über den Rücken des Gepeinigten, so, daß er an den Händen blockiert und gedemütigt vom Gebirg' ins Tal absteigen mußte, eine unvorstellbare Tortur! Das Gewehr und die Pistole des Jäges nahmen die Wilderer an sich. Dies wurde ihnen zum Verhängnis. Jahre später passierte mit dieser Faustfeuerwaffe ein Unfall, dies führte zur Aufklärung der ruchlosen Tat. Die Wilderer, zwei Brüder aus der Nachbargemeinde, wurden verurteilt und kamen für längere Zeit hinter Schloß und Riegel.

Die Sympathie der Bevölkerung in jenem Gebirgsort gilt auch heute noch ein wenig den Wildschützen. Heute lebt von diesen Haudegen keiner mehr, aber die Geschichte vom Versehgang und den g'weihten Böcken sorgt noch für Heiterkeit.

Kein Jägerlatein

In einem bekannten Wintersportort las ich einmal in einem Hotel folgenden Spruch: „Stammtisch für Jäger, Fischer und andere Lügner ..." Dem ist nichts hinzuzufügen. Die Mär vom Bock, dessen G'wichtl immer höher wird, vom Hirsch, dessen Enden immer zahlreicher werden und vom Fisch, der über den Tod hinaus noch wächst, sind bekannt. Weniger bekannt ist, daß es Vorfälle gab bzw. gibt, die auch für den Wissenden sehr nach Latein klingen und dennoch die reine Wahrheit sind.

So erschien vor vielen Jahren ein Berufsjäger zum allmonatlichen Jägertreff, dessen Hände arg zerkratzt waren. Nach Anspielungen seiner Freunde, ob er mit einer Katz' gerauft habe oder ob ihn gar seine Alte ang'flog'n sei, erzählte er, ein Rehbock habe ihm die Schrammen beigebracht. Jawohl, ein gesunder Rehbock aus seinem Revier!

Vorerst ungläubiges Staunen, dann aufmerksames Zuhören.

Er war mit seinem Jagdherrn auf einen Rehbock unterwegs, mit ihnen auch noch ein zweiter Jäger. Es war zur Brunftzeit, die Böcke trieben, die Erfolgsaussicht war günstig. Weniger günstig war der Grant des Jagdherrn, der schon vom frühen Morgen an an allem was auszusetzen hatte und ständig vor sich hinnörgelte. In gespannter Atmosphäre pirschte das Trio durch den Almwald, hatte verschiedentlich Anblick, doch der Herr, dessen Schießkünste nur mäßig waren, war unentschlossen. Dann sahen sie auf günstige Entfernung einen gutaufhabenden Bock, der seine Geiß um ein freies Köpfl trieb und auch beschlug. Lange Beratung, dann entschloß sich der Herr adeligen Geblüts doch zum Schuß. Pedant wurde eine Auflage hergerichtet, der Jagdherr zielte eine Ewigkeit, dann brach der Schuß. „G'fahlt", bemerkte der Oberjäger und heimste sich damit vom Herrn einen strafenden Blick ein. Der Bock sprang ab und verschwand hinter dem Hügerl. Betretenes Schweigen. Die Jäger meinten, ihm fehle nichts, der Schütze war anderer Ansicht.

„Holen Sie mir den Bock", befahl selbstsicher der Jagdherr seinem vorlauten Jäger, seine Stimme duldete keinen Widerspruch. „Geh'n tua i, aber fahl'n tuat eahm nix", prophezeite ärgerlich der Angesprochene und machte sich auf die Socken. Gespannt verfolgten der Jagdherr und sein Hilfsjäger, der als Träger fungierte, das Weitere. Sie sahen den Oberjäger über einen Graben verschwinden, dann den Hang hinaufschleichen. Oben, auf dem Köpfl, spähte er vorsichtig auf die abgewandte Seite, verharrte lange in einer Art Lauerstellung. Plötzlich schnellte er vor, ein Wirbel von Rehbock und Mensch zuckte mehrmals hoch, dann war längere Zeit nichts zu sehen. Schließlich kam der Mann wieder zum Vorschein – den Bock fachgerecht auf dem Tragriemen am Rücken. Der Herr triumphierte. „Habe gleich gesagt, der Bock liegt!" Erwartungsvoll sah man dem Oberjäger entgegen, der sichtlich mitgenommen heranwankte. Dann legte er den Bock dem Jagdherrn zu Füßen. „Bracht hab' i eahm – aber g'sund, den ham S' schmatzebm g'fahlt!" Damit war das Thema für den Jäger erledigt. Der Jagdherr bekam einen roten Kopf, verwies auf die schweißigen Hände des Überbringers. „Wenn man mit bloßen Händen an g'sunden Rehbock fangt, schaut man so aus", rekapitulierte der Ankömmling. Betroffen wandte man sich dem gefesselten Bock zu, den hin und wieder ein krampfhaftes Zucken durchlief. Seine angstgeweiteten Lichter verrieten volles Leben, doch der Jagdherr wollte die Situation nicht wahrhaben. Er suchte nach Schußmalen, wandte den Bock hin und her, nichts. Kein nasser Fleck, kein Tröpferl Schweiß. Schließlich entfesselte man den Geschundenen, der sich eiligst empfahl.

Das hat sich vor achtzig Jahren zugetragen. Den damaligen Hilfsjäger, der bei der Misere dabei war, traf ich auf einer Almhütte am Hundsstein. Der Greis erzählte mir diese Geschichte und auch, daß der Rehbock im Heidelbeergekräut geschlafen hat, als der Oberjäger zugriff. Vom Brunfttreiben arg mitgenommen, hat er sich unmittelbar nach dem Schuß niedergetan und im Tiefschlaf den anschleichenden Jäger nicht wahrgenommen. Seit dieser informativen Begegnung auf der Moosalm ist auch schon wieder ein Vierteljahrhundert hinabgetröpfelt. Damals kam mir diese Geschichte seltsam vor, obwohl ich an deren Wahrheitsgehalt nie zweifelte. Heute weiß ich, daß so etwas schon mehrfach vorgekommen ist.

Mein Jagdkumpan Hans Schernthaner, Gott hab' ihn selig, konnte ebenfalls mit einer ähnlichen Geschichte aufwarten. Sie bezeugt, daß es auch bei Tieren eine Tiefschlafphase gibt, wenn vielleicht auch nur für kurze Zeit.

Hans war mit einem Freund in seinem Revier unterwegs. Ihr Weg zum Abendansitz führte durch einen Fichten-Lärchen-Wald, ein Viehsteig ermöglichte ein mehr oder weniger lautloses Gehen. Im Holz selbst war kein Pirscherfolg zu erwarten, dementsprechend benahmen sie sich nicht gerade übermäßig leise. Da mußte Hans, einer inneren Regung nachgebend, hinter einen Busch. Als er sich erleichtert hatte, folgte er unverzüglich seinem Freund, der vorausgegangen war. Nach etwa hundert Schritt gewahrte er einen Rehbock, der neben dem Steig niedergetan war. Hans erstarrte: Das gibt's doch nicht – vor wenigen Minuten muß sein Freund da gegangen sein – und jetzt auch er, und zehn Meter unterhalb schlief der Bock! Im ersten Moment dachte Hans, der Bock lebe nicht mehr. Doch so liegt kein verendetes Wild. Zusammengerollt wie ein Hundl, das sein Haupt auf die Weichen bettet, lag der Bock. Rhythmisch hob und senkte sich seine Flanke – der Bock schlief!

Sein G'wichtl war begehrenswert. Hans ließ seine Büchse von der Schulter gleiten, entsicherte. In diesem Moment schnellte das Haupt in die Höhe, der Bock äugte den Jäger an. Jähes Erstaunen, und ab ging er, ohne daß Hans die Kugel loswurde. Doch noch auf Schrotschußweite machte der Bock ein Haberl und äugte zurück, „tramhapert", wie Hans vermenschlichte. Dies war sein Tod.

Ruapp, sein Begleiter, kam zurück. Der staunte nicht schlecht, als er den Gestreckten sah; und noch mehr, als er die Umstände erfuhr. Hans meinte, daß er den Bock übersehen hatte. Daß der Bock in der relativ kurzen Zwischenzeit angewechselt gekommen wäre und sofort tief entschlummerte, ist wohl unwahrscheinlich. Anderseits muß auch der von der Wissenschaft zitierte Sekundenschlaf viel länger gedauert haben. Doch wir müssen nicht alles wissen.

Wahrhaft mit bloßen Händen hat auch ein Bauer einen Rehbock gefangen, wie er mir vertraulich erzählte. Der Bock schlief in einem moosigen Birkenwäldchen im hohen Schilfgras. Auf dem Weg zu seiner Torfhütte wäre er beinahe über ihn gestolpert. Der schwammige Boden dorthin verschluckte die Trittgeräusche des Bauern. Als er den Bock erblickte, stand er direkt vor ihm. „Geschlafen hat er wia a Ratz'", drückte er sich aus. Eine Zeitlang überlegte der Bauer, dann stürzte er sich auf den Schlafenden. „Zappelt hat er gewaltig, aber i bin eahm scho' Herr wor'n!" Nachher allerdings wußte er nicht so recht, was er mit dem Bock anfangen sollte, und er ließ ihn wieder frei.

Ähnliches berichtete ein Weidmann unlängst in einer Jagdzeitschrift. Er griff einem schlafenden Rehbock in das Krickel in der Überzeugung, der Bock sei angeschossen. Er wollte ihn wenden, um eine eventuelle Verletzung festzustellen. Jedoch bei der ersten Berührung schnellte der Bock in die Höhe und flüchtete, dem Anschein nach vollkommen gesund. Ein zweiter anwesender Jäger war der gleichen Meinung.

Weil wir schon beim Fangen sind: Mein Schwiegervater griff sich einmal einen lebenden Birkhahn, genauer gesagt gleich zwei!

Er half einem Almbauern beim Zäunen. Diese Tätigkeit fällt zeitgleich mit der ausklingenden Hahnbalz zusammen.

Während der Arbeit am frühen Vormittag pfeilte ein Birkhahn daher, gleich dahinter ein zweiter. Vor ihnen fielen die Hahnen ein, und in Sekundenschnelle balgten sich die Kontrahenten in einem wilden Federknäuel. Dabei kugelten sie ab, direkt vor die Füße meines Schwiegervaters. Ihm ist es wohl gleich ergangen wie dem Bauern mit dem Rehbock. Spontan ließ er sich auf die Federknäuel fallen, ein wüstes Geploder entstand, dann hatte er den einen Hahn fest im Griff – der andere war dahin. Was die Männer mit dem gefangenen Sichelritter unternahmen, weiß ich nicht mehr; ich glaube, sie ließen ihn wieder los.

Ähnliches habe ich selbst als blutjunger Jäger erlebt. Allerdings mit zwei Auerhahnen, wobei der eine bereits von seinem Schicksal gezeichnet war.

Ich hatte einen prominenten Herrn auf einen Hahn zu führen. Ich war aufgeregt, war es doch meine erste verantwortliche Pirschbegleitung, dazu noch mit einem in jagdlichen Angelegenheiten maßgebenden Herrn. Er war Offizier, Bezirksjägermeister der ersten Nachkriegsperiode und ein fermer Weidmann. Es ging alles gut. Die Hahnen waren verlost, dem Erfolg stand nichts im Wege. Das Wetter, bei der Auerhahnjagd ein wesentlicher Faktor, spielte mit. Gemütlich stiegen wir zum Balzplatz auf, der etwas füllige Gast ließ sich Zeit. Und Zeit hatten wir reichlich, so genossen wir die stimmungsvolle Frühjahrsnacht mit ihrer Stille und doch geheimnisvollen, wispernden Lauten, mehr geahnt als gehört.

Am Balzplatz erwarteten wir gespannt die Vorboten des neuen Tages, es roch nach feuchtwarmer Erde und keimendem Leben. Dann, schüchtern, der zaghafte erste Vogelruf, und gleich darauf knappte ein Hahn. Dies war das Signal. Ich möchte sagen, fast gleichzeitig stimmten andere Hahnen ein, fünf oder sechs dürften es wohl gewesen sein. Dies war ein Schnackeln und Schleifen!

Wir sprangen einen Hahn an, den ich schon Tage vorher ausgemacht hatte, der konsequent immer auf der gleichen Lärche, zumeist sogar auf dem gleichen Ast, balzte. Der Gast schoß mit der Kugel, der Hahn kippte und ging halb fallend, halb gleitend geräuschvoll zu Boden. Dies löste eine Reaktion aus, wie sie in der Hauptbalzzeit typisch ist. Wie auf Kommando gingen auch die anderen Hahnen zu Boden, obwohl es noch halbdunkel war. Einer aber, wohl ein Erzrivale, stürzte sich auf den bereits verendenden Hahn und bearbeitete ihn, daß die Federn flogen! So etwas hatte der Gast, der viele Auerhahnen erlegt hatte, bisher nicht gesehen. Ich natürlich auch nicht, aber auch später, während meiner nun schon fünfzig Jagdjahre, ist mir solches nie mehr untergekommen, noch habe ich gleiches gehört.

Der Raufer ließ von dem nun wohl schon verendeten Kontrahenten nicht ab. Uns wurde bange, ich schritt ein. Erschrocken nahm sich der Kämpfer auf, entfleuchte im Dunkel der Bergwaldes. Auch die anderen Hahnen ritten ab, vergrämt, wie wir sagen. Das Gefieder des attackierten, verendeten Auerhahns hatte entgegen unseren Befürchtungen keinen Schaden genommen. Am Köpfl und Stingel jedoch schweißte er, Zeichen des ungleichen Kampfes. Sie waren bedeutungslos, verglichen mit dem Schußkanal quer durch den Körper des Hahnes.

Verblüffend ist auch die Zählebigkeit mancher Wildtiere, zumal von Großwild. Diesbezüglich berühmt wurde ein Elefant, der während der britischen Kolonialzeit von einer Dame mit Gehörschuß erlegt wurde. Ein seinerzeit weltbekannter Afrikajäger begleitete die Lady, so konnte nichts schiefgehen. Dieser Jäger wurde dadurch bekannt, daß er gegen eine Wette einem Elefanten vor dem Schuß eine Briefmarke auf den Hintern klebte – er hatte die Wette gewonnen.

Nun, die Dame hatte den Giganten glücklich gestreckt, die Helfer schon die Schwanzquaste abgetrennt. Sie gilt als erste Trophäe, wie bei uns die Grandln beim Rotwild. Die Korona zog sich zur Siegesfeier zurück ins Camp, Eingeborene rückten aus, die Stoßzähne zu bergen. Doch, o Schreck, der Elefant war nicht mehr da und auch nicht in der weiteren Umgebung! Aus seiner Ohnmacht erwacht, ist er inzwischen weitergezogen, er wurde nicht mehr gesehen. Ein halbes Jahr später wurde der kapitale Bulle erlegt, über fünfhundert Kilometer vom ersten Anschußort entfernt. Es gab keine Zweifel: Es war der ursprünglich Beschossene. Der Einschuß im Gehörgang war noch nicht ausgeheilt, das Geschoß steckte im Schädelknochen.

Eine nahezu unheimliche Beobachtung machte ich bei einer Alpendohle. Sie hing eine ganze Woche im Geäst eines Wildapfelbaumes, bei Nachttemperaturen um die minus 15 Grad – und lebte! Ein Jüngling mit überschäumender Jagdpassion hatte mit dem Kleinkaliber eine Bergdohle geschossen. Es war im Jänner, ein Flug Dohlen gaukelte kreischend ums Jägerhaus, Vorbote einer länger dauernden Sturmwetterperiode. So war es auch. Der Knabe schoß auf eine Dohle im Apfelbaum, sie blieb jedoch in einem nestartigen Zweiggewirr hängen. Auch mit hinaufgeworfenen Holzscheiteln fiel der Vogel nicht herab, es war wie verhext. Tagtäglich, bei meinem Weggehen und Kommen, sah ich nach der Dohle. Sie hing immer gleich in dem Astbesen hoch oben im Baum. Es stürmte Tag und Nacht – die Lage blieb unverändert.

Am achten Tag – ich weiß dies noch genau – kam erstmals wieder die Sonne durch. Ich kam zu Mittag vom Reviergang heim, schon routinemäßig sah ich nach der Dohle. Da war mir, als hätte sie sich bewegt. Ich hob das Glas – tatsächlich – ein Flügel streckte sich ganz langsam und sank wieder zurück – Irrtum ausgeschlossen. Dies wiederholte sich mehrmals. Es war, als hätten die wärmenden Sonnenstrahlen dem Vogel wieder Leben eingeflößt, so absurd dies auch klingt. Tatsache ist, daß er noch Leben in sich hatte, trotz einwöchiger, absoluter Starre bei abscheulichem Stöberwetter.

Von dem Schicksal des lächerlich kleinen Lebewesens war ich betroffen wie nie zuvor. Das Ganze erschien mir wie ein Wunder, beeindruckte mich mein Leben lang. Ein Schuß ist rasch getan – doch die Folgen?

Schuldbewußt, stellvertretend für den Jüngling, schoß ich abermals auf die Dohle – jetzt fiel sie auch herab. Jetzt erst hatte sie ausgelitten von einem einwöchigen Koma, von dem wir uns keine Vorstellung machen können.

Mit dem Wild gelebt

Es ist abertausende Jahre her, daß sich der Mensch von seinen Mitgeschöpfen, den Tieren, immer mehr entfernt hat. Ursprünglich lebte man sozusagen Tür an Tür – vor dem Höhleneingang wechselten Riesenhirsche und gewaltige Bären vorbei, und Grauhunde näherten sich dem Herdfeuer. Als dann die Menschen seßhaft wurden und Hütten erbauten, zerbrach diese Nachbarschaft, der Argwohn nahm zu, das Feindbild verstärkte sich. Der Mensch hatte sich aus der Einheit gelöst, fortan stand man einander reserviert gegenüber. Und doch gibt es manchmal eine Brücke der Wiederfindung, so unglaublich dies auch klingen mag. Freilich, die Vorbedingung zu dieser Symbiose war äußerst seltsam; erzwungen, würde ich sagen.

1943 tobte in Europa ein menschenverachtender Krieg. Ein Soldat, Angehöriger einer Gebirgstruppe, hatte die Nase voll und pfiff auf Heldentum und Führereid – er desertierte. Nicht zum Feind, auch nicht zum Widerstand – sondern in die Wälder seiner unmittelbaren Heimat. Dies war ein gewagter Entschluß, denn trotz Desaster in Stalingrad und Afrika war eine Niederlage der Deutschen noch nicht perfekt. Sollte es doch noch zu einem „Endsieg" kommen, konnte er sich getrost die Kugel geben, dies war ihm klar. Bisher hatte er für Volk und Vaterland im hohen Norden gekämpft, ungefragt. Zukünftig wollte er für sich alleine kämpfen, ums reine Überleben. Patriotismus sagte dem Sohn der Bergwälder nur wenig, mehr schon die Achtung vor dem Einzelwesen. Durch grausige Fronterlebnisse gewissermaßen enthemmt, bewahrte er sich doch noch einen Rest Ehrfurcht vor dem Leben, sein Inneres weigerte sich, das Morden weiter mitzumachen. Während eines Heimaturlaubes besprach er sich mit seiner Schwester. Diese war entsetzt. Doch als er ihr einen Überfall schilderte, bei dem die Russen alle niedermetzelten, die im Bunker waren, und er nur durch Zufall überlebte, stimmte sie zu. Seine betagten Eltern erfuhren von dem Vorhaben nichts. Mehrere Brüder standen ebenfalls an der Front – er wollte die Seelenlast von Vater und Mutter nicht zusätzlich vergrößern. Und bei einem wahrscheinlichen Verhör durch die Gestapo würden sie womöglich zusammenbrechen. Am Tag seiner offiziellen Rückfahrt an die Front ging er voll adjustiert – mit Karabiner – vom Berg herab Richtung Bahnhof, verabschiedete sich unterwegs von Bekannten. Doch im letzten Waldstück vor dem Marktflecken schlug er sich in die Büsche, wartete, bis die Nacht anbrach. Ab diesem Moment ging in ihm eine Wandlung vor sich. Er fühlte sich frei wie nie zuvor, doch mußte er auf der Hut sein. Ihm war nicht bange. Die Wälder seiner unmittelbaren Heimat waren ihm vertraut, das Überleben in ihnen hatte er in der finnischen Waldsteppe gelernt. Daß es zwei Jahre werden sollten, damit hat er allerdings nicht gerechnet.

In einem nahezu unzugänglichen Dickicht unweit seines Elternhauses baute er sich in den folgenden Tagen einen Erdbunker Marke Nordland, ganz in den Boden versenkt und mit Rasenplatten überdeckt. Nichts unterschied ihn von der Umgebung, die Tarnung war perfekt. Nach und nach richtete er sich darin häuslich ein, sogar ein Öfchen installierte er, das ihm allerdings später viel Kummer bereitete. Den Proviant holte er sich von daheim. Mit seiner Schwester, die den Standort des Unterschlupfes nicht wußte, hatte er ein Signalsystem vereinbart, welches ihm reine Luft oder Gefahr anzeigte. In bestimmten Nächten schlich er zum Einschichthof, observierte lange die Gebäude, wartete auf das verabredete Lichtzeichen. Manchmal wagte er es trotzdem nicht, das Elternhaus zu betreten, seine Schwester opferte so ungezählte Nächte.

Anfangs funktionierte dieses System recht gut. Später gab es viele Pannen. Halbnächtelang wartete er oft vergebens auf das Signal, dann wieder verlor er den Zeitbegiff und kam zu Unzeiten, in denen seine Schwester schlief. Nur in der Erstzeit wagte er es, sich daheim zu waschen und ein paar Stunden in einem Bett zu schlafen. Er nahm mehr und mehr den Habitus eines Verfemten an, erkundigte sich nach den Polizeiermittlungen, schnappte sein Freßpaket und entfleuchte wieder in die Nacht. Tatsächlich lief die behördliche Nachforschung erst nach vielen Wochen an. Dem abgängigen Obergefreiten konnte theoretisch ja auch während der 3000 km langen Rückreise etwas zugestoßen sein, die Gefahren durch feindliche Luftangriffe waren bereits groß.

Als erstes kam ein Gendarm. Er notierte sich Abreisedatum und die Angehörigen, befragte Zeugen. „Ja, der Vermißte sei zum Bahnhof gegangen", wurde einhellig bestätigt, damit gab sich der Beamte zufrieden, bohrte nicht weiter nach. Das ehrliche Entsetzen der nichtsahnenden Eltern schien ihn überzeugt zu haben. Wochen vergingen. Der Gesuchte wußte nun, wie es um ihn stand. Jetzt war er doppelt vorsichtig, ohne Karabiner ging er nicht mehr aus, tagsüber hielt er sich stets im Freien auf. Nur so konnte er eventuelle Häscher rechtzeitig erkennen und danach handeln. Dann eskalierte die Angelegenheit. Spätnachts pochte es an der Haustür des Einschichthofs, ungeduldige Staatsdiener begehrten Einlaß. Gendarmen hatten das Haus umstellt, Beamte in Zivil drängten die Familie in die Stube und durchsuchten brutal das Gehöft, ließen ihrem Ärger freien Lauf. Anschließend verhörten sie einzeln die geängstigten Familienmitglieder, unflätige Worte fielen. Die Gestapo-Männer walteten zynisch ihres Amtes; als sie endlich abzogen, war es Mittag. Das Regime hatte seine Krallen gezeigt, ohne Rücksicht darauf, daß drei Söhne für den Führer an der Front standen und der vierte noch lange nicht als Deserteur überführt war.

Jener weilte nachts in seinem Bunker, den Karabiner griffbereit. Tagsüber hockte er oft stundenlang vor dem Einschlupf, grübelte – und beobachtete das Tierleben rund um seinen Unterstand. Ein Rehbock, der ebenfalls in jenem Dickicht „wohnte", gewöhnte sich an den komischen Nachbarn, so daß er ihn völlig ignorierte. Später näherte sich ihm der Bock sogar auf Griffweite. Erst, wenn dieser die Hand nach ihm ausstreckte, zuckte er zurück, flüchtete jedoch nicht. Einige Male tat sich der Bock in Sichtweite nieder, drückte nach und schlief sogar ein Rändchen, stets unterbrochen von kurzen Wachphasen. Dann wieder äugte er endlos zu ihm her, mit leerem Blick, als sei er gar nicht existent. Für den Flüchtling wirkte diese Vertrautheit wie eine Therapie, ja wie eine Kooperation. Auf den Rehbock konnte er sich verlassen – war der in der Nähe, drohte keine Gefahr.

Einmal kam diese Symbiose zum Tragen, an einem Regentag. Er döste auf seiner Pritsche, da plärrte draußen der Rehbock los, böse und entrüstet. Ihn hob es von der Liegestatt, den Karabiner durchgeladen – dann schlich er lauernd aus dem Bunker. Zu allem entschlossen spähte er umher, sah aber nichts Verdächtiges. Das tiefe „Bööh – bööh" entfernte sich, möglicherweise stammte es von einem anderen, durchziehenden Reh.

Einen Sommer lang währte dieses Zusammensein, dann verschwand der Rehbock. In der folgenden schweren Zeit dachte der Einsame oft an das zutrauliche Tier, es kam nie wieder.

Einmal schreckte er in der Nacht durch ein scharrendes Geräusch auf. Vor dem Eingang buddelte was, kratzte ein Tier. Lange horchte er zu, dann machte er sich bemerkbar. Das Tier entfernte sich. Bei Tageslicht sah er das angefangene Loch neben dem Türpfosten; er wurde daraus nie klug, welches Wesen trotz deftiger Menschenwitterung in seinen Unterschlupf einzudringen versucht hatte.

Als der ehemalige Deserteur mir diese Rehbockgeschichte erzählte, war ich sehr skeptisch. Ich wußte, daß er nicht übertrieb, trotzdem zweifelte ich. Als Jäger verbrachte ich eine beachtliche Zeit meines Lebens im Wald, eine solche Annäherung eines Wildtieres konnte ich mir nicht vorstellen. Und doch wurde ich eines Besseren belehrt.

Vor einigen Jahren werkte in einem Wald ein schon recht alter Mann, der in Eigenregie ein Stangenholz durchforstete. Es war für ihn mehr ein Schönwetter-Hobby, dem gräflichen Gutsverwalter war damit aber geholfen. Bedächtig krebste der Mann mit Axt und Bogensäge in den Kulturen umher. Von einem Hochsitz aus wurde ich Zeuge einer verblüffenden Szene: Der Mann werkte in einem Bestand – 20 Meter neben ihm äste am Wegrand seelenruhig ein Rehbock! Den Bock störten weder Gestalt noch der mäßige Lärm, und als der Waldmensch einmal auf den Weg heraustrat, standen sie einander gegenüber – auf keine zehn Meter!

Ohne Hast oder gar Erschrecken äugte der Bock den Mann an, sicher kannte er ihn schon lange und war von seiner Harmlosigkeit überzeugt. Der Rehbock hatte den, man könnte meinen Störenfried, anscheinend als Mitbewohner akzeptiert. Jetzt, nach weit über vierzig Jahren, glaubte ich erst ernsthaft die Erzählung des mutigen Bergbauernsohnes. Im Himmel möge er mir meinen Vorbehalt verzeihen.

Über dramatische Begebenheiten während der fast zwei Jahre dauernden Nichtexistenz des Frontsoldaten gäbe es noch viel zu berichten, dies würde den Rahmen dieser Abhandlung sprengen. Doch ein paar Höhe-, besser gesagt Tiefpunkte der selbstgewählten Kasteiung und Verfemung möchte ich dem geschätzten Leser nicht vorenthalten.

Es waren vor allem die beiden Winter, die dem Flüchtigen zu schaffen machten. Ein auch nur kurzzeitiger Verbleib im Elternhaus war viel zu riskant, nachdem die Gestapo ein zweites Mal – diesmal bei strengem Frost – Haus und Hof auf den Kopf stellte. Tagelang war der Mann an sein Erdloch gefesselt, um nicht im Schnee verräterische Spuren zu hinterlassen. Dies waren die trübsten Tage und Nächte seines Lebens, besonders im zweiten Winter. Auf seiner Pritsche liegend, hungernd und frierend, kamen ihm sonderbare Gedanken, der Irrsinn war nahe. Doch dann raffte er sich wieder auf – der verdammte Krieg kann doch nicht ewig dauern.

Im zeitlichen Frühjahr 1945 erfuhr er, daß der Krieg und damit die Naziherrschaft zu Ende gingen. Röhrende Bomberverbände am Himmel bestätigten dies. Er vernahm das dumpfe Wummern ferner Bombardements; das tausendjährige Reich nahm ein vorzeitiges Ende. Doch für ihn war die Gefahr noch nicht vorüber. Bei einem Versorgungsgang zum Heimathaus wurde er urplötzlich angerufen: „Halt, wer da?" Ein rasch abgegebener Schuß war seine Antwort in jener stockfinsteren Nacht, der seine Wirkung offenbar nicht verfehlte. Vermutlich war es ein Volkssturmmann, der auf nächtlicher Patrouille war und dem das Herz rasch in die Hose fiel.

Das tatsächliche Kriegsende bekam der Flüchtige nicht mit. Ihm fiel wohl die Knallerei drunten im Tal auf, auch, daß die Ortschaft nicht mehr verdunkelt war. Erstmals tauchten in seiner Umgebung Soldaten auf, darunter auch ein Trupp bewaffneter SS-ler. Er argwöhnte, tatsächlich waren die Männer aber auf der Flucht vor den nachrückenden Besatzern.

Als sich der Fahnenflüchtige wieder ins Elternhaus wagte, war schon eine Woche Frieden. Er mußte sich völlig neu orientieren. Das Erhebendste neben der Begrüßung seiner alten Eltern war, wieder in einem Bett angstlos schlafen zu können und sich satt zu essen.

Äußerlich war er völlig verwildert, seine Eltern erkannten ihn nicht. Einige sagten, er wäre feige gewesen. Andere meinten, er habe mehr riskiert als mancher Frontkämpfer. Ich schließe mich dieser Meinung an. Seine Überlebenschance war gering. Anderen fehlte vielleicht nur der Mut, es ihm gleichzutun.

Lebenshirsch und Jägertod

„Lebenshirsch", diese Bezeichnung ist allen Jägern ein Begriff, der besagt, es ist der beste, der erträumte eines Jägerlebens. Doch Träume sind Schäume, und so kommen nur wenige Weidmänner in Dianas Gunst, einen solchen zu strecken. Umgekehrt ist es noch seltener, daß der langersehnte Hirsch seinem Erleger zugleich das Ende bringt, sozusagen vom Lebens- zum Todeshirsch avanciert.

Lothar von Drasenovich beschreibt in seinem erstklassigen Buch „Lärchenholz und Lodeng'wand" einen solchen Fall, der mir doch zu schmalzig vorkam, um wahr zu sein. Ich weiß nicht, ob jene Geschichte einen wahren Hintergrund hat oder ob sie ein Produkt dichterischer Freiheit ist, die man einem Schriftsteller zugestehen muß. Mir gefällt sie trotzdem, wenn sie auch gehörig auf die Tränendrüsen drückt. Doch gemach: Vor etlichen Jahren ereignete sich im Lungau ein Parallelfall, der der Drasenovich'schen Erzählung aufs Haar gleicht, für den ich mich aber verbürgen kann.

Rudolf hat er geheißen, Rudolf Karner. Er war ein begeisterter Jäger, freute sich jedesmal aufs Wochenende, an dem er als Pendler zu Hause sein konnte und – auf die Jagd. Er begleitete mich ein paarmal auf der Hochwildpirsch, einmal auch beim Liefern eines Berghirsches, den ich in der Krummholzregion geschossen hatte. Sein Lieblingsthema war natürlich die Jagd, der er mit Leib und Seele verfallen war. So fieberte er dem Zeitpunkt entgegen, an dem er an der Reihe war, einen I a-Hirsch zu erlegen.

Endlich war es soweit. Noch vor der Feistzeit sah er sich nach einem passenden Hirsch um, doch Einser-Hirsche machen sich auch in Revieren mit gutem Hochwildstand rar.

Der Sommer verging, der Rudl hatte seinen Hirsch noch immer nicht. Doch die hohe Zeit, wenn der Bergwald dröhnt vom Röhren der Hirsche, stand erst bevor.

Der Rudl war fleißig unterwegs. Er plauderte wenig aus der Schule, wie es eben Brauch beutewitternder Jäger ist. Doch Kameraden hatten alsbald gespürt, daß sich das Finale anbahnte. Aus den kargen Mitteilungen Rudls war herauszulesen, daß die Erlegung unmittelbar bevorstand.

Das, was ich folgend beschreibe, entlehne ich meine Phantasie, denn es gibt keinen Zeugen über Rudls letzten Pirschgang. Er selbst hatte keine Gelegenheit mehr, über sein Weidmannsheil ausführlich zu berichten, so ist es mir wohl erlaubt, stellvertretend zu rekonstruieren. Weit kann ich nicht fehlen. So, wie ich ihn kannte, dürften seine Empfindungen mit meinen Ausführungen ident sein.

Noch tief in der Nacht ist er von zu Hause weg, um rechtzeitig auf dem Platz zu sein, den er für den Morgenansitz gewählt hatte. Abends zuvor sah er in dessen Nähe den Hirsch ausziehen, im letzten Büchsenlicht. Wahrscheinlich schon am Morgen oder frühen Vormittag hatte er den Vierzehnender dann geschossen. Nun hatte er Zeit, sein Lebenshirsch war gestreckt, jetzt eilte nichts mehr. Ich kann mir vorstellen, wie glücklich er war, inmitten der grandiosen Bergwelt, vor sich den Hirsch seiner Träume. Ob es seine „schönste Stund'" war, wie Drasenovich seine Geschichte betitelte, kann ich nicht beurteilen, nehme es aber an.

Jedenfalls ließ er sich Zeit, stieg nicht ab, um Unterstützung für die Bringung zu holen. Offensichtlich gedachte er, den Hirsch in dem Steilgelände allein zu Tal zu bringen. Etappenweise zog, hievte und zerrte er den schweren Hirsch bergab. Ein zufällig vorbeikommender Dorfbewohner bot seine Mithilfe an, und gemeinsam bewältigten sie das letzte Teilstück, dann trennten sich die zwei. Weitere Hilfe benötige er nicht, argumentierte der glückliche Schütze. Ich nehme an, ihm war am Tag seiner höchsten jägerischen Erfüllung nicht nach Geselligkeit – noch nicht.

Doch zu Hause kam er nicht an. Seine Frau war besorgt, fragte im Jägerwirtshaus nach. Man wartete zu, noch war nichts aus der Zeit. Um 23 Uhr jedoch ließ man die Sirene heulen; jetzt war es gewiß, irgend etwas mußte mit dem Rudl passiert sein.

Sein Auto war bald gefunden. Auch den Hirsch entdeckte man, war doch der helfende Zieher mit bei der Suchaktion. Jedoch vom Rudl weit und breit keine Spur – dies war schon rätselhaft.

Nächsten Vormittag fand man ihn, ein Stück oberhalb vom erlegten Hirsch. Ein Weidkamerad sah Rudls Hund, der nicht von seinem toten Herrn gewichen war; dieser lag daneben – Herzinfarkt. Gemeinsam barg man Jäger und Hirsch, eine makabre Situation.

Dem ländlichen Brauch entsprechend betete man dem Verblichenen noch vor Ort ein Vaterunser, in einer Umgebung, die idyllischer nicht sein konnte: auf einem bemoosten Höcker im Waldgraben, umgeben vom Raunen der Wetterfichten, unweit der gestreckte Hirsch. Dann, in Gott's Nam', packten die Männer an. Hirsch und Jäger, jetzt im Tode friedlich vereint, traten ihre letzte Reise an.

Der Rudl, ein hagerer Mann, dürfte sich überanstrengt haben. Er strebte danach noch einmal der Höhe zu, dabei wurde ihm schlecht. Er setzte sich auf einen Moospolster, sank zusammen und verstarb. Ob sein letzter Blick seinem Lebenshirsch – jetzt wohl besser Todeshirsch – oder den bereits angeschneiten Berggipfeln seiner Heimat galt, weiß ich nicht. Eher wohl dämmerte er hinab in eine Leere, die uns allen gewiß ist.

Bei der Bezirkstrophäenschau fiel mir später ein Geweihanhänger auf, auf dem ein dickes, schwarzes Kreuz gemalt war. Ich las die Daten: Rudolf Karner und was sonst noch dazugehört. Der Vierzehnender, beziehungsweise dessen Erleger, war mit einem roten Punkt gebrandmarkt. Um zwei Jahre zu jung erlegt, befand die Bewertungskommission. Nun, das beeindruckte jetzt weder Hirsch noch Erleger.

Doch auch Wilderer sind gegen den jähen Tod nicht gefeit, wie Alfred Hönig in seinen Erinnerungen („Karpatenjagd", Leopold Stocker Verlag) erzählt. Hier war es nicht der momentane Herztod, sondern ein angeschossener, rasender Bär, der sich bei seinem Widersacher furchtbar gerächt hatte.

Kompliziert ist der Fall geworden, nachdem ein Berufsjäger, ein Kärntner, mit dem Verschwinden des Mannes in Zusammenhang gebracht worden war. Unglückseligerweise hatte er mit dem ortsbekannten Wilderer in einer Kneipe eine Auseinandersetzung, die darin gipfelte, daß man sich am nächsten Morgen zum Zweikampf treffen wollte. Von dem Tag an blieb der Raubschütz verschwunden. Die rumänische Gendarmerie bezichtigte den Jäger, den Wildschütz kaltblütig erschossen zu haben, der Verdächtige stritt dies ab. Er sei zwar zur vereinbarten Zeit am vereinbarten Ort gewesen, sein Widersacher sei aber zur „Aussprache" nicht erschienen. Dies nahmen ihm die Beamten nicht ab, brachten ihn zum vereinbarten Platz. Natürlich fand sich dort nichts Belastendes. In ihrer Voreingenommenheit – die Gendarmerie sympathisierte vielfach mit den heimischen Wilderern – hatte der „Austriak" einen schweren Stand, seine Verhaftung stand unmittelbar bevor.

Erschwerend war für ihn, daß er mit dem berüchtigten Wilderer schon vorher einmal „Zwiesprache" gehalten hatte, wobei nach überlieferter Gepflogenheit Bergstock und Fäuste zum Einsatz gekommen waren. Die Zeugen der unüberlegten Aufforderung, sich am nächsten Tag zum Duell zu stellen, waren alle auf Seite des Wilderers und sagten dementsprechend aus. Die Fürsprache seiner einflußreichen Jagdherren beim Staatsanwalt änderte nichts an der verzwickten Situation des Jägers, in die er sich hineinmanövriert hatte.

Doch wohin ist der Raubschütz verschwunden? Alles sprach gegen den Kärntner, und es stand nicht gut für ihn. Bis der Fall eine groteske Wendung nahm.

Ein Ruthene, Bauer und Wilderer nach alter Tradition, erschien bei der Gendarmerie. Er hatte einen grausigen Fund gemacht: den verschollenen Wildschütz, in sitzender Stellung, völlig vereist.

Auf einem fernen Berghang entdeckte er eine halb zugewehte Menschenspur. Er folgte ihr, stieß so auf den Leichnam, dessen erstarrte Hände ein Gewehr umklammerten. Ein Bär hatte dem Mann den Garaus gemacht. Der Lokalaugenschein ergab, daß der Wilderer dort einen Pferdekadaver liegen hatte, um heimlich auf Bären zu jagen. Während er seinen Erzfeind, den Revierjäger, in sicherer Entfernung wußte, kontrollierte er den Luderplatz. Als er sich dem Kadaver näherte, erhob sich aus einer Mulde ein starker Bär. Der Mann schoß, der Bär griff an. Er schoß aus seinem Militärkarabiner ein zweites Mal, dann war es um ihn geschehen. Mit vermutlich nur einem einzigen Prankenhieb auf Kopf und Schulter streckte Meister Petz den Gegner nieder, danach flüchtete er. Zweihundert Meter weiter gab auch er seinen Geist auf – er hatte einen Weichschuß.

Von einer nahezu mystischen Begebenheit las ich als noch recht junger Jäger in einer Fachzeitschrift. Das ist schon lange her, wohl an die fünfzig Jahre. Ich erinnere mich nicht mehr an den Autor, noch an den Ort des Geschehens, es dürfte aber in Schlesien oder Ostpreußen gewesen sein. Jedenfalls wimmelte es dort von Hirschen, die in den Wäldern rund um den Gutshof ihre Fährte zogen.

Der schon greise Gutsherr jagte selbst nicht mehr, bereitete sich vielmehr auf sein Ende vor. Trotz seines hohen Alters war er noch erstaunlich rüstig, machte nahezu allabends einen Spaziergang in den nahen Wald. Dort stand unter anderem ein Kapitalhirsch, den der Greis manchmal in Anblick bekam; mein Lebenshirsch, sagte er.

Natürlich respektierte die Familie den Spleen des alten Herrn. Alle, die jagten, waren darauf bedacht, diesem Hirsch kein Haar zu krümmen, er war tabu. Dies galt besonders für den Sohn des Gutserben, der natürlich auch ein begeisterter Jäger war.

Eines Abends im Herbst, bei nebligem Wetter, schoß er auf einen starken Hirsch. Gewohnheitsgemäß sah er auf die Uhr – es war um die siebzehnte Stunde. Als er dann zum Gestreckten trat, erfaßte ihn ein fürchterlicher Schreck: Er hatte irrtümlich den „Lebenshirsch" seines Vaters erlegt!

Jetzt war guter Rat teuer. Solange es noch hell war, grübelte er darüber nach, wie dem Schlamassel zu begegnen sei. Niemand durfte erfahren, daß er Vaters Lebenshirsch erlegt hatte.

Wie ein Dieb schlug er dem Hirsch das Haupt ab, nahm es mit. Irgendwo auf der weitläufigen Meierei gedachte er es vorübergehend zu verstecken, bis ihm eine plausible Lösung einfiel. Doch dies erübrigte sich, wie wir bald vernehmen werden.

Als der junge Gutsbesitzer mit seiner Last – körperlich wie auch seelisch – eine markante Wegstelle erreicht hatte, stutzte er. Von da aus war erstmals der gesamte Gebäudekomplex einsehbar, und überall im Herrenhaus brannte Licht. Beunruhigt schritt er rascher voran.

Voll düsterer Ahnung legte er das Haupt mit dem schweren Geweih ab, hastete ins Haus. Der erste Angestellte, der ihm begegnete, berichtete, daß der alte Herr gestorben sei – um 17 Uhr.

Zufall, Fügung? Was auch immer, jeder kann sich seinen Reim machen. Tatsache ist, daß sich dies zugetragen hat, wofür sich der Autor verbürgte. So hat sich auch hier ein Lebenshirsch zum Todeshirsch gewandelt.

Der Friedens-Hahn

Es herrschte Endzeitstimmung, im April 1945. Die Fronten waren zusammengebrochen, die Russen standen vor den Toren Wiens, Berlin war umzingelt. Es gab keinen geordneten Rückzug mehr. Rette sich, wer sich retten kann, lautete die unterschwellige Parole der Landser und auch deren Führung. Doch entgegen jeder militärischen Vernunft hatten die Gauleiter bei der Heimatverteidigung höchste Befehlsgewalt, zugesprochen vom Regime, das kein Konzept mehr zu bieten hatte. Aber verantwortungsbewußte Offiziere handelten auf eigene Faust und retteten so tausende Soldaten vor dem Schicksal sowjetischer Gefangenschaft – dem Alptraum aller deutschen Waffenträger.

Auch ich hatte meinen jugendhaften Enthusiasmus, fürs Vaterland zu kämpfen, längst aufgegeben. Jeder ahnte das Chaos, das bevorstand; doch niemand wußte, wie es aussehen würde. Latrinengerüchte kursierten über generelle Entmannung aller Deutschen nach dem Krieg bis hin zur Sklavenarbeit – Konkretes war nicht zu erfahren. Abgeworfene Flugblätter der Alliierten versprachen groß die Wiederbefreiung Österreichs – doch uns fehlte der Glaube.

Nachts, wenn ich in Uniform auf meiner Pritsche lag und dem nächsten dreistündigen Wachestehen im Erdwall entgegenharrte, „träumte" ich vom gelobten Land Amerika. Eine leere amerikanische Dose „Ananas in Sirup" – vermutlich von einem Bomber abgeworfen – inspirierte mich dazu. Auf dem Etikett waren Palmen abgebildet – für mich ein Friedenssymbol. Ich wäre bereit gewesen, dafür Heimat und Vaterland aufzugeben – um nicht mehr kommandiert zu werden und wieder frei und ohne Ängste zu sein.

Die „Verstärkte Hochgebirgskompanie", der ich angehörte, bestand quasi nur auf dem Papier. Wohl war sie an die dreihundert Mann stark, doch abgesehen von der vierwöchigen Alpin-Winterausbildung war keiner von uns speziell geschult – wahrscheinlich genügten den Papierstrategen unsere Geburtsorte, um eine Elitetruppe vorzutäuschen. Die Bergmützen waren das einzige Zugeständnis, das an eine Gebirgseinheit erinnern sollte, ansonsten marschierten wir in Knobelbechern und mit Tornistern auf dem Rücken. Statt den führigen Gebirgsjägerstutzen plagten wir uns mit polnischen Beutegewehren, die sehr mittelmäßig schossen.

Abends auf der Stube gab es nur ein Thema. Im Flüsterton wurde über das nahe Kriegsende diskutiert, Pläne für das Nachher erwogen. Doch Vorsicht war geboten: Unser Kompaniechef war vom ganzen Haufen der einzige Reichsdeutsche – und ein fanatischer Nazi. Ein Unsympathler, der kein Hehl daraus machte, jeden „Feigling" persönlich zu „erledigen". Anscheinend hatte er eine Aversion gegen alle Österreicher, was er uns deutlich spüren ließ.

Nicht so unsere Ausbildner, vor allem unser Zugsführer. Das waren Frontkämpfer um die Vierzig, hoch dekoriert und wegen ihrer mehrfachen Verwundungen nicht mehr feldtauglich. Zu uns „Buben" äußerten sie sich politisch nicht, gaben uns aber manchen lebensentscheidenden Tip, wie ihn nur alte Fronthasen geben konnten. Sie trösteten uns, daß in Kürze sowieso alles vorbei sein würde.

Doch noch wand sich das System wie eine sterbende Schlange. Die Zustände waren schon bald keine mehr, tagsüber durfte man sich wegen der Tiefflieger auf keiner Straße mehr blicken lassen, nachts überfielen Titopartisanen zivile und militärische Einrichtungen.

Der Marsch an die Heimatfront am Wechsel und Semmering ging mühsam vonstatten. Von einem Bahn- oder gar Kraftwagentransport keine Rede, so „bummelten" wir zu Fuß über Klagenfurt dem Feind entgegen. Es waren wegen der Tiefflieger nur nächtliche Gewaltmärsche, tagsüber schliefen wir in Heustadeln. Ich hätte es früher nie geglaubt, daß man während des Marschierens einschlafen und sogar träumen kann!

Das langsame Vorankommen hatte aber auch sein Gutes. Jeder verbummelte Tag war für uns ein gewonnener Tag. Die Scharmützel mit den Titopartisanen dürften nur ein Hauch von dem gewesen sein, was uns die Russen „bieten" würden.

Am 2. Mai, kaum daß wir uns in den Stadeln eines Weilers verkrochen hatten, mußten wir wieder heraus – zum Appell. Der Kompaniechef hielt eine Rede – der Führer ist gefallen! „Jetzt erst recht wissen wir, was wir ihm schuldig sind", dozierte er mit Pathos. Eisiges Schweigen. Wohl jeder von uns dachte im stillen: „Du kannst mich…!"

Von woher der Auftrag kam, oder ob gar unser Chef ein Kribbeln vor dem Iwan verspürte, haben wir nie erfahren, jedenfalls verblieben wir in dem Weiler zur „Sicherung" der hier beginnenden Talenge. Tagsüber übten wir in den Wäldern, nachts schliefen wir in leeren Stallungen und auf Heuböden.

Einmal wurden wir spät in der Nacht herausgeholt. Feldmarschmäßig angetreten, erhielten wir den Einsatzbefehl: Jagd auf eine Gruppe Deserteure, die angeblich in Richtung Westen das Almgebiet passieren sollte. Ums Hellwerden hatte unser Zug an der Baumgrenze Position bezogen, mit Ausblick auf die freie Almfläche. Dort lag noch überall Schnee, nur die exponierten Kuppen und Riedel waren aper. Die Herren Deserteure ließen auf sich warten, Gott sei Dank. „Daß mir keiner schießt", warnte uns der Zugsführer, „die Parteibonzen sollen sich selber bemühen – oder die Russen aufhalten!" Dies waren gewagte Worte, die wir stillschweigend akzeptierten. Dann, ich traute meinen Ohren nicht, glöckelte in den Lärchen unter uns ein Auerhahn! Außer mir war in der Gruppe nur ein einziger, der die sonderbaren Laute zu deuten wußte. Sein Vater hatte eine Eigenjagd im Gebirge, er kannte sich aus.

Unser Zugsführer ließ sich von ihm ausführlich erklären, wie eine Auerhahnjagd vor sich gehe, wir hörten aufmerksam zu. Keiner glaubte so richtig, daß der Hahn während der Balz blind und taub sein soll, wenn auch jeweils nur für ein paar Sekunden. „Die nützt der ‚anspringende' Jäger aus", erklärte der Fachmann. Das mit der Taubheit stimmte; das Blindsein nur insofern, weil der Hahn während des Schleifens sein Köpfl in die Höh' reckt und so natürlich nicht sehen kann, was unter ihm vor sich geht.

Die angeblichen Deserteure kamen noch immer nicht, und unseren Spieß juckte der Hahn. Ohne viel zu überlegen, forderte er den Bauernsohn auf, ihn zu begleiten, und schon drückten sich die Jäger in spe in Richtung Hochwald. Dem Paragraphen nach waren sie Wilderer, doch was zählte dies schon in Tagen der Untergangsstimmung, an denen x-tausende Menschen durch den Krieg ums Leben kamen?

Bald danach vernahmen wir ein Poltern und Plodern – der Hahn ist abgeritten. Er war viel näher als angenommen wurde, die beiden Jäger hatten ihn vertreten.

Am späten Nachmittag zogen wir wieder ab. Die Fahnenflüchtigen hatten wohl eine andere Route genommen, waren vielleicht schon durch, oder die Gruppe hatte sich aufgelöst.

Ich schlief in der Montur, in einem Futterbarren. Der war zwar eng, aber die Bordbretter schützten etwas gegen die Nachtkälte, denn ich hatte nur eine Decke. Da kam der „Jäger" vorbei. Auf die Hahnjagd angesprochen, erzählte er, daß der Hahn nur mehr zögernd meldete und dann ganz verschwieg, sie mochten ihn nicht auszumachen, obwohl sie ihm nahe waren. Plötzlich strich er ab – von einem ganz anderen Baum als sie erwartet hatten. Aber morgen wolle es der Zugsführer noch einmal versuchen, im ersten Morgengrauen.

Dies war nun geplante Wilderei. Der Zugsführer dachte sich nichts dabei, wohl aber sein Mitgeher und quasi Lehrmeister. Doch das Unternehmen platzte, denn bald nach Mitternacht mußten wir zu einem Zählappell antreten, und siehe – es fehlten gleich zwei „teure Häupter". Es waren aber nicht unsere beiden Hahnjäger, die abhanden gekommen waren, sondern zwei vom dritten oder vierten Zug. Sie sind abends abgehauen, marschierten dummerweise auf der Straße westwärts – und wurden prompt von einer Streife gestellt. Man hat sie zur Kompanie zurückgebracht, doch sahen wir sie vorerst nicht.

Ich glaube, es galt damals, ein paar Tage vor dem Finale, das Standrecht. Im ersten Morgenlicht mußten wir wiederum Aufstellung nehmen, marschierten hinab in die nahe Au und harrten der Dinge. Dann kamen der Kompaniechef und sein Stellvertreter nach, im Geleit die mit Stricken gefesselten Delinquenten. Der Chef hatte seine Maschinenpistole mit, uns wurde unbehaglich.

Die beiden Ausreißer, von Chargen an Seilen geführt, wurden vor uns aufgestellt. Mit sich überschlagender Stimme verkündete der „Alte" das Todesurteil, uns schnürte es die Kehlen zu. In mir flammte Empörung auf, und wahrscheinlich auch in jedem anderen. Aber wie gebannt blieben wir in Reih und Glied: Kadavergehorsam, Feigheit?

Es war eine Scheinhinrichtung, die der unnachsichtige Nazifreund als Exempel statuierte. Wir rückten wieder ein, doch die beiden Kameraden sahen wir nie wieder. Ich weiß nicht, was aus ihnen geworden ist; Tage später war der Krieg zu Ende. Geblieben ist mir von ihnen das Bild ihrer Angst und Verzweiflung, ich werde es nie vergessen.

Angesichts solcher Ereignisse dachte ich nicht mehr an den Auerhahn. Nicht so unser Zugsführer, der trotz seines schwer lädierten Haxen ein Sportsmann war und ein Meisterschütze. Auf 50 Meter durchlöcherte er jeden Stahlhelm – freihändig mit dem Karabiner!

Ich weiß nicht mehr genau, war es am letzten oder vorletzten Tag des „tausendjährigen Reiches", als ich rein zufällig in der Heuzuführung einer verstaubten Häckselmaschine ein längliches Paket entdeckte. Das Gerät stand unweit meines Schlaftroges in einem dunklen Winkel. In dem durchfeuchteten Papier befand sich ein Auerhahn – jetzt ein unansehnlicher, langer Federklumpen! Waren die Kerle doch oben auf dem Balzplatz, es war ja nicht allzu weit.

Am 8. Mai, etwa um 7 Uhr, standen wir angetreten auf der Straße. Militärfahrzeuge fluteten vorüber, Richtung Westen. Soldaten deuteten auf uns, riefen uns zu, doch in dem Lärm verstanden wir sie nicht. Dann hielt ein Kübelwagen, einer der Offiziere stieg aus. Er sprach mit den Zugsführern, deutete auf uns, die in voller Adjustierung auf den Tagesbefehl warteten. „Der Krieg ist aus, haut ab!" ließ der Offizier uns wissen, dann schwang er sich wieder in sein Fahrzeug und brauste davon. Wir standen aber weiter wie die Götzen, warteten auf den Chef.

Endlich kam er daher, ganz außer Fassung. Aufgeregt entband er uns vom Eid, riet uns, sich nach Kärnten oder Salzburg durchzuschlagen. Doch er konnte es nicht lassen: „Von den wahrhaft Deutschen unter euch setze ich voraus, daß ihr in die Wälder geht und den Bolschewiken Widerstand leistet"; sprach's und verschwand. Ein Murren ging durch die Reihen, anscheinend war kein „wahrhafter" unter uns.

Als ich mich aus dem Troß mit Proviant versorgt hatte und zu zweit anschickte „abzuhauen", sahen wir den Kompaniechef – in Trainingsanzug und mit Maschinenpistole auf dem Rücken – radelnd das Weite suchen. Er hatte es eilig; offenbar radelte er nicht in den Widerstand.

Nach dem „Friedens-Hahn" habe ich nicht mehr gesehen. Wahrscheinlich verblieb er im leerstehenden Stallgebäude, bis er verfaulte oder von Mäusen gefressen wurde. Denn: Was hätte sein Erleger mit ihm anfangen sollen – zu dieser Zeit?

Friedens-Hahn nannte ich ihn, weil zwischen seinem Tod und dem Ende des schrecklichen Krieges nur Stunden lagen. Noch heute erinnere ich mich, wie ergriffen wir alle waren, als wir oben im Bergwald sein Knappen vernahmen. Wir sind ausgerückt, um befehlsmäßig auf unsere eigenen Brüder – sprich Landsleute – zu schießen, der Hahn öffnete uns gewissermaßen die Augen. Er war so etwas wie ein Symbol des Lebens, der Wiederkehr; sozusagen ein Kontrast zur menschlichen Engstirnigkeit.